목은시를 읽으면서

주운 이삭

여운필 성범중 최재남

선생은 시에 있어서 어느 한 시체에 막혀 머물지 않고 여러 시체를 다 갖추어, 정포은과 같은 웅준함, 이도은과 같은 간결함, 정삼봉과 같은 호매함, 권양촌과 같은 전아함이 모두 선생의 범위 안을 벗어나지 않으니, 어찌 장대하고 빼어나서 세상 사이에 우뚝하게 솟은 분이 아니겠는가?

도서출판 월인

목은시를 읽으면서 주운 이삭

초판 인쇄 2014년 11월 21일
초판 발행 2014년 11월 25일
저 자 여운필 / 성범중 / 최재남
펴 낸 이 박 성 복
펴 낸 곳 도서출판 月印
등 록 일 1998년 5월 4일
등록번호 제6-0364호
주 소 서울시 강북구 노해로25길 61
전 화 (02) 912-5000
팩 스 (02) 900-5036
전자우편 worinnet@hanmail.net
홈페이지 http://www.worin.net

ISBN 978-89-8477-579-4 93810

값 18,000원

머리말

십년 가까이 모여서 책을 읽었으니 학연이 유별나다고 할 한 후배교수가 선배가 교단을 떠난다는데 그냥 넘어갈 수 있겠느냐고 한 말이 빌미가 되어, 목은의 시를 읽으면서 주운 이삭들을 모은 작은 책자를 내자고 하기에 이른 나머지, 책머리에 회포의 일단을 밝히지 않을 수 없게 되고 말았다.

필자가 목은 이색의 시와 인연을 맺기 시작된 것은 1991년이었던 듯하다. 당초에 진학이 늦기도 했지만, 그것보다는 소장교수 시절에 공부의 계획성이나 이런저런 앞가림이 부족하게 살았던 탓에 불혹의 나이가 시작되고도 학위논문의 논제를 잡지도 못한 채 어정거리던 가운데, 목은시 전체를 다룬 업적은 없겠지 하는 데 착목한 게 출발점이었을 게다. 그래서 목은을 다룬 논저, 『목은문고(牧隱文藁)』의 번역본, 『목은시정선(牧隱詩精選)』의 사본 등 자료를 입수하기만 하고 착수는 않은 채 어정거렸다. 그런데 이듬해가 되어 누구에게선가 과정을 이수한 대학의 규정상 더 이상 미룰 수 없을 것이라는 말을 듣고 본격적으로 검토하지 않을 수 없었다. 그러나 학기 중에는 집중하기가 쉽지 않아 여름방학을 맞고서야 초고를 쓰기 시작하였다. 컴퓨터 글쓰기도 익히지 못한 탓에 두 분의 외우뿐만 아니라 그 중 한 분의 어린 아드님까지 번거롭히면서 어렵사리 분량만 채울 수 있었다. 그러고는 수업하랴 수정하랴 심사받으러 오르내리랴 2학기 내내 말하기 어려운 고초를 겪었던 일이 아직도 흐리지 않은 기억으로 남아 있다. 지도교수님과 심사위원님들의 편달과 아량 덕분에 고비를 넘기고 나자, 이젠 잊어야지 하는 생각뿐이었다.

발표된 부분이 있을 겨를이 없었던 탓에 그 일부를 보완하여 두세 편의 논문으로 발표하고 말았을 뿐, 미흡한 글인 줄 스스로 절감하고 있었기에 공간할 마음을 먹지 못하였지만, 국문학연구회의 호의적 요청을 거역할 수 없어

원제 그대로 『이색(李穡)의 시문학(詩文學) 연구(硏究)』라는 이름으로 단행본을 내면서도 쑥스러움을 감출 수 없었다.

여전히 원려가 결여된 방식으로 공부하며 세월만 보내던 가운데, 90년대 후반을 맞으면서 남들로부터 간혹 『목은시고』 전체를 함께 번역해 보지 않겠느냐고 권유받는 난처한 입장에 직면하였다. 그 가운데 특히 두 달마다 만나던 한국한시학회의 술자리 같은 데서 나중에 동사(同事)하게 된 성범중, 최재남 교수로부터 목은시를 완역해 보자는 채근을 수차 받았으나 쉬 응할 수 없었다. 술기분에 하는 소리라고 여긴 탓도 없지 않았지만, 스스로 엄청난 분량과 알기 어려운 대목에 흔히 부딪혔던 경험에 말미암은 가위눌림을 벗어나기 어려웠기 때문이었다. 하지만 말의 주력(呪力)의 소치인지, 결국 각자 한 몫은 꼭 하겠다는 약속을 하면서 수락하고 말았다.

그리하여 1998년 가을엔가 합독회가 시작되었던 듯한데, 다들 처음 겪는 일인 데다 도구도 부족하던 시절이라 생각처럼 진도가 나가지 않아 수없이 후회하였다. 1인이 1권씩 맡아 마련한 초고를 배포한 다음, 매월 1회씩 1박 2일의 독회를 거쳐 원고를 완성하는 방식을 취하였는데, 전체 35권 중 5권까지 실은 『역주 목은시고』 1·2를 2년쯤 지난 2000년 3월에야 간행할 수 있었던 데서 당시의 지지부진이 잘 드러난다. 다행스럽게도 그 다음부터는 그런 대로 속도를 낼 수 있게 되어 무슨 일인가로 손을 놓은 기간이 1년 남짓 있었지만, 대체로 매년 2책쯤 발행하게 되어, 2007년 4월에는 드디어 자신들도 대단함을 부인하지 못하였을 6,220면이라는 목침(木枕) 너댓 개의 높이는 되고도 남을 부피의 12책이 완간되었다. 해제와 산문 13편 및 사(辭)·부(賦) 8제의 역주를 포함하여, 우리 한시사상 최대분량인 4,254제 6,078수에 달하는 시편을 하나도 빼지 않으면서, 일반적인 역주서에 견주면 현저히 자세한 주석을 붙이고, 가능한 대로 의역을 피하여 완역한 이름 그대로의 '역주서'였다. 줄잡아 50회는 모였을 것으로 짐작되거니와, 독회 때마다 1박 2일에 20시간 전후로 방바닥에 깐 방석에 앉아 큰 밥상에 얹어놓은 깨알 같은 글씨로 빽빽한 출력지를 보면서 입씨름을 하다가 보면, 체면상 내색할 수는 없는 피로와 짜

증으로 술잔을 찾지 않을 수 없었던 게 이제 와서 하는 솔직한 고백이다. 지나간 뒤에는 모두에게 언쟁과 음주에 대한 기억만 남았을지 모르겠다. 그러나 술이 기억을 방해한 점은 부인할 수 없지만, 각자 예습하여 적어 놓은 것을 보면서 주고받는 논란이라 속도를 느리게 했겠지만, 지구력의 촉진제 역할 또한 톡톡히 하였을 것이다.

『역주 목은시고』 1~12를 완간하느라고 각자 6천여 수의 시를 줄잡아 3회쯤은 읽은 경험으로 말미암아 느리게나마 증진된 한시에 대한 적응력이 목은시에 제한되지 않는 자양분이 된 게 큰 소득이었을 것이다. 또 한겨레신문에 완간사실이 꽤 크게 보도되었는가 하면, 12책이 모두 4회에 걸쳐 대한민국학술원의 기초학문분야 우수학술도서로 선정받는 보람도 있었다.

자주 만나 함께 공부한 남다른 인연을 지닌 3인 가운데 필자는 가장 선배라 공식적인 훈장노릇은 곧 그만두지 않을 수 없는 시점을 맞았다. 몇 년 전 누군가 처음으로 형이 정년이 된다는데 우리가 가만 있을 수 있겠느냐는 말을 했을 때, 처음에는 쑥스러운 말은 왜 하냐고 손사래를 쳤던 듯하다. 하지만 말은 씨가 되는 법. 끝내는 다들 발표된 논문이 적지 않으니 각자 한 편씩 새로 써서 꾸린다면 작은 책자 하나쯤이야 못 만들 것도 없지 않겠냐고 후퇴하기에 이르렀다. 그래서 목은시를 읽으면서 주운 이삭들 가운데 의미가 있을 법한 구고 일부와 서둘러 마련한 신고 한 편씩이 마련되어, 권두에 무사(蕪辭)를 늘어놓는 일은 필자가 맡지 않을 수 없게 되었다.

목은시에 대한 글이 실린 책이 하나 더 생김을 달가워하는 이기심과 지난 시절에 선배다운 도량과 능력을 보이지 못했다는 자책이 다투기도 하지만, 아스라한 시절의 초심으로 돌아가 인정을 표하고자 하는 두 분에게 참으로 고맙다는 뜻을 밝힌다. 끝으로 필자의 이름이 들어간 책을 7회에 걸쳐 스무 권째나 감당해 주신 도서출판 월인의 박성복 사장님과 최형필 상무님을 비롯한 모든 사원들께 진심으로 깊은 사의를 표한다.

갑오년 늦가을에 여운필 삼가 씀

차례

목은의 서연 진강시 / 248

목은시의 흥의 성격과 표출 양상 / 274

후기 / 299

『목은시고』 해제

1. 서언

고려 말기의 문신인 목은(牧隱) 이색(李穡)의 문집 『목은고(牧隱藁)』는 『목은문고(牧隱文藁)』 20권과 『목은시고(牧隱詩藁)』 35권으로 이루어져 있는데, 『목은문고』는 이미 완역되었지만, 『목은시고』는 아직 극히 일부분밖에 번역되지 않았다. 이색이 한국 한시사에서 차지하는 위치나 이 시집의 여러 가지 중요성으로 보아, 『목은시고』의 번역이 이루어지지 않고 있다는 것은 매우 심각한 문제가 아닐 수 없으므로, 뒤늦게나마 그 전역에 임하면서 지은이와 책의 전모에 대하여 자세히 살펴보기로 한다.

2. 이색의 삶과 사유

1) 생애

이색은 유명한 학자이자 문인이었던 가정(稼亭) 이곡(李穀; 1298~1351)의 아들이다. 이곡은 충렬왕(忠烈王) 2년(1298)에 한산(韓山)의 향리(鄉吏) 이윤경(李允卿)의 5대손이었던 이자성(李自成)의 셋째 아들로 태어나서, 23세이던 충숙왕(忠肅王) 7년(1320)에 이제현(李齊賢)·박효수(朴孝修)가 시험관을 맡았던 예부시(禮部試)의 제이명(第二名)으로 급제하였고, 충숙왕 복위2년(1333)에는 원(元)의 제과(制科)에서 제이갑(第二甲)으로 합격하였다. 그는 1348년까지 원나라와 고려를 오가면서 관직생활을 하였는데, 원에서는 한림국사원검열(翰林國史院檢閱)·중서사전부(中瑞司典簿)·정동행중서성좌우사낭중(征東行中書省左右司郎中) 등을 지냈고, 고려에서는 예문관대제학(藝文館大提學)·지밀직사사(知密直司事)·정당문학(政堂文學) 등을 역임하고 나서, 충목왕(忠穆王) 2년(1346)에 한산군(韓山君)에 봉해졌는가 하면, 이듬해에는 과거(科擧)의 동지공거(同知貢擧)를 맡아 한수(韓脩)·이강(李岡) 등 33인을 뽑았다. 1348년에 원에서 완전히 귀국하여 도첨의찬성사(都僉議贊成事)·우문관대제학(右文館大提學)·감춘추관사(監春秋館事)를 끝으로 관직을 떠났던 그는 충정왕(忠定王) 원년(1351)에 54세를 일기로 한산에서 서거(逝去)하였다. 익재(益齋) 이제현(李齊賢)의 후계자적 위치에 있었음에도 불구하고 능력을 충분히 발휘하지 못한 채 스승보다 먼저 타계하고 말았던 그에게는 문효(文孝)라는 시호(諡號)가 내려졌다. 그는 『가정집(稼亭集)』 20권을 남김으로써 커다란 문학사적 족적을 남겼을 뿐 아니라, 성리학의 수입 및 교육에 힘씀으로써 사상사적으로도 중요한 역할을 하였던 분으로 평가된다.

자가 영숙(潁叔)이고 호가 목은(牧隱)인 이색은 충숙왕 15년(1328) 5월에 부친 이곡과 모친 함창김씨(咸昌金氏) 사이의 독자로 영해(寧海)의 외가에서 출생하여 14세에 국자감시(國子監試)에 급제하였다. 그는 17세 때인 충혜왕(忠惠王) 복위2년에 예부시(禮部試)에 응시하였다가 낙방했고,[1] 그 이후에는 부친이 동지공거를 맡았던 충목왕(忠穆王) 3년의 과거뿐이었으므로 응시할 기회가 없었던 탓에 급제가 늦어졌다. 그러나 거기에는 시문에 대한 능력을 주로 평가하는 과거에 급제하여 일찍 관직에 진출하는 것을 못마땅하게 여겨 급제를 서두르지 않았던 점도 작용한 것으로 보인다. 이는 감시 급제를 전후하여 숭정산(崇井山)·화개산(華盖山)·삼각산(三角山)·감악산(紺嶽山)·청룡산(青龍山)·대둔산(大芚山)·모란산(牡丹山) 등에서 독서한 바를 바탕으로 하여 대학(大學)에 나아갔다고 한 술회[2]와 원나라 유학을 거쳐 26세에 이르

---

1) 〈觀魚臺賦〉(『牧隱詩藁』 권1)의 後序에서 "予年十七歲, 赴東堂賦和氏璧."이라고 술회한 것으로 보아, 1344년 朴忠佐가 知貢擧를 맡았던 東堂試에 응시하였다가 낙방한 듯하다.

러서야 예부시에 급제하였던[3] 사실에서 확인된다.

부친이 원 조정의 관료였던 까닭에 그는 21세에 원나라 국자감의 생원(生員)으로 입학하여 3년 동안 공부하였다. 당시의 원의 교육과 과거가 성리학을 중심으로 이루어졌던 점을 고려하면, 거기서 그는 주로 성리학을 공부하였을 것으로 보인다. 1351년 정월에 부친상을 당함으로써 막 학교에 복귀하였다가 분상(奔喪)했던 그는 25세 되던 해에 공민왕(恭愍王)에게 정경계(正境界)·어왜구(禦倭寇)·논문무(論文武)·흥교육(興敎育)·억이단(抑異端) 등 시정오사(時政五事)를 건의하는 3,000자에 이르는 장문의 〈진시무서(陳時務書)〉를 올렸다. 그리고 26세이던 공민왕 2년에는 이제현·홍언박(洪彦博)이 주시(主試)했던 예부시 제술과(製述科)에서 을과(乙科) 장원(壯元)으로 급제하였다.[4] 그는 같은 해 가을에 정동행성 향시에 1등으로 합격한 데 이어, 이듬해 2월에 원나라 제과에 응시하여 제이갑(第二甲) 제이명(第二名)[5]으로 급제하였다. 이는 원나라 판도(版圖) 전역(全域)에서 향시를 거친 300인을 대상으로 한 회시에서 몽고인(蒙古人)·색목인(色目人)보다도 불리한 조건에도 불구하고 100인에 선발된[6] 다음에 전시(殿試)에서 대책(對策)을 지어 평가받은[7] 결과이다.

---

2) 〈讀書處歌幷序〉, 『牧隱詩藁』 권17 참조.

3) 동시대의 安宗源·韓脩·李岡·閔霽·李崇仁·權近 등이 17~19세에 급제하였음을 감안하면 늦게 급제하였던 셈이다. 〈靜坐偶記九齋都會 (중략) 追錄小作數聯 以示子孫 因題二首〉(『牧隱詩藁』 권19)에서 16, 7세에 九齋都會에서 20회 이상 일등했던 사실을 기술하고 나서, "나도 시가 風花雪月일 뿐이라고 생각한다. 문장이 어찌 이에 그치겠는가? 이에 그만두고 짓지 않았다.(予亦念詩風花雪月而已, 文章止於此哉? 於是止不爲.)"라고 한 점으로 보아, 유학에 힘쓰느라고 그렇게 되었던 듯하다.

4) 『高麗史』「選擧」 1에서 "金海君李齊賢知貢擧, 贊成事洪彦博同知貢擧, 取進士, 賜乙科李穡等三人, 丙科七人, 同進士二十三人, 明經二人及第."라고 하였는데, 갑과는 顯宗 17년 이후 없어졌으므로, 을과 제1인이 장원이다. 『麗朝科擧事蹟』에 당시의 급제자 27인의 명단이 남아 있는데, 목은의 매부 朴尙衷과 圓齋·鄭樞가 동년이었다. 이연복·이현복, 「목은 이색의 연보」, 『목은 이색의 생애와 사상』(일조각, 1996), 523면에서는 이색이 명경과 급제자라고 하였으나 방에 명경 2인이 따로 밝혀져 있는 점으로 보아 제술과가 분명하다.

5) 이는 黃甲第三名, 즉 세 번째 장원이다. 『慵齋叢話』 권10에 의하면 첫 번째 장원은 牛繼之였고 두 번째는 曾堅이었다고 한다.

6) 『元史』「選擧」 1에 의하면 蒙古人·色目人은 四書經問五條와 策一道의 二場, 漢人·南人은 四書明經經疑二問과 經義一道, 古賦·詔誥·章表一道, 策一道의 三場을 치르며, 전자는 朱

게다가 제1갑 제1명은 반드시 몽고인으로 하도록 규정되었으므로,[8] 그의 성적은 사실상 최고였다고 할 수 있다. 이는 당시의 시관으로 원말(元末)의 명유(名儒)였던 구양현(歐陽玄)이 그의 대책을 보고 나서 자신의 도가 동쪽으로 갈(吾道東矣) 것이라거나, 의발이 목은에게 전해질 것(吾衣鉢當從海外, 傳之於君.)이라고 칭찬하였다는 데서 입증된다. 종6품에 제수되도록 규정된 『원사(元史)』「선거지(選擧志)」와 달리 종7품인 응봉한림문자(應奉翰林文字)를 제수받고 3월에 귀국하였던 그는 전리정랑(典理正郞) · 예문응교(藝文應敎)에 임명되었고, 이듬해 서장관으로 원에 가서 한림원권경력(翰林院權經歷)이 되었다.

이와 같은 원나라의 우대에도 불구하고 신흥하는 명(明)의 힘에 밀린 원의 앞날이 어두움을 깨달은 그는 이듬해 정월에 연로한 모친을 봉양해야 한다는 이유로 아주 귀국하였다. 귀국 직후에 그는 문무관 전선제도(銓選制度)의 개선을 포함한 시정팔사(時政八事)를 건의하였고, 이는 공민왕에 의하여 적극적으로 수용되었다. 그리하여 7월에는 이부시랑(吏部侍郞) 겸 병부낭중(兵部郎中)으로서 문무관의 전선을 주도하였고, 계속하여 우간의대부(右諫議大夫) · 한림직학사(翰林直學士) · 좌승선(左承宣) · 한림시독학사(翰林侍讀學士) 등 요직을 역임하였다. 특히 1363년에 홍건적에게 개경이 함락되어 공민왕이 안동(安東)으로 파천(播遷)하던 때에 호종(扈從)한 공로로 벽상삼한단성보리공신(壁上三韓端誠保理功臣)에 오르고 밀직제학(密直提學)이 됨으로써, 36세라는 젊은 나이에 재추(宰樞)의 반열에 올랐다. 이어서 그는 38세부터 보문각(寶文閣) · 예문관(藝文館)의 대제학(大提學)이 됨으로써 이인복(李仁復)에 이어 문병(文柄)을 잡았고, 공민왕 16년에는 판개성부사(判開城府使) 겸 성균관대사성(成均館大司成)이 되었으며, 삼사좌사(三司左使)를 거쳐 공민왕 20년에는 마

子集註만을 범위로 하고 후자는 古註疏 · 程子 · 朱子 · 蔡沈 · 胡炳文의 주석을 포함하였다. 이로써 보면 그는 漢人으로 취급받았던(300명 중 정동행성에는 몽고인 · 색목인 · 한인 각 1명이 할당됨) 탓에 불리한 위치에 있었음이 분명하다.

7) 위의 책, 같은 곳. "蒙古色目人作一榜, 漢人南人作一榜, 第一名賜進士及第, 從六品, 第二名以下及第二甲, 皆正七品, 第三甲以下, 皆正八品 兩榜並同."

8) 吳金成, 「中國의 科擧制와 그 政治 · 社會的 機能」, 『科擧』(역사학회편, 일조각, 1981), 16면.

침내 진재(眞宰)[9]인 정당문학(政堂文學)에 올랐다.

이러한 과정에서 그는 신돈(辛旽)을 발탁하여 서정(庶政)을 쇄신하고자 하였던 공민왕의 개혁정치에 적극적으로 동참하였는데, 이는 그가 집권초기의 신돈과 상통하는 정치관을 지닌 데 말미암았을 것으로 보인다. 두 사람의 이런 협조관계는 교육·과거 등의 개혁을 집권자를 이용하여 달성하려는 동기와 전민변정(田民辨正)·산관통제(散官統制) 등의 개혁을 유력문신의 도움을 받아 이루어내려는 요구가 서로 맞아떨어진 데 따른 것으로 보인다.[10] 그는 대사성을 맡아 김구용(金九容)·박상충(朴尙衷)·정몽주(鄭夢周)·이숭인(李崇仁) 등 소장학자들을 학관(學官)으로 발탁하여 성리학 교육에 일대전기(一大轉機)를 마련했을 뿐 아니라, 공민왕 14·18·20년에는 예부시의 시험관을 맡아 여말선초(麗末鮮初)에 크게 활약하였던 뛰어난 문신들을 많이 선발하였다.[11] 또 공민왕 20년에는 이인복과 함께 사서(史書)인 『금경록(金鏡錄)』을 증수(增修)함으로써 사서 편찬에도 주도적 역할을 하였다.

이색은 44세이던 공민왕 20년 9월에 모친상을 당하여 복상(服喪)하였는데, 연보(年譜)에서는 이듬해에 기복(起復)했다고 하였지만 행장(行狀)과 신도비문(神道碑文)에서는 상중(喪中)임을 이유로 사양하였다고 한 것으로 보아, 기복하지 않았을 가능성이 있다.[12] 공민왕 22년(1373) 11월에 상복을 벗은 뒤에 그는 대광한산군(大匡韓山君)에 피봉되고 예문관대제학·지춘추관사(知春秋館事)를 제수받았으나, 1374년 9월에 자신을 총애하던 공민왕이 비명(非命)에

---

9) 眞宰는 中書門下省의 宰臣인 令·侍中·平章·參政·政堂文學을 가리킨다.

10) 閔賢九, 「辛旽의 執權과 그 政治的 性格」(上), 『역사학보』 40(역사학회, 1968), 63~74면.

11) 이 밖에도 17년에 親試讀卷官, 19년에 明의 科擧詔令에 따른 鄕試 考試官을 지내는 등 이 시기의 貢擧를 주도하였다. 이 과정에서 尹紹宗·河崙·李詹·柳伯濡·權近·徐甄·李行·南在·柳寬·金震陽·廉廷秀 등을 뽑았으며, 孟思誠·吉再 등은 우왕 12년의 마지막 지공거로서 선발하였다. 이를 통해 형성된 牧隱黨與는 李成桂 세력과 균형을 이룰 만큼 강성하였다(鄭治憲, 「麗末鮮初 科擧文臣勢力의 政治活動」, 『韓國學報』 64(일지사, 1991), 124~6면 참조).

12) 辛旽이 유배된 직후인 공민왕 20년 7월에 정당문학에 제수된 것을 제외하면, 공민왕 사망시까지 『高麗史』에 기록이 나타나지 않다가 禑王 卽位記에서 前政堂으로서 禑王의 이름 고치는 일에 간여했다고 한 데서 이를 짐작할 수 있다.

작고함으로써 정치적 위기를 맞았다. 연보에서는 계속해서 성균관·예문관·춘추관 등의 책임자로 있었다고 하였지만, 모친상 이후로 불편하던 몸이 공민왕의 서거를 계기로 더욱 나빠졌던 탓에 7, 8년 동안 칩거하였다는 본인의 진술로 보아, 이 시기에 그는 형식상의 직위에 있었을 것으로 보인다. 그가 오랜 동안 관직을 떠나 있었던 것은 이인임(李仁任) 정권과의 갈등[13]이 신병에 못지 않게 작용하였을 것으로 보인다.

그는 우왕(禑王) 5년(1379)에 정당문학으로 복귀하였다가 곧 물러났고, 우왕 8년에는 병을 이유로 판삼사사를 사양하였으나 이듬해에는 판삼사사에 취임하였다. 이어서 10년에는 한산부원군(韓山府院君)에 피봉되고, 11년에는 검교문하시중(檢校門下侍中)이 되었으며, 12년에는 다시 지공거를 맡았다.

표면적으로는 재상으로 복귀하였으나 여전히 실권에서 소외된 채 시문창작으로 소일하던[14] 그가 다시 국정에서 중요한 역할을 하게 된 것은 이인임 일파가 제거된 이후였다. 그는 우왕 14년 정월에 판삼사사가 되었고, 위화도(威化島) 회군으로 우왕이 폐위되고 최영(崔瑩)이 실각하자 수상인 문하시중(門下侍中)을 맡았다. 창왕(昌王) 즉위년 10월에 그는 노구를 이끌고 가서 명나라와의 관계개선을 위하여 노력하였지만, 이듬해 귀국한 그를 기다리는 것은 창왕 즉위시에 '마땅히 전왕의 아들을 세워야 한다(當立前王之子)'고 했던 그의 발언에 대한 탄핵이었다.[15] 게다가 이성계(李成桂) 일파가 제기한 사전개혁안(私田改革案)에 대해서도 그는 혁명파와 입장을 달리할 수밖에 없었다.

---

13) 지속적으로 恭愍王에 대한 追慕述懷를 남긴 점을 고려하면, 공민왕의 통치이념이 부정되는 정권에 대한 반감 때문에 질병을 이유로 사직했거나, 친명책을 포기하고 친원책을 택하는 등 守舊的이었던 집권세력이 그를 기피하였던 탓이었을 것이다.

14) 현전시 4,245제의 80% 이상인 3,409제가 우왕 4~8년에 지어졌다.

15) 『고려사』에서는 그가 신돈의 자식인 줄 알면서도 李仁任에게 붙어 우왕을 세우고 曺敏修에게 붙어 창왕을 세움으로써 왕씨의 종사가 끊어지게 하였다고 비난하였지만, 世宗은 "李穡屢見請罪, 何其以識理名儒, 阿附辛氏乎? 及問立誰爲主, 乃曰有先王之子, 豈不知禑非其子也? 不立王氏而立禑, 何也? 無乃知我太祖之興, 而故立禑乎?"(『世宗實錄』 권50 12년 1월 庚申條)라 하여 李太祖를 시기한 까닭이 아니냐는 시각을 드러내었다. 이는 辛朝說이 혁명을 위한 빌미였을 뿐임을 자인하는 듯하여 흥미롭다.

그는 왕권의 정통성과 개혁을 빌미로 하여 혁명을 도모하는 움직임에 맞서서 창왕의 왕위를 유지시키려고 노력하였으나, 그것이 여의치 않자 창왕 원년(1389) 7월 이임(李琳)을 천거하면서 문하시중을 사직하고, 여주(驪州)에 유배 중인 우왕을 알현하였으며, 이임・이성계와 함께 검리상전(劍履上殿)의 특전을 받기도 하였다. 그러나 뒤이어 명나라에 갈 때 수행했던 이숭인이 탄핵받아 유배되자 전장이 있던 장단(長湍)으로 내려가 버렸으며, 이성계 일파에 의하여 창왕이 폐위되고 공양왕이 즉위한 1389년 11월 이후의 그의 삶은 고려왕조의 운명처럼 파란만장하였다.[16] 그가 엄청난 시련을 겪었던 것은 문신의 영수로서 고려왕조를 유지시키려는 데 적극적이었기 때문이었을 터이거니와, 제반여건의 불리함은 그로 하여금 정면에서 싸울 기회조차 얻지 못한 채 유배지에서 고려의 패망을 맞는 불운을 맛보게 하였다.

그는 조선조가 개국된 이듬해인 1393년 1월에 사면과 함께 경외종편(京外從便)의 은전을 입고 이태조에게 사은하였으며, 1394년 8월에는 한산에서 부인 권씨(權氏)의 상을 당하였다. 그리고 1395년 가을에는 부친 이곡의 전철(前轍)을 따라 오대산을 유람하였고, 11월에는 이태조를 고구(故舊)의 예로 만났다. 『태조실록(太祖實錄)』에 의하면 그는 만년에 한산백(韓山伯)에 피봉되고 오고도제조(五庫都提調)를 맡는 등 태조의 융숭한 은전을 받다가, 1396년 5월에 여주 신륵사에서 피서하다가 병으로 사망하였다고 한다. 『송와잡설(松窩雜說)』과 『기재잡기(寄齋雜記)』 등에서는 여주로 가는 배 안에서 정도전이 보낸 독주를 마시고 죽었다고 하는데, 그와 관련하여 이태조가 안찰사(按察使)를 문책하여 죽였다고 한 것으로 보아, 세간에 커다란 물의가 있었던 듯하다. 부음을 들은 이태조는 사신을 보내어 제사를 올리게 하고 문정(文靖)이라는 시호를 내렸다.

---

16) 1389년 11월 判門下府事 제수, 12월 長湍 유배, 1390년 4월 咸昌 유배, 5월 淸州獄 이송, 11월 京外從便, 1391년 1월 사면 및 領藝文春秋館事 제수, 6월 咸昌 유배, 9월 해배, 12월 韓山府院君 제수, 1392년 4월 衿州 이배, 6월 驪興 移配, 7월 長興 이배 등을 겪은 끝에 개국 3개월 후인 10월에 폐서인되어 한산으로 돌아가고, 이듬해 1월에야 京外從便되었다.

그는 생시는 물론이고 조선조에 들어가서도 공공연하게 명유(名儒)·유종(儒宗)·대유(大儒)·거유(鉅儒)[17]로 불리었으며, 세종대 이래 조야(朝野)에서 누차 문묘배향(文廟配享)을 청하는 움직임이 있었으나, 구체적 논의로 발전하지 못하거나 영불자(佞佛者)라는 이유 따위로 거부되었다.[18] 그리고 태종조에 이르러서는 포은(圃隱) 정몽주(鄭夢周), 야은(冶隱) 길재(吉再)와 함께 삼은각(三隱閣)에 제향됨으로써 고려조에 대한 충절을 다소나마 보상받았다. 그리고 한산 문헌서원(文獻書院)·영해 단산서원(丹山書院)·청주(淸州) 신항서원(莘巷書院)[19]·장단 봉잠서원(鳳岑書院)[20]·평산(平山) 동양서원(東陽書院)·정선(旌善) 풍암서원(楓巖書院)·여주 매산서원(梅山書院)·안동 서산서원(西山書院) 등 10여 개 서원에서 제향(祭享)되었다.

이색은 아들 삼형제를 두었다. 장남 종덕(種德)은 지밀직사사(知密直司事)를 지내고 1388년에 부친에 앞서 병사하였다. 그리고 차남 종학(種學)은 예부시에 급제하여 첨서밀직사사(簽書密直司事)·동지공거를 지내고 조선 개국 직후 장사(長沙)로 유배되던 도중에 체복사(體覆使) 손흥종(孫興宗)에게 교살

---

17) 『高麗史』에서는 儒宗·名儒라 하였으며, 太祖·太宗도 여러 차례 그를 儒宗·大儒·鉅儒라고 부른 바 있다. 이는 "夢周論理橫說竪說, 無非當理, 推爲東方理學之祖."라는 이색의 찬사를 제외하면 鮮初까지 주로 忠節로만 찬양받다가 중종대에 이르러서야 儒宗으로 평가받은 정몽주와는 매우 대조적이다.

18) 세종 15년에 成均司藝 金泮이 李齊賢·李穡·權近의 文廟從祀를 주청하자(『세종실록』 권59 2월 癸巳條), 왕이 禮曹에서 의논하여 품계하라 하였고(권61 15년 윤8월 甲戌條), 18년에도 成均生員 金日孜 등이 같은 청을 올린 바 있다(권72 5월 丁丑條). 또 성종 8년에는 右承旨 任士洪이 이제현·정몽주·이색·권근의 문묘종사를 청하면서 "이색에 대해서는 근래에 의논하는 자가 많습니다.(穡近多有議之者矣.)"라고 하였더니, 임금이 "이색은 부처에게 아첨한 자이니, 어찌 문묘에 들어갈 수 있겠는가?(李穡佞佛者也 安可入文廟胡)"라고 하였다(『성종실록』 권82 7월 丙戌條). 한편, 포은에 대해서는 중종 5년에 처음으로 문묘종사 주장이 제기되어 12년 9월에 배향이 결정되었다. 그 이후 사림파의 부정적 평가와 후배인 포은의 종사로 말미암아 목은의 종사는 더 이상 논의되기 어려워졌던 것으로 보인다.

19) 『孝宗實錄』 권21(10년 윤3월 戊子條)에서는 "命賜金長生金集同享書院額號, 曰筆巖, 李珥·李穡·金淨·宋麟壽, 同享額號, 曰莘巷."이라 하였다.

20) 『顯宗實錄』 권18(11년 4월 戊戌條)에서는 "長湍儒生金光績等上訴, 請文成公安裕·文靖公李穡·文敬公金安國·故參判金正國等, 同享書院額號, 上下于該曹."라 하였다.

당했으며, 문집 『인재유고(麟齋遺稿)』를 남겼다. 삼남 종선(種善)은 예부시에 급제하여 언관으로 있다가 정몽주의 당여(黨與)로 몰려 장류(杖流)되었다가 개국 후에 풀려나서 중추원사(中樞院事)에 이르렀다. 계전(季甸)·맹균(孟畇) 등 15명의 손자를 두었으며, 후대에 크게 활약했던 개(塏)·파(坡)·자(耔)·지함(之菡)·산해(山海)·덕형(德泂)·정형(廷馨)·상정(象靖)·광정(光靖)·희평(羲平)·남규(南珪)·상재(商在) 등은 그의 후손들이다.

이상에서 살핀 목은의 생애를 통하여 그가 정치·외교·교육·학문·사상·문학·역사편찬 등 다양한 방면에서 중요한 역할을 하였음을 알 수 있다.

우선 그는 공민왕 즉위 초기와 중기의 개혁에 적극적으로 참여하고, 위화도 회군 이후 창왕 즉위를 지지함으로써 고려왕조의 유지를 꾀하였으며, 역성혁명(易姓革命)이 진행되는 과정에서 고려조를 지키려는 세력의 영수 역할을 하는 등 여말에 중요한 정치적 활약을 하였다. 그리고 그는 공민왕대의 대중국 외교에 중심적 역할을 수행하였을 뿐만 아니라, 창왕 즉위 후 노구를 이끌고 명나라에 사신으로 가서 창왕의 왕통을 보호하고자 하였다.[21] 이와 같은 그의 정치외교적 노력은 공민왕을 보좌하고 그의 혈손의 왕통을 잇는 한편으로 역성혁명을 막는 데 초점이 놓여 있었다고 할 수 있다. 특히 그가 역성혁명의 최대 걸림돌이었음은 가장 처음에 유배당하여 개국 이후에 해배(解配)되었을 뿐 아니라, 조선조 정부가 개국 후에 그를 사면하고 나서도 세심한 배려를 한 데서 입증된다. 비록 개국과정에서 죽음을 당하지 않았고 조선조의 유화적 정치술책으로 인하여 지절(志節)에 손상을 입었지만, 그가 고려조에 대한 절의를 지켰던 세력의 중심인물이었음은 분명하다. 이는 조식(曺植)이 공양왕 즉위에 협력하였다는 점을 이유로 정몽주의 충절을 과소평가하였던 점이나 신흠(申欽)과 송시열(宋時烈)이 목은의 대절(大節)을 포은과 동렬로 취급한 데서 입증된다.

---

21) 李泰鎭, 「14세기 동아시아 국제정세와 목은 이색의 외교적 역할」, 『牧隱 李穡의 生涯와 思想』, 31~87면 참조.

2) 사상과 문학관

이색이 14세기 후반의 사상적 동향과 관련하여 매우 중요한 역할을 하였음을 이미 밝혔거니와, 그의 사상적 경향에 대해서는 다음과 같은 세 가지 사실을 주목할 수 있다. 첫째, 한국 성리학(性理學)의 발전에 기여한 몇 가지 두드러진 활동을 들 수 있다. 가학(家學)의 기반을 지닌 그는 26세에 이르기까지 신유학의 연찬에 몰두한 결과, 사서(四書)의 성리학적 이해를 주로 문제 삼는 원의 과거에 최고급 성적으로 합격할 수 있었다. 또 그는 스승 이제현과 부친 이곡의 계승자로서 청년기부터 당대의 유풍을 주도하는 위치에 있었다. 따라서 그가 과목(科目)을 사서(四書) 중심으로 개혁하거나 협책역서(挾冊易書)를 금지하는 등 과거제도의 개혁을 꾀하고 여러 차례 고시관을 맡아 문신의 선발에 직접 참여했던 일은 유풍의 전환에 결정적 영향을 미쳤다.

그리고 공민왕 16년에 성균관을 중영하여 성리학을 활기 있게 교수할 때에 그가 대사성(大司成)을 맡아 주도적인 역할을 한 것은 『고려사』「선거지(選擧志)」에서 "성리의 학문이 비로소 일어났다."고 표현한 대로 커다란 의의를 지닌 일이었다. 이때 그가 주도적인 역할을 하였음은 정도전(鄭道傳)의 말을 통해 분명히 확인할 수 있다.

> 지금 목은 이 선생이 일찍이 가정의 교훈을 이어받고 북으로 중원에 유학하여, 사우연원의 올바름을 배우고 도덕성명의 학설을 궁구하고서 동으로 돌아와 제생을 맞아 가르쳤다. 그래서 보고 흥기한 사람에 오천 정공달가·경산 이공자안·반양 박공상충·밀양 박공자허·영가 김공경지·권공가원·무송 윤공소종이 있었고, 비록 나같이 불초한 자도 또한 여러분의 대열에 끼게 되었는데, 자안씨가 정심하고 명쾌하여 모든 사람을 압도하였다. 그는 선생의 강론을 들으면 조용히 해득하고 마음으로 통하였다.22)

---

22) 〈陶隱文集序〉. "今牧隱李先生, 早承家庭之訓, 北學中原, 得師友淵源之正, 窮性命道德之說. 旣東還, 延引諸生, 見而興起者, 烏川鄭公達可·京山李公子安·潘陽朴公尙衷·密陽朴公子虛·永嘉金公敬之·權公可遠·茂松尹公紹宗, 雖以予之不肖, 亦獲側於數君子之列. 子安氏精深明

이처럼 그는 우리나라의 학풍을 성리학 중심으로 전환시키는 데 결정적인 역할을 하였던 사람으로 기억되어야 마땅하다.

둘째, 성리학을 중심으로 하면서도 경학과 문장학을 도외시하지 않았다는 점이다. 그의 시문에는 성리학적 조예에 못지 않게 제반 경전의 전통적 이해와 역사・제도에 대한 훈고적 지식이 나타나 있다. 또 그는 당송 고문을 숭상하면서도 성리학자나 고문가들이 배척했던 문학경향에 대해서도 극단적으로 배척하지는 않았다.

셋째, 사회적・정치적 변화에 대하여 온건한 태도를 지녔다는 점이다. 그는 여러 차례 과거・학교・국가재정・전제・국방・전선・불교 등의 개혁을 건의하는 상소를 올리거나 실제로 그 폐단을 개혁하는 데 참여하였다. 그러나 그는 언제나 점진적인 변화를 지향하였으며, 그로 말미암아 당대의 반대자로부터 비판받았다. 이러한 온건성은 기득권층으로서의 한계와 교화적 사회의식에 말미암은 한편으로, 현실에 극단적으로 대응하기보다는 융화를 추구하고자 하는 성격적 특성과도 연관이 깊을 것으로 보인다.

이와 같은 경향을 통하여 우리는 그가 중용적이고 포용적인 사상적 기조를 지녔음을 알 수 있다. 이러한 사상적 기조 위에서 성리학을 수용하는 데 있어서, 그는 주요 성리학자들의 이론을 두루 섭렵한 가운데 정주(程朱)의 입장을 주로 따랐으나 정주학에 편단(偏袒)되지는 않았던 듯하다. 그는 주기론적(主氣論的) 입장을 드러내기도 하였으나, 천인물 동성론(天人物同性論)과 천즉리(天卽理)・성즉리(性卽理)의 사유를 핵심으로 하는 주리론(主理論)을 개진하였다. "이로써 주인을 삼고, 기로써 그 무리를 나눈다(理以爲之主 氣以分其曹)"[23]라고 명언(明言)한 점이나 그의 후계자인 권근(權近)의 주리론적 경향으로 보아, 그는 주자와 유사한 주리적 이기이원론(理氣二元論)을 지녔던 것으로 보인다.

快, 度越諸子, 其聞先生之說, 默識心通."

23) 〈有感〉(제1수), 『牧隱詩藁』 권22.

이색은 불교(佛教)를 이단시하는 입장을 흔히 드러내면서도 상당한 정도로 불교의 풍습이나 교리를 용인하는 태도를 취했는데, 이는 시대적인 풍조와 불철저한 성리학 인식에 말미암은 듯하다. 그는 불가피한 개인적 사정과 현실의 고뇌를 벗어나려는 욕구로 인하여 불교와 깊은 관련을 맺었으며, 불교의 윤리적 미덕과 수행방식이 유학과 상통하는 점을 들어서 불교를 긍정하기도 하였다. 특히 불교와 유학의 근본적인 이치를 동일시하기도 하였는데, 태극(太極)과 멸(滅), 거경(居敬)과 허적(虛寂)을 유사한 것으로 인식한 것은 불교를 상당히 적극적으로 긍정한 측면이라 할 수 있다. 그러나 불교가 이단이라는 입장을 견지하고 윤회설(輪廻說)과 화복설(禍福說)을 분명히 부정한 점으로 보아, 유학의 기본적 관점을 벗어나지 않는 범위에서 불교를 수용하려 하였다고 볼 수 있을 것이다.

이색은 "정주재도기(程朱載道器)"[24)]라는 표현을 직접적으로 쓰는 등 성리학적인 문학관인 재도론(載道論)을 문학에 대한 기본적인 입장으로 삼았다. 그러므로 도(道)가 근본이고 문장은 외도(外道)임을 분명히 내세웠고, 장구(章句)의 수식에 힘쓰거나 음풍농월(吟風弄月)에 그치는 문학은 바람직하지 않음을 빈번히 말하였다. 그럼에도 불구하고 그는 고문가(古文家)들의 관도론(貫道論)과 성리학도들의 재도론을 구별하지 않는 포괄적 입장을 자주 드러내었으며, 문학의 내용의 중요성을 앞세웠으나 형식과 수사(修辭)의 가치도 어느 정도 인정하였다. 따라서 그는 성리학적 문학관을 기반으로 하는 가운데 문학의 독자성을 상당히 인정하는 자세를 지녔다고 할 수 있다. 이런 문학관을 기반으로 하여 시문을 창작함으로써 문학사상 획기적이라 할 만큼 다양하고 폭넓은 장점을 지녔다는 것은 전대인들도 인정한 바 있다.

그의 문인(門人) 권근은 "우리 동방에 문학이 있은 이래로 선생보다 훌륭한 사람이 있지 않았다."[25)]고 하였는가 하면, 허균(許筠)은 "조선조 시문의 중흥

---

24) 〈有感四首〉(제4수), 『牧隱詩藁』 권6.
25) 〈恩門牧隱先生文集序〉, 『陽村集』 권20. "自吾東方文學以來, 未有盛於先生者也."

의 공은 문정공(文靖公)이 가장 크다."[26]고 하였다. 또 김태준(金台俊)도 고려 이래의 문운(文運)을 독담(獨擔)하고 이조문학(李朝文學)의 선도제현(先導諸賢)을 수없이 계발(啓發)하여 문호로서의 문명이 영겁에 전한다[27]고 하였다. 이러한 평가는 손낙범(孫洛範) 이래의 수십 명의 본격적 연구결과에서도 대체로 확인된다.

그는 위에서 말한 문학관을 바탕으로 하여 효용론(效用論)·표현론(表現論)·결정론(決定論)·기교론(技巧論) 등을 포괄하는 시인식을 드러내었는데, 대체로 내용의 충실성과 다양성을 지향하고 개성과 사회성을 포괄하며 내용과 형식의 조화를 추구하는 포괄적·절충적 시인식을 지녔다고 볼 수 있다.

이러한 문학관 및 시인식의 소산인 그의 시의 전반적인 특질은 성리학적 시인식의 실천, 서술성과 기교의 조화 추구, 기상과 풍격의 다양성 지향, 현실의 사실적 묘사와 고유한 풍속의 시화 등으로 정리될 수 있다. 그리고 이러한 그의 시가 한시사에서 지니는 의의는 성리학적 시관(詩觀)의 정립과 실천, 송시(宋詩)를 기반으로 한 당시(唐詩)의 수용, 당대현실에 대한 관심의 두드러진 표현과 한국적인 한시의 추구 등이라 할 수 있다. 그의 시가 이런 특질과 시사적 의의를 지녔다는 것은 서거정이 〈목은시정선서(牧隱詩精選序)〉에서 다음과 같이 말한 데서 잘 확인된다.

> 정포은과 같은 웅준함, 이도은과 같은 간결함, 정삼봉과 같은 호매함, 권양촌과 같은 전아함이 모두 선생의 범위 안을 벗어나지 않으니, 어찌 장대하고 빼어나서 세상 사이에 우뚝하게 솟은 분이 아니겠는가? (중략) 내가 일찍이 '선생은 시에 있어서 어느 한 체에 막혀 머물지 않고 여러 체를 다 갖추어, 웅혼한 것도 있고 아름다운 것도 있으며, 충섬한 것도 있고 준결한 것도 있으며, 호섬한 것도 있고 엄중한 것도 있으며, 심오한 것도 있고 전아한 것도 있어서, 마땅히 전집을 모아서 보아야 풍부한 기상을 상상할 수 있을 것이니, 다시 무엇 때문에 정선하겠느냐'고 말하였다. 그러나 선생의 시는 비록 경사에 근본을 두어 법도가 삼엄

---

26) 〈答李生書〉, 『惺所覆瓿藁』 권10. "而中興之功, 文靖爲鉅焉."
27) 金台俊, 『朝鮮漢文學史』(조선어문학회, 1937), 137면.

> 하지만, 장자와 석가와 노자의 글에 종횡으로 출입하고 패관소설에 이르기까지 널리 채집하여 버리지 않았다.[28)]

3. 『목은문고』와 『목은시고』

『목은집(牧隱集)』으로 통칭되는 이색의 시문집 『목은고(牧隱藁)』는 목은이 죽은 지 8년 뒤인 태종(太宗) 4년(1404)에 그의 셋째 아들 종선(種善)에 의하여 초간되었다. 1399년에 죽은 回鶻族[위구르족] 출신 명필 설장수(偰長壽)가 고본(稿本)의 글씨를 썼다고 하는[29)] 것으로 보아 저자의 사후에 곧 편집에 착수하였으나 워낙 거질(巨帙)이어서 淨寫하고 판각하는 데 시간이 오래 걸린 듯하다. 이 초간본은 현전하지 않는다.

그런데 중간본인 현전 문집에 실린 권근・이첨(李詹)의 서(序)에서는 모두 시문집이 55권이라 하였으나, 『동문선(東文選)』에 실린 이첨의 서에는 70권이라고 기술하였던 탓에, 원래는 현전문집보다 많은 분량이었을 것이라는 추정이 있어 왔다. 더욱이 이러한 논란을 부추길 수 있는 다음과 같은 언급이 『동각잡기(東閣雜記)』에 실려 있기도 하다.

> 영락 정유년에 서운관에 소장된 참서를 소각하라고 명하고 인하여 서울과 지방에서 사사로이 간직하고 있던 요망하고 허탄한 글들을 기일을 정하여 자수하고 관청에 바쳐 불태우게 하되, 위반하는 자는 사람들로 하여금 고발하게 하여 요서조작법에 의거하여 죄를 주게 하였다. 이색의 문집 제15권도 날짜를 정하여 찾아 바치게 하였다.[30)]

---

28) 徐居正, 〈牧隱詩精選序〉. "雄峻如鄭圃隱, 簡潔如李陶隱, 豪邁如鄭三峯, 典雅如權陽村, 皆不出先生範圍之內, 豈非魁然傑然, 間世而卓立者乎? (중략) 竊嘗以爲先生之於詩, 不凝滯於一, 衆體皆備, 有雄渾者, 有麗藻者, 有沖澹者, 有峻潔者, 有豪以贍者, 有嚴以重者, 有奧以深者, 有典以雅者, 當合全集而觀之, 可以想富哉之氣象, 復何事於精選哉? 然先生之詩, 雖本經史, 法度森嚴, 而亦復縱橫出入於蒙莊佛老之書, 以至稗官小說, 博採不遺."

29) 成俔, 『慵齋叢話』 권10. "偰長壽, (중략) 手書牧隱集, 其筆法遒勁有法."

이로 말미암아 이정형이 말한 '제십오권(第十五卷)'을 두고 "제자(第字)는 연문(衍文)인 듯하니 태종 정유(1417) 이후의 삭간본(削刊本)은 55권으로 줄어든 것"31)이라거나, "이첨의 〈목은문집서〉에 의하면 원래 선생의 셋째 아들 종선이 이를 수집 편찬하여 태종 4년(1404)에 70권으로 개간했던 것을 알 수 있다."32)고 하여 '열다섯째 권'이 '열다섯 권'을 잘못 말한 것으로 이해된 바 있었다.

그러나 이정형이 말한 추납령은 『목은문고』 '제15권'에 이태조의 부친인 환조(桓祖)의 신도비명(神道碑銘)과 전주이씨(全州李氏) 역대선조(歷代先祖)의 사적(事蹟)을 기술한 〈전주이씨이거삭방이래분묘기(全州李氏移居朔方以來墳墓記)〉가 실려 있기 때문이며, 이는 『태종실록(太宗實錄)』의 다음과 같은 기사에서도 확인된다.

> 문정공 이색이 지은 정릉 신도비문을 거두고 예조에 교지를 내려 "대소 관리가 이색이 지은 함흥부 정릉비문을 인출하여 집에 간직하고 있는 것은 서울과 외방을 다 세밀하게 방문하여 구하여 얻어 바치라."라고 하였다.33)

이와 같이 환조의 신도비명 때문에 『목은고』에 대한 추납령이 내려졌음에도 불구하고, 권근이 개찬(改撰)한 〈유명조선국환왕정릉비명병서(有明朝鮮國桓王定陵神道碑銘幷序)〉(『陽村集』 권36)와 내용이 상당히 다른 신도비명이 현전 『목은문고』는 물론이고 『동문선』에도 실려 있다. 이를 통해 이 글들이 심각하게 문제되지 않았으며, 그 결과 당시의 추납도 제대로 이루어지지 않았음을 알 수 있다. 이는 여타의 많은 시문이 이태조에 관한 기휘적(忌諱的) 진

---

30) 李廷馨, 『東閣雜記』 권상. "永樂丁酉命燒書雲觀所藏讖書, 仍令京外私藏妖誕之書, 定期自首, 納官燒火, 違者許人陳告, 依造妖書之律罪之. 李穡文集第十五卷, 亦令定日推納."

31) 李銀順, 「李穡研究」, 『梨大史苑』 4(이대사학회, 1962), 38면.

32) 李奭求, 「『牧隱集』 解說」, 『國譯稼亭集・牧隱集』(稼亭・牧隱文集編纂委員會, 1983), 26면.

33) 『太宗實錄』 17년 11월 辛未條. "辛未, 命收文靖公李穡所製定陵神道碑文, 下旨禮曹曰, '大小員人, 印出李穡所製咸興府定陵碑文家藏者, 京外備細訪問求得以進.'"

술을 내포하고 있음에도 불구하고 그대로 남아 있는 점에서도 입증된다.

따라서 원래 70권이었으리라는 것은 전사과정(轉寫過程)에서 착오가 일어남으로써[34)] 『동문선』에 실린 글에 '70권'으로 된 데 말미암은 억측(臆測)으로 보이며, 『목은고』는 애초부터 55권이었을 가능성이 크다고 본다.[35)]

목은의 시문은 분량이 워낙 방대하기 때문에 시와 문을 나누어 따로 간행하기도 하였다. 그의 손자인 이계전(李季甸; 1404~59)이 편찬하여 증손 이봉(李封; 1441~93)이 목판으로 간행한 『목은시정선(牧隱詩精選)』도 현전한다. 이 책은 12권[36)] 6책 453판으로서, 반엽(半葉) 9행, 1행 20자, 주쌍행(註雙行)으로 되어 있는데, 창작 연도순으로 편집된 『목은시고』와 달리 시체별로 선발하여 실은[37)] 『목은시정선』 각 권의 판수와 작품 수는 아래와 같다.

권 1 : 55판 5언절구 52제 55수, 5언율시 190제 275수
권 2 : 31판 5언율시 140제 177수
권 3 : 29판 5언고시 112제 142수
권 4 : 27판 5언고시 83제 86수
권 5 : 35판 7언절구 138제 238수

---

34) 『牧隱藁』의 "文辭與政化流通, 體制隨世道而昇降, 音節因風氣而變遷, 苟有稟光嶽英靈之氣, 潤性命精微之理"가 "文辭與政化相爲流通, 因世之治亂而音響有哀樂之殊, 皆所以吟咏性情, 以達其所蘊者也. 然體制隨世道而昇降, 音節因風土而變遷, 苟有稟光嶽英靈之氣, 洞陰陽合散之理"로 기술되어 있는 등 둘 사이에 크고 작은 십여 군데의 차이가 있는 점은 이를 방증할 것이다.

35) 이는 권근의 〈조선목은선생이문정공행장(朝鮮牧隱先生李文靖公行狀)〉과 하윤(河崙)의 〈시문정공이공신도비병서(謚文靖公李公神道碑, 幷序)〉에서 55권이라고 한 점에서도 방증된다.

36) 高柄翊, 「『牧隱集』 解題」(『高麗名賢集』 3)에서는 6권이라 하였는데, 이는 徐居正의 〈牧隱詩精選序〉를 참고한 탓이고 12권이 옳다. 서울대 소장의 『牧隱詩精選』에는 序·跋·刊記 등이 없어 간행연도를 알 수 없으나, 『목은집』에 실린 서거정의 序에 李封이 '府尹公'으로 불린 데서 刊年을 짐작할 수 있다. 성종 24년(1493) 11월 갑진조에서는 그가 1482년에 全州府尹으로 내려갔다가 1484년에 漢城府尹이 되었다고 하였으니(『성종실록』 권284), 1482년부터 1484년 사이에 간행되었을 것이다.

37) 같은 시체에 속하는 작품의 배열은 무원칙한 듯하며, 간혹 쌍행으로 된 이계전이 붙인 협주가 붙어 있다.

권 6 : 42판 7언절구 151제 292수
권 7 : 42판 7언율시 150제 194수
권 8 : 42판 7언율시 136제 197수
권 9 : 44판 7언율시 148제 196수
권10 : 31판 7언율시 115제 130수
권11 : 30판 7언고시 76제 76수
권12 : 45판 7언고시 82제 82수

시체별로는 5언고시 52제 55수, 5언율시 330제 452수. 5언고시 195제 228수, 7언절구 289제 530수, 7언율시 549제 717수, 7언고시 158제 158수이다. 결국 『목은시정선』 453판에는 1,573제 2,140수의 시가 실려 있으며, 이는 『목은시고』 소재시의 36%에 해당하므로, 정선(精選)이라는 이름에도 불구하고 상당히 융통성 있게 선발한 것이라 할 수 있다.

한편, 만력(萬曆) 11년(1583)에 7대손 이증(李增; 1525~1600)이 충청도 관찰사로 있을 때 『목은문고』 8권 5책을 홍주에서 간행한[38] 바 있으나 현전하지 않는다.

현전하는 『목은고』는 18대손 이덕수(李德洙; 1577~1645)가 仁祖 4년(1626)에 전라남도 순천에서 목판으로 간행한 중간본이다. 이 중간본은 목록과 서(序)·행장(行狀)·신도비명(神道碑銘) 등 2책, 『목은시고』 35권 5책, 『목은문고』 20권 17책, 부록(附錄)·발(跋) 등을 합하여 55권 24책으로 이루어져 있다. 이 책은 1973년에 성균관대학교(成均館大學校) 대동문화연구원(大東文化硏究院)에서 『고려명현집(高麗名賢集)』에 포함시켜 영인, 보급하였으며, 민족문화추진회(民族文化推進會)가 『한국문집총간(韓國文集叢刊)』에 포함시켜 다시 영인한 바 있다.

현전본은 시고목록(詩藁目錄)·문고목록(文藁目錄)·서·연보·행장·신도비명·비음기(碑陰記)·화상찬(畵像讚)·교서(敎書)·문헌서원기(文獻書院

38) 이석구, 앞의 글, 27면.

記)·목은시정선서·발(跋) 등 158판, 『목은시고』 35권 1,122판, 『목은문고』 20권 341판으로서 도합 1,621판에 이르는 거질이다. 시문을 망라하여 50만자가 넘는 방대한 규모의 시문을 실은 문집은 16세기 이전에는 초유이므로, 『목은고』는 조선전기 이전의 한문학사상(漢文學史上) 압권이라 할 만하다.

『목은문고』에는 232편의 산문이 실려 있다.[39] 산문은 기(記)·서(序)·설(說)·표전(表箋)·송(頌)·찬(贊)·명(銘)·잠(箴)·서(書)·제발(題跋)·비명(碑銘)·묘지명(墓誌銘)·전(傳) 등 문체별로 수록되어 있는데, 배열의 원칙이 일정하지 않아 창작 연도를 알기 어려운 작품이 많이 있다.

『목은시고』에는 사(辭) 6제, 부(賦) 2제, 조(操) 7제, 시 4,262제 6,081수[40]가 실려 있다. 이 밖에 시 2제는 제목만 남아 있고, 1제는 제목이 결락된 채 본문만 남아 있으며, 제목과 본문이 모두 결락된 것으로 보이는 것이 한 편 있다. 그의 시는 대체로 7언 4,041수, 5언 1,958수, 4언·6언·잡언 80수이다.[41] 5언은 율시(律詩)가 압도적으로 많으며, 7언은 절구(絶句)가 율시보다 다소 많다. 근체시가 고체시보다 훨씬 많고 7언시가 5언시보다 많다는 점에서, 목은시는 한국한시의 시체별 경향 일반과 크게 다르지 않은 양상을 보이지만, 고시가 830수를 상회한다는 점은 우리 한시사상 이채로운 현상이라고 하여도 지나치지 않을 것이다.

『목은시고』는 시가 연대순으로 편집되어 있어서 작품의 창작시기를 대체로 알 수 있으나, 곳곳에 추기(追記)하였음을 밝힌 구작(舊作)들이 끼어 있어서 창작시기가 모호한 경우도 상당히 있다. 특히 만년의 작품들이 실린 제34권의 후반부는 편차에 혼란이 있는 것으로 보인다. 이를 감안하면서 현전시

---

39) 이 밖에도 『삼봉집(三峯集)』·『신증동국여지승람(新增東國輿地勝覽)』·『동문선』·『고려사』·『고흥유씨세보(高興柳氏世譜)』 등을 통해 20여 편을 추가할 수 있다.

40) 완편이 남지 않은 작품이 4제 있어 수수까지 정확하다고 말하기는 어렵다.

41) 세부적 시체별로는 5언절구 137제 233수, 6언절구 26제 62수, 7언절구 1,076제 2,008수, 5언율시 917제 1,274수, 7언율시 1,373제 1,659수, 5언고시 348제 451수, 7언고시 361제 374수 4,238제 6,061수이며, 기타 잡언소율 1제 1수, 4언고시 2제 2수, 잡언고시 4제 4수, 사0제 1수, 시체 操 7제 7수, 미상 2제 2수 계16제 17수, 도합 4,254제 6,078수, 미상 2제 2수이다.

의 창작 연도를 추정하여 연령별 작품수를 대략적으로 도표화하여 아래에 제시하기로 한다. 연대를 밝히지 않고 '기구작(記舊作)'·'추기'라고 한 구작들은 전후의 작품과 같은 시기에 지어진 것으로 처리하였다.[42]

연 령	제 수	비 고	연 령	제 수	비 고
21	10		51	729	
22	12		52	989	
23	45		53	863	
24	2		54	474	
25			55	345	
26	38		56～57	67	
27	46		58	6	
28	98		59～60		
29	29		61		
30	47		62	25	
31	40		63	46	
32	39		64	46	
33	65		65	60	
48	4	* 불확실함	66		
49	10		67		
50	104		68	7	

이 도표를 통하여 목은의 현전시가 21세부터 68세까지 지어진 작품들이며, 33세까지의 작품은 부친상을 입었던 24, 5세를 제외하면 빠진 해 없이 남아 있다는 것을 알 수 있다. 34세부터 49세 연말 이전까지의 작품은 '구작' 또는 '추기'라고 기록된 작품 속에 들어 있는 경우를 빼면 남아 있지 않으며, 57세부터 61세까지의 작품과 66세 이후의 작품도 거의 없어져 버렸다.

이로써 보면 왕성하게 관직생활을 하던 시기와 민감한 정치적 갈등을 겪던

42) 추정조차 불가능한 일부 작품은 제외한 결과이며, 역주작업이 끝난 뒤의 입장이 반영되어 원래의 수치가 상당히 수정되었다.

시기의 작품은 3년 동안의 유배기를 제외하면 극히 부분적으로 남은 셈이다. 시작을 기피했음을 밝힌 수학기 내지 청년기와 부친상을 당했던 24~6세, 모친상과 공민왕의 상을 입었던 44~49세 등의 시기에는 이런 현상이 당연하다 하겠으나, 나머지 기간 중 작품이 제대로 남지 않은 경우는 시를 적게 지었기 때문만이라고 보기 어려울 듯하다. 49세이던 1376년말부터 '구작'과 '추기'한 작품이 삽입된 것으로 보아 문집간행을 이 무렵부터 준비하였을 듯하다는 점을 고려하면, 작품이 제대로 수습되지 않았기 때문에 생긴 현상일 가능성이 크다. 그리고 만년의 경우는 예민한 정치적 언급을 꺼리는 그의 성향, 시휘(時諱)를 피하고자 한 후손과 문인의 삭제, 시작에 대한 욕망을 잃어버릴 만큼 격심했던 정변(政變)의 충격 등이 복합적으로 작용한 결과일 것이다.

4. 선집과 번역시의 상황

위에서 살핀 바와 같은 방대한 시작을 남김으로써, 그는 후대인들로부터 고려조는 물론이고 고려와 조선을 통틀어 가장 중요한 시인으로 평가받았다. 신흠(申欽)은 "이문순의 굉사함과 이문정의 호한함은 우리 왕조에서는 찾아볼 수 없다."[43]고 하였고, 김창협(金昌協)도 이규보(李奎報)가 으뜸이라 한 남용익(南龍翼)의 주장을 비판하면서, "목은은 문이 대가일 뿐 아니라 시도 굉사호방하고 기상이 볼 만하여 이규보의 서로 잘 맞지 않음과 비슷하지 않다."[44] 고 하였으며, 이건창(李建昌)은 기백의 웅장함과 음향의 깊음이 동방에 없던 바이므로 결단코 목은시를 배우기를 원한다[45]고 하였다.

---

43) 申欽, 『淸窓軟談』 卷下. "李文順之宏肆, 李文靖之浩汗, 我朝未之見焉."

44) 金昌協, 〈雜識外篇〉, 『農巖集』 권34. "牧隱不獨文爲大家, 詩亦宏肆豪放, 氣像可觀, 不似奎報齟齬."

45) 李建昌, 『寧齋詩話』. "氣魄之雄, 音響之深, 東方未所有也. 余於斯道, 固未足窺諸賢之藩籬. 然乃斷所願, 則學牧隱者也.".

이러한 평가는 시선집의 편찬에도 반영되어 『동문선』·『청구풍아(靑丘風雅)』 등 조선초기의 선집과 『기아(箕雅)』·『대동시선(大東詩選)』 등 조선후기의 선집에는 그의 시가 매우 많이 선발되어 있다. 『동문선』에는 사부(辭賦)[46] 외에도 시 70제 76수[47]가 실려 있는데, 이는 수록시인 전체 가운데 이인로(李仁老)의 70제 89수[48] 다음으로 많은 양이다. 그리고 『청구풍아』에는 19제 20수가 실려 있는데, 이는 이숭인·이제현·이규보에 이어서 제4위에 해당한다. 그런데 『청구풍아』에 실린 작품 가운데에는 『동문선』과 일치하는 것이 6제 6수이므로 이 두 선집에 선발된 그의 시는 모두 82제 89수에 이르는 셈이다. 이인로의 경우에는 5언배율 〈어원귤(御苑橘)〉을 제외하고는 『청구풍아』에 실린 작품 전부가 『동문선』에 실렸음을 고려하면 두 선집을 합하여 살필 때에는 그의 시가 가장 많이 선발되었다고 볼 수 있다. 또 『동인시화(東人詩話)』·『소문쇄록(謏聞瑣錄)』·『성수시화(惺叟詩話)』 등 조선전기의 대표적 시화집에서 목은시가 가장 빈번하게 논의된 점도 이런 선호도를 뒷받침한다고 할 것이다. 그럼 참고로 『동문선』과 『청구풍아』에 실린 시의 목록을 제시하기로 한다.[49]

『동문선』 소수시(괄호 안의 숫자는 『목은시고』의 권수임)

권5 : 5언고시 11제 15수 ; 〈답서유의(答胥有儀)〉·〈답죽간선사(答竹磵禪師)〉·〈답동암선사(答東菴禪師)〉·〈답철선장로(答鐵船長老)〉·〈부작견흥(復作遣興)〉(이상 3)·〈한풍삼수, 여섭공소동부(寒風三首, 與葉孔昭同賦)〉(2, 3

---

46) 『동문선』 권1에는 〈山中辭〉·〈閔志辭〉·〈永慨辭〉·〈東方辭〉·〈流水辭〉·〈自訟辭〉 등 사 6수, 권2에는 〈雪梅軒小賦〉·〈觀魚臺賦〉 등 부 2수가 실려 있다.

47) 표면상으로는 70제 76수이지만, 7언율시 〈自京師東歸途中作〉 2수는 『목은시고』 권3(이하 이 책은 괄호 속에 卷數만 표시함)의 〈自京師東歸途中作〉과 〈省中〉을, 〈卽事〉 2수는 〈卽事〉(권13) 제2수와 〈즉사〉(권16)를 자못 합쳐 버린 착오가 있다.

48) 7언율시 〈韓相國)江居〉(권13)와 후반부를 독립시킨 7언절구 〈宿韓相國書齋〉(권19)를 함께 실은 착오로 1제 1수는 제외되어야 하므로 실제로는 69제 88수인 셈이다.

49) 『箕雅』(29제 30수)와 『大東詩選』(29제 30수)은 이 두 책을 텍스트로 하여 선발한 듯하므로 따로 살필 필요가 없다.

수)・〈유감(有感)〉(6)・〈의고(擬古)〉(11, 3수)・〈유감(有感)〉(22)・〈고의(古意)〉(23)・〈자감(自感)〉(25)

권8 : 7언고시 12제 12수 ; 〈연산가(燕山歌)〉・〈천보가, 과계문유감이작(天寶歌, 過薊門有感而作)〉・〈정관음, 유림관작(貞觀吟, 楡林關作)〉・〈동래승도계타마실척리, 희작(同來僧渡溪墮馬失隻履, 戲作)〉(이상 2)・〈취중가(醉中歌)〉(6)・〈청행전가(青行纏歌)〉(8)・〈치이자가(鴟夷子歌)〉(11)・〈시주가(詩酒歌)〉(12)・〈중추완월상당루상(中秋玩月上黨樓上)〉(19)・〈광음(狂吟)〉(21)・〈송풍헌시, 절간특래색부(松風軒詩, 絶磵特來索賦)〉(26)・〈사군수이공래방(謝郡守李公來訪)〉(34)

권10 : 5언율시 7제 7수 ; 〈부벽루(浮碧樓)〉(2)・〈독한사(讀漢史)〉(7)・〈기안국사송정간우(記安國寺松亭看雨)〉(9)・〈야음(夜吟)〉(19)・〈우음(偶吟)〉(22)・〈부생(浮生)〉(25)・〈견회(遣懷)〉(28)

권16 : 7언율시 19제 21수 ; 〈천수절입근대명전(天壽節入覲大明殿)〉・〈신우숭덕사(新寓崇德寺)〉・〈봉기백부(奉寄伯父)〉・〈통주조발(通州早發)〉・〈남신점(南新店)〉(이상 2)・〈자경사동귀도중작(自京師東歸途中作)〉[50](3, 2수)・〈우부(又賦)〉・〈동산(東山)〉・〈독두시(讀杜詩)〉(이상 8)・〈효우(曉雨)〉(11)・〈즉사(卽事)〉[51](13, 2수)・〈유감(有感)〉・〈야영(夜詠)〉(이상 19)・〈유감(有感)〉・〈즉사(卽事)〉・〈춘만(春晩)〉(이상 21)・〈야우(夜雨)〉(22)・〈추일(秋日)〉(25)・〈작조(雀噪)〉(26)

권19 : 5언절구 2제 2수 ; 〈진포귀범(鎭浦歸帆)〉(3)・〈한포농월(漢浦弄月)〉(16)

권22 : 7언절구 19제 19수 ; 〈교동(喬桐)〉(6)・〈동정만애(洞庭晩靄)〉・〈우암강림(雨暗江林)〉(이상 10)・〈전가(田家)〉[52](16)・〈독좌(獨坐)〉(18)・〈기동정(寄東亭)〉・〈감춘(感春)〉・〈소우(小雨)〉(이상 21)・〈등왕각도(滕王閣圖)〉(28)・〈여강(驪江)〉(30)・〈방밀성양박선생(訪密城兩朴先生)〉(31)・〈정성랑제현(呈省郎諸賢)〉(35)・〈판교(板橋)〉(2)・〈절구(絶句)〉(3)・〈유관소게, 한송선사고주(楡關小憩, 寒松禪師沽酒)〉・〈제목암권(題牧菴卷)〉・〈기사(紀事)〉(이상 13)・〈부작절구(復作絶句)〉(14)

---

50) 〈省中〉(권3)을 합쳐서 2수로 편집해 놓은 착오가 있다.
51) 〈卽事〉(권13) 제2수와 〈卽事〉(권16)를 합쳐 놓은 착오가 있다.
52) 〈卽事〉 3수 중 첫수를 改題한 것이다.

『청구풍아』 소수 시(괄호 안의 숫자는 『목은시고』의 권수임)

권1 : 5언고시 3제 3수 ; 〈독서(讀書)〉(7) · 〈잠부(蠶婦)〉(22) · 〈제선화봉연도, 여자백동부(題宣和蜂燕圖, 與子白同賦)〉(3)

권2 : 7언고시 4제 4수 ; 〈단가행(短歌行)〉(7) · 〈정관음, 유림관작(貞觀吟, 楡林關作)〉(2) · 〈청태가(靑苔歌)〉(8) · 〈호마음, 신매생마작(胡馬吟, 新買生馬作)〉(3)

권3 : 5언율시 2제 2수 ; 〈부벽루(浮碧樓)〉 · 〈조행(早行)〉(이상 2)

권5 : 7언율시 3제 4수 ; 〈독두시(讀杜詩)〉(8) · 〈대도여동사동부이수(大都與同舍同賦二首)〉(2) · 〈신춘(新春)〉(7)

권6 : 5언절구 2제 2수 ; 〈한포농월(漢浦弄月)〉 · 〈파성망우(婆城望雨)〉(이상 16)

권7 : 7언절구 5제 5수 ; 〈교동(喬桐)〉(6) · 〈신흥즉사(晨興卽事)〉(27) · 〈방밀성양박선생(訪密城兩朴先生)〉(31) · 〈접(蝶)〉(9) · 〈춘음(春陰)〉(31)

이색의 시는 연구논저에 포함되어 번역된 경우를 제외하면 극히 일부만 번역되었다. 『동문선』에 그의 사 6제, 부 2제, 시 70제 76수가 실려 있으므로, 이것들은 『국역동문선』에 포함되어 일찍이 번역되었다. 그리고 『신증동국여지승람(新增東國輿地勝覽)』에는 시 126제의 완편(完篇) 또는 연구(聯句)가 인용되어 있어 『국역신증동국여지승람』이 간행될 때 번역되었다. 그리고 대양서적(大洋書籍)의 『한국명저대전집(韓國名著大全集)』에 포함된 『목은집』에 시 71제가 번역되어 있는데,[53] 이 가운데에는 『동문선』에 실리지 않은 〈대국유감(對菊有感)〉 · 〈독서처가(讀書處歌)〉 · 〈세화십장생(歲畵十長生)〉 · 〈시자손(示子孫)〉 · 〈한산팔영(韓山八詠)〉이 포함되어 있다. 또 근년에 간행된 한 고전문학전집에도 『목은집』이 포함되어 있는데, 여기에는 조(操) 7제와 시 345제가 번역되어 있으며,[54] 최근에도 시 298제를 선발하여 번역한 책[55]이 간행된

---

53) 이석구 역, 『목은집』(한국명저대전집 13, 대양서적, 1978).

54) 李炳赫 역주, 『목은집』, 『한국고전문학전집』 19(고려대 민족문화연구소, 1995). 이 책은 『동문선』 소수시 대부분과 사 · 부 및 산문 39편을 다루었다. 이미 번역된 것들이 많이 포함되었음에도 불구하고, 이는 시에 관한 한 지금까지 이루어진 번역 업적 가운데 최대 규모이다.

바 있다.

한편, 『목은문고』의 글이 거의 그대로 『동문선』에 수용된[56] 데 힘입어 그의 산문은 일찍이 번역되었으며, 『목은문고』의 모든 글과 다른 데서 찾은 네 편을 보태어 번역한 사례도 있다.[57]

5. 결어

목은시가 문학사에서 차지하는 커다란 의의와 그의 작품 속에 개인적인 삶뿐 아니라 당대사회의 모습이 총체적으로 반영되어 있는 점을 감안하면, 이규보·이제현의 경우와 달리 그의 시가 극히 일부만 번역되거나 소개된 점은 심각한 문제라 하지 않을 수 없다. 그러므로 『목은시고』의 완역이 시급함은 물론이고, 그의 시를 이해하는 데 긴요하다고 판단되는 문집서·연보·행장·교서(敎書)·신도비명·비음기·문헌서원기·화상찬·화상기(畵像記)·목은시정선서(牧隱詩精選序)·문집발 등을 갖추어 번역하는 일도 필요하다.

---

55) 李鍾福譯, 『牧隱漢詩選』(이회문화사, 1999).

56) 〈直說三篇〉을 1제로 보고 표제는 하나이지만 본문이 3편인 〈請復位表〉를 3제로 보면, 『목은문고』의 글은 모두 240편이다. 〈請贈諡表〉(권11)·〈乞退書〉(권11)·〈答問〉(권12)·〈爲崔侍中祭先考文〉(권13)·〈全州李氏移居朔方以來墳墓記〉(권13)·〈金純夫父母墓表〉(권16)와 〈謝復位表〉 2편은 『동문선』에 수록되지 않았는데, 〈爲崔侍中祭先考文〉 등은 忌諱 때문에 제외한 것으로 보이며, 소속시킬 문체가 애매하거나(「答問」) 중요하지 않은 글이어서(「金純夫父母墓表」) 제외한 경우도 있는 듯하다.한편, 『동문선』에는 〈近思齋逸藁後序〉와 〈近思齋逸藁跋〉이 중복 수록되었는가 하면, 『목은문고』에 없는 〈賀平定安南牋〉(권32)·〈陳時務書〉(권53)·〈中寧山皇甫城記〉(권76)가 추가되어 있다. 결국 『동문선』에 실린 목은의 산문 240제는 전체 2,635제의 9%를 상회하는 것으로서 410편이 수록된 이규보에 이어 제2위에 해당한다. 이규보의 글이 表箋 79제, 啓狀 31제, 書 68제, 祝疏·道場文·靑詞·致語 41제, 祭文·哀詞·誄 19제인 데 비하여, 이색의 경우에는 교서·표전이 26제, 祭文이 2제에 불과함을 고려하면, 그는 『동문선』에 창작적인 산문이 가장 많이 실린 작가라 할 수 있다.

57) 이석구 역, 앞의 책.

이 책은 1628년에 간행된 규장각(奎章閣) 소장본 『목은시고』와 위에서 밝힌 중요한 관련 산문을 완역하기 위한 작업의 첫 번째 보고서이다. 모두 1,200여 판에 이르는 막대한 분량을 제대로 번역하기에는 역자들의 역량이 부족할 뿐 아니라, 시간적으로도 이 일만을 할 만큼 여유롭지 못한 형편이다. 이런 까닭에 우선 시작이 반이라는 전래의 속언에서 용기를 얻어 첫걸음을 떼기로 한다. 전체를 끝내는 데에는 상당한 기일이 걸릴 것으로 보이지만, 매년 이런 정도의 성과라도 내어놓음으로써 6년 이내에 마무리할 수 있도록 최선을 다할 것을 다짐한다.

참고문헌

權　近, 『陽村集』.
金宗稙 편, 『靑丘風雅』.
金昌協, 『農巖集』.
南龍翼 편, 『箕雅』.
徐居正 외 편, 『東文選』.
成　俔, 『慵齋叢話』.
申　欽, 『淸窓軟談』.
李建昌, 『寧齋詩話』.
李　穡, 『牧隱文藁』.
―――, 『牧隱詩藁』.
李季甸 편, 『牧隱詩精選』.
李　荇 외 편, 『新增東國輿地勝覽』.
李廷馨, 『東閣雜記』.
張志淵 외 편, 『大東詩選』.
鄭道傳, 『三峯集』.
許　筠, 『惺所覆瓿藁』.
『高麗史』.

『成宗實錄』.
『世宗實錄』.
『元史』.
『太宗實錄』.
『顯宗實錄』.
『孝宗實錄』.

高柄翊, 「『牧隱集』 解題」, 『高麗名賢集』 3(성균관대 대동문화연구원, 1973).
金台俊, 『朝鮮漢文學史』(조선어문학회, 1937).
閔賢九, 「辛吨의 執權과 그 政治的 性格」(上), 『역사학보』 40(역사학회, 1968).
吳金成, 「中國의 科擧制와 그 政治·社會的 機能」, 역사학회 편, 『科擧』(일조각, 1981).
李炳赫 역주, 『목은집』, 『한국고전문학전집』 19(고려대 민족문화연구소, 1995).
李奭求, 「『牧隱集』 解說」, 『國譯稼亭集·牧隱集』(稼亭·牧隱文集編纂委員會, 1983).
李銀順, 「李穡硏究」, 『梨大史苑』 4(이대사학회, 1962).
李鍾福 역, 『牧隱漢詩選』(이회문화사, 1999).
李泰鎭, 「14세기 동아시아 국제정세와 목은 이색의 외교적 역할」, 목은연구회 편, 『牧隱 李穡의 生涯와 思想』(일조각, 1996).
鄭治憲, 「麗末鮮初 科擧文臣勢力의 政治活動」, 『韓國學報』 64(일지사, 1991).

〈여운필, 『역주 목은시고』 1(도서출판 월인, 2000) 수록〉

목은시의 시적 자아의 특성과 그 변모

1. 서언

이 글은 『역주 목은시고』 1~12(월인, 2000~2007)에 번역 수록된 6,000여 수의 시를 대상으로 목은시에 드러난 시적 자아의 특성과 그 변화를 살피되, 표면적인 진술과 이면적 함의까지 아울러 점검하는 것을 목표로 한다.

선대부터 충청도 한산(韓山)에 기반을 둔 목은(牧隱) 이색(李穡; 1328~1396)은 원나라 과거에 급제하면서 세계제국인 원나라의 신하임을 자부했고 고려에 돌아온 뒤에는 공민왕의 지우를 입어 한껏 경륜을 드러내기도 하였다. 그런데 가장 왕성한 활동을 했던 34세에서 48세 사이의 시가 대부분 누락되어 있어서 현재 남아 있는 『목은시고』는 50세 이후 위축된 상황에서 지어진 시편이 대부분을 차지하고 있다. 50세에서 55세 사이의 시편이 3,559제에 이르러 전체 시편의 8할 이상을 차지하고 있으며, 이를 통해서 이 시기 시적 자아의 특성이 주목받을 수 있다.

『역주 목은시고』를 일별하면서 개략적인 특성을 지적하면, 젊은 시절 원나라에서 벼슬하면서 고국을 떠난 나그네의 입장과 벼슬살이의 자부심을 드러내고 있고, 50세 이후에는 화려했던 시절과 견주어 흰 머리에 병을 앓는 늙은이로 인식하고 있으며, 위축의 기간이 길어질수록 이면적인 함의를 지닌 표면적 진술로 강호로 돌아가지 못하는 늙은이라는 태도가 두드러지게 나타난다. 한편 전 시기에 걸쳐 군자 지향의 자아 인식, 시인으로서의 자부심, 사신(詞臣)으로서의 자아 인식 등이 중심축을 차지하고 있다. 이제 목은시 전체를 일별하면서 확인한 이러한 특성을 바탕으로 개별적이고 구체적인 양상을 살피면서, 목은시의 시적 자아의 내면적 성격을 이해하도록 한다.

2. 젊은 시절 시적 자아의 지향

목은 이색의 젊은 시절 시적 진술에 드러난 시적 자아의 모습은, 원나라의 국학에 유학하여 제과에 합격하고 원나라의 벼슬을 맡는 과정에 느끼는 자신의 내면에 대한 인식과 세계제국의 신하라는 반열에 오른 자부심이 중심을 이루고 있다. 이러한 인식은 뒷날 고려에 돌아와서 공민왕의 지우를 받아 중요한 정치적 결정에 참여하는 삶으로 이어지고, 정치의 핵심에서 밀려나 지내면서 스스로 소외의식을 느끼는 과정에서 지난날에 대한 무겁고 두터운 의식으로 자리 잡게 되었다.

우선 확인할 수 있는 것은 "배추벌레(螟蛉)", "나그네", "새" 등으로 자아를 인식하는 한 축과 "봉공", "내한" 등과 같이 원의 조정에서 맡은 직책으로 자신을 비의하는 한 축이다.

"배추벌레"로 인식한 〈같은 학사의 사생과 함께 짓다(與同舍同賦)〉(01-02-011)[1]이다.

> 멀리 노니는 외로운 그림자는 스스로 영정(零丁)한데
> 교문(橋門)에서 책을 끼고 있으니 기운이 아직 차갑네.
> 털과 깃이 범상치 않으니 그대는 봉황이요
> 정신과 몸이 변하려 하니 나는 배추벌레라네.
> 해마다 봄풀은 마음 상하도록 푸르고
> 밤마다 구름 걸린 산은 꿈속에 들어와 푸르네.
> 다른 해에 영양(榮養)할 수 있을지 알 수 없는데

---

1) 01-02-011은 여운필·성범중·최재남, 『역주 목은시고』의 작품 번호이다. 01은 『역주 목은시고』의 책 번호, 02는 원래 『목은시고』의 권 번호, 011은 권별 작품 일련번호이다. 이하 같다.

다만 지금의 깊은 한은 집 뜰로 달려가지 못함이네.
遠遊孤影自零丁　挾冊橋門氣尙獰
毛羽不凡君鸑鷟　神形欲變我螟蛉
年年春草傷心碧　夜夜雲山入夢靑
未識他年榮養否　只今深恨阻趍庭

"배추벌레(螟蛉)"는 빛깔이 푸른 나방과 나비의 유충인데, 나나니벌이 이 벌레의 새끼를 물어다 길러서 자기의 새끼를 만들기 때문에 의자(義子)를 의미한다. 『시경(詩經)』「소아(小雅)」〈소완(小宛)〉에 "나비가 알을 슬면, 나나니벌이 업어 주네. 자식을 잘 가르쳐, 착하게 하여야 하네.(螟蛉有子, 蜾蠃負之. 敎誨爾子, 式穀似之,)"라는 구절이 있어서, 이러한 뜻을 보증한다. 위의 인용시에서 진술한 바와 같이 "정신과 몸이 변하려 하"는 시적 자아의 성장과 성취의 욕구가 강하게 드러나고 있다.

이러한 인식은 〈봉성을 나서다(出鳳城)〉(01-02-023)의 9구 이하에서,

하늘이 나로 하여금 동쪽 들판에 태어나게 하였지만
기질을 변화시키는 배추벌레를 바랐네.[2)]
책궤를 짊어지고 벽수(壁水) 아래 유학하면서
몇 년 동안 현송(絃誦)하는 소리 알아듣지도 못하였네.
오늘 아침 빈손으로 고향으로 가느라고
말을 타고 유유하게 봉성(鳳城)을 나서네.
天敎小臣生東坰　變化氣質希螟蛉
負笈來游壁水下　數年聽瑩絃誦聲
今朝垂橐故山去　騎馬悠悠出鳳城

라고 하여, 비록 태어난 곳은 원나라에서 멀리 떨어진 곳이지만 "기질을

2) 여운필・성범중・최재남 공역, 『역주 목은시고』 01-02-023에서 "기질을 변화시켜 배추벌레를 드물게 하리."로 옮겼는데, 본 논지와 관련하여 "기질을 변화시키는 배추벌레를 바랐네."로 수정하고자 한다.

변화시키"고자 하는 마음이 자아를 "배추벌레(螟蛉)"로 인식하게 한 것이다.

이러한 젊은 시절의 자아 인식은 〈글을 읽은 곳의 노래 *서를 덧붙이다(讀書處歌 *幷序)〉(06-17-013)의 17구 이하에서 구체적 성취로 드러나고 있음을 밝히고 있다.

> 선친께서 자취를 가지런히 하여 봉훈(奉訓)의 반열에 드시니
> 전례를 따라 태학에 유학(游學)했네.
> 배추나방의 탈바꿈이 일년을 넘기지 않아서
> 글을 지으면 이따금 빼어나다고 일컬어졌네.
> 先君簉跡奉訓列　援例得以游橋門
> 螟蛉變化不閱歲　綴文往往稱高騫

결국 "배추벌레"로 자아를 인식한 것은 바뀐 새로운 환경에서 정신과 몸을 포함한 기질을 변화시켜 새로운 성취를 이루고자 하는 강한 포부가 담겼다고 할 수 있다.

한편 "나그네"로서의 인식은 고국을 떠나 타국에서 지내면서 느끼는 객수(客愁)가 바탕에 깔려 있는 것이라고 할 수 있다. 〈관도의 버들을 읊다(官柳吟)〉(01-02-027)이다.

> 봄이 가니 온갖 꽃들 자취조차 없어지고
> 버들은 나그네 길을 향해 암록색을 드리웠네.
> 한마디 꾀꼬리 울음소리에 하늘이 밝아 오고
> 수많은 나무에는 고요히 명주 같은 안개가 자욱하네.
> 장정(長亭)과 단정(短亭)에는 말발굽의 티끌인데
> 성긴 가지는 먼 계곡으로부터 바람을 끌어오네.
> 건거(巾車)는 팽택(彭澤)의 문(門)에 비치지 않고
> 비단 닻줄은 수강(隋江)의 물굽이에 매어 있지 않네.
> 어찌하여 황금빛 줄기를 아까워하지 않는가?
> 해마다 돌아가는 사람 따라 꺾이고 있으니.

하늘이 나그네의 눈을 쓸쓸하게 만들지 않아
옛날처럼 내가 돌아올 때의 옷을 비추어 주네.
몇 년 뒤 부귀하게 되어 고향으로 돌아갈 때에도
다시 말 머리를 향해 눈처럼 날리려나.
春歸百花掃無迹　柳向客程垂暗綠
鶯啼一聲天欲曉　千樹空濛霧如縠
長亭短亭馬蹄塵　疎枝引風來遠谷
巾車不暎彭澤門　錦纜不繫隋江曲
如何不惜黃金絲　年年被折隨人歸
天敎客眼不蕭索　依然暎我來時衣
佗年富貴歸故鄕　更向馬頭如雪飛

「연보」[3])를 통해 확인하면, 목은 이색은 21세인 충목왕 4년(1348) 국자감 생원이 되어 연도에 가서 국학에 들어가서, 23세인 충정왕 2년(1350) 상도의 학교에 분견되었다가 겨울에 국학으로 돌아갔으며, 24세인 충정왕 3년(1351) 부친 가정 선생의 부음에 분상하였고, 26세인 공민왕 2년(1353) 부친의 상이 끝나자, 이제현과 홍언박이 주관한 과거에 을과 제1인으로 급제하고, 가을에 정동행성 향시에 제1등으로 급제하여, 27세인 공민왕 3년(1354) 원의 제과에서 제2갑 제2명으로 급제하여 응봉한림문자 승사랑 동지제고겸 국사원편수관을 제수받았다. 3월에 고려로 돌아왔고, 28세인 공민왕 4년(1355) 원나라에 가서 한림원에 예임되었으며, 29세인 공민왕 5년(1356) 관직을 버리고 고려로 돌아왔다.

그러므로 젊은 시절 "나그네"로서의 인식은 바로 이러한 삶의 여정과 밀접하게 연결되어 있는 것이다. 〈유월 십오일에 향리에서 놀던 일을 생각하다(六月十五日, 憶鄕里游燕)〉(02-03-106)에서는 타국에서 유두를 맞아 고향에서 놀던 일을 떠올리면서 나그네의 회포를 말하고 있다. 고려와 원에서 벼슬을 한 아버지 가정 선생을 따라 자신도 개경과 연경을 오가면서 벼슬을 하게 된 상

3) 여운필 · 성범중 · 최재남 공역, 『역주 목은시고』 1(월인, 2000), 58~77면.

황에서 개경에서 연경을 오고가는 과정을 포함하여 연경에서 고향을 향한 그리움을 내장하면서 "나그네"의 자아 인식이 뚜렷이 부각되는 것이다.

> 자하동(紫霞洞) 속으로 항아리 가지고 가서
> 소나무 그늘 가장 깊은 곳으로 다투어 좇았네.
> 맑은 샘은 눈과 같아서 찌든 생각을 상쾌하게 하였고
> 흰 돌을 상으로 삼아 쪼그리고 앉았네.
> 은쟁반의 과일은 옥처럼 푸르렀고
> 옥술 잔에는 푸른 포도주가 넘쳤네.
> 맑은 노래 높이 부르니 고개의 구름이 날고
> 긴 젓대를 비껴 부니 바위 골짜기를 진동하네.
> 술 취하면 종종 시 읊기를 좋아하여
> 한 번 부르고 한 번 화답하여 구슬 같은 작품이 이어졌네.
> 누가 알리요, 하늘 끝까지 멀리 떠나온 나그네가
> 동쪽으로 구름 낀 산을 바라보며 돌아가지 못하여 한탄하고 있음을.
> 여관 창에 홀로 앉으니 즐거운 뜻이 적어
> 나가서 고향 사람을 찾아갔지만 아무도 만나지 못하네.
> 저물녘에 취해서 돌아가던 때를 다시 생각해 보니
> 왕륜교(王輪橋) 위 길에는 햇살이 비꼈었네.
> 紫霞洞裏携壺去　競趍松陰最深處
> 淸泉如雪爽塵懷　白石爲床作箕踞
> 銀盤瓜果琅玕碧　玉杯瀲灩蒲萄綠
> 淸歌高放飛嶺雲　長笛橫吹振巖谷
> 醉中往往喜吟詩　一唱一和聯珠璣
> 誰知天涯遠遊客　東望雲山恨未歸
> 旅窓獨坐少歡趣　出訪鄕人皆不遇
> 晩來更想醉歸時　王輪橋上斜陽路

"나그네"로서의 인식은 구체적으로 젊은 시절에는 "한산의 나그네"(〈02-03-045〉), "동해의 나그네"(〈02-04-002〉) 등으로 나타나기도 하고, 후대에

는 “눈물로 옷깃을 적시는 나그네”(〈03-07-067〉), “병을 앓고 난 동해의 나그네”(〈05-14-064〉), “먼 데서 노닐던 나그네”(〈07-19-084〉), “병이 많은 나그네”(〈07-20-063〉), “하늘 끝에 유배된 나그네”(〈12-35-042〉), “유락하는 나그네”(〈12-35-070〉), “한산의 쫓겨난 나그네”(〈12-35-116〉) 등으로 새로운 변모를 보이기도 한다.

“배추벌레(螟蛉)”의 변신과 “나그네”의 객수의 과정을 거치면서 목은 이색은 26세에 고려에서 이제현(李齊賢) 등이 주관한 과거에서 을과 제1인으로 급제하고, 이어서 27세에 원의 제과에서 제2갑 제2명으로 급제하면서 시적 자아에 대한 인식에서 벼슬에 대한 자부심이 드러나기 시작한다.

“장원랑”, “봉공”, “내한” 등 고려와 원에서 맡은 직책을 시적 자아로 진술하게 된 것이다. 〈전녹생 어사의 시에 차운하다. 2수(次韻田御史祿生二首)〉(01-02-083)의 둘째 수에서 이제현의 문생이면서 장원으로 급제한 자부심이 시적 자아의 인식에 자리하고 있다.

> 헐뜯음이 나와 관계없거늘 기린다고 어찌 기꺼워하랴?
> 재주는 남만 못하고 덕은 더욱 처량하네.
> 달은 홀로 정이 있어 나를 채(蔡) 땅에서 따르고
> 산은 흔히 속되지 않아 상(商)이 나를 흥기(興起)시키는도다.
> 출처(出處)를 두루 맛보았으니 계책 세울 줄을 알고
> 욕심대로 날아 올랐으니 헤아릴 수 있는 데서 그치네.
> 헛된 이름에 힘입어 족히 자리를 놀라게 하는 것은
> 익재(益齋) 문하의 장원랑(壯元郞)이기 때문일세.
> 毁非關己譽何喜　才莫如人德更凉
> 月獨有情從我蔡　山多不俗起予商
> 備嘗出處知爲計　縱欲飛騰已可量
> 賴有虛名足驚座　益齋門下壯元郎

위의 시에 드러난 “익재 문하의 장원랑”의 인식은 만년에 공양왕 3년(1391) 함창에 유배된 뒤에 지은 〈출척사에 부치다(寄黜陟使)〉(12-35-070)에서 “늙고

병들어 유락하는 나그네"가 된 뒤에까지 이어지고 있다.

한편 원의 제과에 급제하여 받은 벼슬에 대한 인식도 다음 작품에서 읽을 수 있다. 〈길을 가다가(途中)〉(02-03-010)이다.

산은 멀리 절새(絶塞)에 이어지고
들은 넓어 높은 하늘이 굽어보네.
애두역(崖頭驛)은 흐린 물에 닿아 있고
여산(閭山)은 구름 기운과 떨어져 있네.
모여 사니 사람의 말이 뒤섞이고
차례로 보내니 말발굽이 이어지네.
누가 알리요? 새 공봉(供奉)이
거닐며 읊조리다가 홀로 망연자실(茫然自失)함을.
山遙連絶塞　野闊俯長天
崖驛臨渾水　閭山隔斷煙
聚居人語雜　遞送馬蹄聯
誰識新供奉　行吟獨惘然

목은 이색은 27세에 원나라 제과에 급제하여 종7품의 응봉한림문자(應奉翰林文字)를 제수받았는데, 이 시에서는 시적 자아가 그러한 사실에 대한 자긍심을 드러내고 있는 것이다.

그리고 다음 〈통주(通州)〉(02-03-074)와 같은 시에서는 상황이 여의치 않을 경우 창문을 부수고 맡은 일을 수행하겠다는 결연한 의지까지 보여주고 있다.

한림공봉(翰林供奉)은 고려 출신인데
다만 헛된 이름이 있어 세상에서 알아주네.
스스로 생각건대 창문을 부술 때가 가까우니
흐르는 땀으로 등을 적시며 경사(京師)를 향하네.
翰林供奉出高麗　祇有虛名世所知
自念斸窓時已近　汗流浹背向京師

한편 처음으로 천자 앞에서 임무를 수행하게 되면서, 〈천자의 수레 앞에 과일 소반을 바치다.(駕前, 奉果盤)〉(02-03-136)에서는 모시 적삼이 서늘할 정도의 긴장감으로 나타나기도 한다.

소반에 쌓인 선과(仙果)에 햇빛이 비치는데
한림공봉(翰林供奉)은 모시 적삼이 서늘하네.
비룡(飛龍)이 잠시 머물고 천안(天顔)이 움직이니
가느다란 바람에 계설향(鷄舌香)이 전해 오네.
仙果堆盤照日光　翰林供奉苧衫凉
飛龍小駐天顔動　細細風傳鷄舌香

젊은 날의 이러한 인식은 중년 이후의 시에서도 지속적으로 밑바탕을 이루고 있다. 〈회포를 풀다. 2수(遣懷二首)〉(03-07-020)의 첫째 수이다.

깊은 옛 뜻으로 홀로 거문고를 타는데
바다와 산이 무사하니 경계(境界)는 더욱 깊네.
두 마리의 오리와 네 마리의 기러기가 어찌 많으랴?
떨어진 학과 외톨이 난새는 옛날부터 있었네.
가장 좋기로는 골짜기 입구를 메운 흰 구름인데
다시 하늘 한가운데 이른 밝은 달을 맞이하네.
삼한(三韓)은 근래에 문장이 성하니
누가 중국 조정의 늙은 한림(翰林)을 꼽아주랴?
古意沉沉獨撫琴　海山無事境彌深
雙鳧乘鴈寧多少　別鶴孤鸞自古今
最善白雲埋谷口　更邀明月到天心
三韓近日文章盛　誰數中朝老翰林

위의 시에서 시적 자아를 중국 조정에서 한림을 역임한 늙은이로 설정하여 자부심과 함께 경륜을 발휘하지 못하는 아쉬움까지 드러내고 있다. “원나라 조정의 늙은 한림”(〈04-10-055〉), “해외의 한산자”(〈03-08-114〉) 등에서도 이러한 인식을 읽을 수 있다.

이렇듯 목은은 젊은 시절 원나라 제과에 합격하고 원나라 조정에서 벼슬을 지낸 것을 평생토록 커다란 자부심으로 여겼으며, 소중화(小中華)를 유지하면서 동문공궤(同文共軌)의 규범을 지향하고자 하였다. 이러한 자부심과 함께 공민왕의 지우를 받아 익재(益齋)와 가정(稼亭)의 뒤를 이어 해동의 중심에 섰다고 생각하던 시절에 견줄 때, 50세 이후 병을 앓으며 쓸쓸하게 지내는 한 선비의 자의식은 목은시의 시적 자아의 인식에서 매우 핵심적인 요소로 나타난다.[4)]

3. 삶의 근간을 이룬 시적 자아의 특성

목은 이색은 그의 전 생애에 걸쳐 군자, 시인, 교화를 돕는 신하로 살고자 하였고 실제 시적 자아의 형상에서도 개인적으로는 군자, 삶의 과정에서는 시인, 정치와 역사를 염두에 두고 교화를 돕는 신하로 살아가고자 하는 태도가 두드러지게 확인되고 있다. 이러한 특성은 젊은 시절 기질의 변화를 갈구하거나 나그네로서의 인식을 가졌던 특성과 중년 이후 정치적 부침에 따라 위축되어 나타나는 자아 인식의 변모와는 달리 삶의 전 시기에 걸쳐 지속적으로 자각하고 고뇌했던 인식의 축이라고 할 수 있다.

1) 군자 지향의 자아 인식

목은 이색은 평생 군자로서의 삶을 지향하면서 살았다고 자부한 인물이다. 실제 시적 진술에서 군자의 특성과 군자의 삶을 제시하기도 하고, 시적 자아

4) 최재남, 「고전시가와 중국 인식의 시대별 추이」, 『고전문학연구』 43집(한국고전문학회, 2013.6), 48～51면.

도 이러한 현실을 반영하여 “군자”로 형상화하기도 하였다. 우선 군자의 특성과 군자의 삶에 대한 진술부터 확인하도록 한다. 〈군자. 2수(君子二首)〉(02-03-131)의 첫째 수이다.

> 군자에게는 참된 즐거움이 있는데
> 그 묘한 곳은 참으로 말하기 어렵네.
> 솔개가 나는 것과 물고기가 뛰는 것은
> 만상(萬像)이 근원을 함께 하기 때문이네.
> 작아서 돌피만큼 되는 몸이지만
> 인도하여 교화함은 연원이 있네.
> 예악(禮樂)이 천하를 뒤덮으니
> 주공(周公)과 공자(孔子)는 지금까지 살아 있네.
> 君子有眞樂　妙處誠難言
> 鳶飛與魚躍　萬像同一元
> 眇然稊米身　道化所淵源
> 禮樂被天下　周孔至今存

스스로 군자의 길을 걷고 있다는 인식이 자리하게 되면서 시적 자아의 모습은 구체성을 띠고 나타나게 된다. 〈스스로 읊다. 3수(自詠三首)〉(03-06-009)의 둘째 수이다. 시적 자아는 스스로 군자로서의 뜻을 다짐하면서 “군자”로서의 삶을 다짐하고 있다. “유년에 배움”과 “장년에 실천함”이 모두 자신을 빛내거나 도모하기 위한 것이 아니라, “군자”의 뜻을 지켜나가기 위한 것임을 깨닫고 다짐을 더욱 굳게 하고 있는 것이다.

> 유년에 배움은 자신을 빛내기 위함이 아니요
> 장년에 실천함은 자기를 도모하기 위함이 아니었네.
> 한 자를 굽힘은 한 길을 펴기 위함이라지만
> 군자가 어찌 뜻을 낮추랴?
> 흥성함은 비록 사람의 뜻이지만

막힘은 간혹 하늘의 뜻이리.
취하여 노래하며 나의 뜻을 다짐하는데
이제 한 해가 저물었다고 하네.
幼學非文身　壯行非圖己
枉尺直乃尋　君子豈降志
發達雖人情　低回或天意
酣歌矢我音　歲今云暮矣

그리고 직접적인 화자로 "나"를 내세워 군자가 되기를 바랐던 젊은 날의 기대와 여러 가지 사정으로 그 뜻을 제대로 이루지 못한 현실적 괴리를 토로하기도 하였다. 〈나는 옛날에(我昔)〉(08-23-044)이다.

나는 옛날 신사년(辛巳年)에
나이가 열네 살이었네.
댓바람에 백자시(百字詩)를 이루고
요행으로 진사(進士)에 뽑혔네.
이미 소인이 되는 것을 부끄러워하고
다만 군자가 되기를 바랐네.
중화(中華)에 유학(游學)함에 이르러서
지난날의 뜻으로 더욱 힘썼네.
중도(中途)에 명리(名利)에 침식되매
세속적인 사람과 크게 다르지 않게 되었네.
무너지고 꺾이어 도에서 멀어지니
어느 날이나 그만둘까 스스로 탄식하네.
〈억(抑)〉의 경계를 만일 행하지 않는다면
청사(靑史)를 더럽혔다는 이름을 달게 여겨야 하리.
我昔歲辛巳　行年十又四
立成百字詩　僥倖取進士
已恥爲小人　祇願爲君子
及游學中華　益勵前日志

中爲名利蝕　與世無大異
頹摧去道遠　自歎何日已
抑戒儻不擧　甘心穢靑史

위의 시와 같은 괴리와 함께 군자의 삶을 살고 있지 않다는 자책감을 드러내기도 하는데, 〈스스로 비웃다(自嘲)〉(08-23-097)와 같은 작품에서 구체적으로 확인할 수 있다. 지나온 행적과 현재의 위상과 견주면서 자신의 삶을 돌아보는 시적 자아의 인식으로 볼 수 있다.

목은 늙은이는 평소에 문자(文字)를 좋아하다가
도리어 좀벌레와 같아진 것을 스스로 비웃네.
여기에서 태어나 여기에서 죽으리니
일미(一味)가 있는데도 또 좋은 맛을 생각하랴?
문장은 꼭 위소왕(韋昭王)과 비슷하고
학문은 참으로 구을사(丘乙巳)와 같네.
우리나라에서 급제할 때에는 장원을 차지하고
중국에서는 을과에서 두 번째가 되었네.
소년시절에는 오백(五百)의 배우는 무리에 참여하였고
늘그막에는 삼중(三重)으로 국사를 관장하네.
한 마디나마 부족한 점을 도울 수 있었다는 말을 듣지 못했는데
이제까지 또 만사가 사리에 맞지 않네.
신의(信義)가 엷어서 옛 친구들에게 버림받고
용지(容止)가 비루하여 아이들에게 모멸당하네.
높이 발탁됨은 다만 현릉의 지우를 입었기 때문이기에
일찍이 죽음을 무릅쓰고 울면서 비문을 지었네.
문득 사직하고 고향으로 돌아감이 옳은데
이제까지 녹록(碌碌)하게 지냄은 무엇 때문이냐?
어찌 뱁새처럼 남은 한 가지를 바라랴?
부질없이 곤붕(鯤鵬)처럼 만리를 치고 오를 것을 자부했네.
때때로 변방의 경보가 참으로 끊어지지 않는다는 말을 듣거니와

장부(丈夫)에게는 본래 공명의 뜻이 있다네.
늙고 쇠약한 뒤로 때마다 스스로 조롱하나니
너는 소인(少人)이냐 군자(君子)이냐?
牧翁平生嗜文字　自笑還如蠹魚耳
生於斯兮死於斯　一味寧復思甘旨
文章酷似韋昭王　學問眞同丘乙巳
東方及第占狀元　中國乙科居第二
少年五百參學徒　老境三重領國史
未聞一言可補闕　如今萬事又不理
舊故見遺信義薄　兒童見侮容止鄙
飛騰只荷玄陵知　泣撰碑文曾昧死
便可乞身歸故鄕　至今碌碌緣底事
鷦鷯豈願餘一枝　鵾鵬漫負擊萬里
時聞邊報正絡繹　丈夫自有功名志
老矣衰矣時自嘲　汝少人耶是君子

목은의 시에서 군자를 형상하거나 군자의 특성, 삶 등을 읊은 시가 적어도 150제가 넘는다. 〈군자(君子)〉라는 시제를 바로 내세운 작품도 많거니와, 군자의 특성을 지적한 내용을 보면, "구복의 이익에 몰두하지 말고"(〈01-01-008〉), "뜻을 지키며"(〈01-02-094〉), "지성을 보존하고"(〈02-03-034〉), "의관(衣冠)을 가지런히 하며"(〈02-03-044〉) 등 경전이나 전거에 근거한 진술이 대부분을 차지하고 있다. 군자 지향의 자아 인식에 대한 보다 자세한 검토는 새로운 과제로 살펴야 할 것이다.

2) 시인으로서의 자아 인식

목은 이색은 평생 대단한 시인으로 자부하면서 산 사람이다. 시인을 지칭하는 진술은 직접 "시인(詩人)"(〈04-11-009〉, 〈05-12-021〉, 〈05-12-044〉, 〈05-14-046〉)이라고 내세운 경우를 포함하여, "시가(詩家)", "풍인(風人)", "소인(騷

人)", "소객(騷客)" 등을 확인할 수 있다. 그리고 시적 자아의 형상에서 중국의 다른 시인에 비긴 경우가 매우 많다. "도잠", "도사", "도연명의 후신", "가짜 연명" 등으로 구체화되어 나타나고 있다.

스스로 시적 자아를 "도잠"이라고 하거나, "도연명의 후신"이라고 한 예에서 도연명의 삶을 본받으려고 하거나 시인으로서 도잠을 자아와 동일시하고 있음을 이해할 수 있다. 〈여름날에 짓다(夏日卽事)〉(02-04-093)와 〈한유항을 찾다(3수)(訪韓柳巷)〉(05-12-048)의 셋째 수이다.

> 무더위가 조금 지나갔기에
> 고요히 앉아서 길고 짧게 읊조리네.
> 우연히 사물의 변화를 보니
> 또한 내 마음이 밝아지네.
> 대열을 이룬 개미는 소나기를 피하는데
> 왕래하는 꾀꼬리는 녹음에 걸렸네.
> 나의 오막살이가 실로 사랑할 만하니
> 바로 진나라 도잠(陶潛)과 같네.
> 溽暑經過少　靜居長短吟
> 偶然觀物化　亦復明我心
> 蟻陣跳白雨　鶯梭懸綠陰
> 吾廬信可愛　卽是晉陶潛

> 구름과 안개가 사방을 둘러싸지 않으면
> 늘그막에 바람과 먼지를 피할 길이 없으리.
> 동쪽 울타리에 국화를 심은 것은 도연명(陶淵明)인데
> 한산(韓山)이 그 후신(後身)이라고 누가 말하는가?
> 不把雲烟作四隣　老年無地避風塵
> 東籬種菊淵明爾　誰道韓山是後身

목은시에서 소동파(蘇東坡)에 대한 지향은 매우 중요하게 살펴야 할 부분이다. 〈즉석에서 짓다(卽事)〉(06-17-046)와 같은 시에서 시적 자아는 평소에

동파의 시를 즐겨 읽었다고 토로하고 있다.

> 심한 더위와 가을바람은 본래 때가 있는데
> 평소에 즐겨 동파(東坡) 노인의 시를 읽었네.
> 누구의 마음이 물과 같이 맑기에
> 옥을 녹이고 쇠를 녹아 내림에 다 알지 못하는가?
> 苦熱西風自有時　平生喜讀老坡詩
> 有誰心地淸如水　爍玉流金摠不知

시적 자아를 시광(詩狂)이라고 하여 승경을 만나면 시를 읊는 일에 정신을 몰두하고 있음을 드러내고 있는데, 〈동년 이몽유가 찾아와서 낙성군 김선치 공의 정원의 모란이 이미 지고 작약이 활짝 피었다는 데 이야기가 미쳤다. 스스로 말하기를 날마다 모시고 바둑을 둔다고 하므로, 나는 깨닫지 못하는 사이에 흥취가 발동하여 세 수를 읊어 기록하여 바치다(3수)(同年李夢游見訪, 談及洛城君金公先致園中牧丹已謝, 芍藥盛開. 自言日陪棋局, 僕不覺動興, 吟得三首錄呈)〉(08-22-094)의 둘째 수에서, 승경을 감상하는 자리에 직접 참석하여 시를 읊지 못한 아쉬움을 토로하면서 지은 것이다.

> 작약이 한창 피어 무르익은 아름다움을 드러내는데
> 가장 풍류로운 것은 붉은 낙양화(洛陽花)라네.
> 꽃 앞에는 좋은 술이 샘물과 같은 곳에
> 다만 시에 미친 목은 늙은이 한 사람이 빠졌네.
> 芍藥方開露艶濃　風流最是洛陽紅
> 花前美酒如泉處　只欠詩狂一牧翁

〈장맛비. 3수(霪雨三首)〉(06-16-163)의 첫째 수와 〈어제 구재에 가서 소나무 밑에 앉아 있는데, 소나무 그늘이 엷고 날은 한낮이 가까워 더위가 매우 심하였다. 이에 제생들에게 '자하동에 들어가서 서늘한 곳에 나아가 시를 짓는 것이 어떻겠는가?'라고 고하였더니, 제생들이 좋아서 펄쩍 뛰면서 앞장을 섰다.

안심사 앞 어지러운 물에 이르러 남쪽 언덕에 앉히고, 각촉부시의 제목을 내었는데, 초가 반도 타기 전에 소나기가 쏟아졌다. 제생들을 이끌고 절로 달려 들어갔는데, 옷과 두건은 다 젖었으나 매우 훌륭한 풍치가 있었다. 세 편의 시를 짓게 하였는데, …(후략)(昨至九齋坐松下, 松陰薄, 日將午, 熱尤甚. 於是告諸生曰, 入紫霞洞, 就凉冷處賦詠如何. 諸生踴躍導行. 至安心寺前亂水, 坐南岸, 刻燭出題, 燭未半, 雨驟至. 引諸生走入寺, 衣巾盡濕, 殊有佳致. 賦三詩…)〉(07-18-051), 〈서쪽 이웃의 길창공을 뵙고 술을 조금 마시고 돌아와서 높은 소리로 읊다(謁西隣吉昌公小酌, 歸而高詠)〉(09-25-112) 등에서도 "시광"임을 드러내고 있다.

3) 제왕의 교화를 도운 사신(詞臣)의 자아 인식

"제왕의 교화를 도운 신하"라는 자아 인식은 문장으로 임금을 시종(侍從)했다는 자부심을 강조한 것이라 할 수 있다. 한림원에 근무하거나, 정당문학으로 좌주를 맡았던 일을 포함하여 각종 외교문서를 작성하거나 자문한 일이 여기에 해당할 수 있다.

실제 목은시에서 글을 담당하는 신하라는 인식은 "옥당의 학사"(〈02-05-098〉), "난파객"(〈03-08-030〉, 〈06-15-004〉), "좌주"(〈04-11-018〉), "전 왕조의 내한"(〈05-13-031〉), "헌릉 때의 정당"(〈07-20-029〉), "두 번 임용된 정당"(〈07-20-038〉, 〈08-22-015〉), "늙은 정당"(〈07-20-038〉), "정당문학"(〈07-20-102〉), "늙은 한림"(〈10-27-006〉), "궤석에 기대 좌주"(〈11-30-158〉), "흰 머리로 난파를 영솔함"(〈11-32-009〉), "옥당의 늙은이"(〈11-32-096〉) 등으로 전 생애를 걸쳐서 지속적으로 이어지고 있다.

〈사전의 신성장이 오다. 지난해 섣달에 신성한 것을 올해 삼월에 비로소 받고, 펼쳐보기 전에 대궐을 향하여 은혜에 감사드리고 1수를 짓다(賜田申省狀至. 去歲十二月所申也, 今年三月始得之, 未及殿閱向闕謝恩, 吟成一首)〉(06-15-096)의 전반부에서 글을 짓는 신하로서 임금의 교화를 돕고 있으며, 이러한 일이 아버지 가정공(稼亭公)부터 자신까지 이어지고 있음을 크게 강조하고 있다.

> 주상(主上)께서 하늘처럼 만물을 양육하시는데
> 쇠로한 신(臣) 색(穡)은 아직도 글을 짓고 있네.
> 전조(前朝)에는 사신(詞臣)이 수풀처럼 빽빽했지만
> 아버지가 아들에게 가업을 전한 것은 짝이 드무네.
> 가정(稼亭) 선생은 공을 말하지 않았고
> 또 송궁(送窮)이라고 이름붙인 문장을 짓지 않으셨네.
> 태평시절의 바람과 달은 시편(詩篇) 안에 있고
> 곳곳의 강산은 술잔 속에 있네.
> 신은 지금 병석에 누워 역사의 일을 영도하지만
> 생계가 졸렬하여 해마다 쌀을 빌리네.
> 멀건 죽에 비친 수염과 눈썹이 완연히 마주 보는 듯하니
> 배가 고프다고 우는 종들을 차마 보기 어렵네.
> 구고(九皐)에서 우는 학의 소리가 하늘에 들려
> 성은(聖恩)이 급한 이를 구제하여 보전하게 하시네.
> 칙명으로 경호(鏡湖)를 하사한 것이 사서에 넘치는데
> 긴 강의 양쪽 기슭에는 좋은 밭이 많다네.
> 이제부터 온 가족이 배부르게 밥을 먹을 텐데
> 날마다 칭송하고 기도하면서 신의 수명을 마치리.
> 자손들이 대대로 지키면서 나라를 보좌하리니
> 충성과 효도로 은련(恩憐)에 보답할 것을 맹세하네.
> 主上如天育萬物　臣穡衰遲猶秉筆
> 前朝詞臣森如林　父子傳家罕疇匹
> 稼亭先生不言功　又不作文名送窮
> 大平風月詩篇裏　到處江山尊酒中
> 臣今臥病領史事　乞米年年拙生理
> 粥薄鬚眉宛相對　啼飢僮奴難忍視
> 鶴鳴九皐聲聞天　聖恩周急令保全

敕賜鏡湖湓簡策　長江兩岸多良田
從今一家飽喫飯　日日頌禱終臣年
子孫世守佐王國　誓將忠孝酬恩憐

이와 같이 시적 자아가 직접 사신(詞臣)임을 밝히고 있는 작품은 "당시의 사신"(〈03-06-118〉, 〈08-21-036〉), "앞 조정의 초췌한 늙은 사신"(〈04-10-020〉), "중화의 노래를 바치는 사신"(〈04-11-044〉), "사신"(〈07-20-032〉, 〈08-22-089〉, 〈08-23-042〉, 〈11-30-076〉, 〈12-33-062〉, 〈12-34-030〉) 등을 들 수 있다.

한편 후대에 지어진 〈즉석에서 짓다. 2수(卽事二首)〉(10-28-121)의 첫째 수에서는 "낭묘에서 제왕의 교화를 도"운 일을 환기하고 있다.

유전(流轉)하는 풍광과 함께 그리워하거늘
늙고 병들어 한가롭게 살면서도 아직 돌아가지 못하네.
밤비 속의 강과 산은 생각을 더욱 괴롭게 하고
늦봄의 서리와 눈은 보기가 드무네.
시를 읊으면 비흥(比興)하지 못할 사물이 무엇인가?
술을 대하면 때때로 시비(是非)를 잊네.
목은 늙은이는 쓸데가 아주 없다고 말하지 말라.
일찍이 낭묘에서 제왕의 교화를 도왔다네.
風光流轉共依依　老病閑居尙未歸
夜雨江山思轉苦　暮春霜雪見來稀
吟詩何物不比興　對酒有時忘是非
莫道牧翁無用甚　也曾廊廟贊垂衣

4. 중년 이후 시적 자아의 변모 양상

앞에서 확인한 바와 같이 『목은시고』에는 34세에서 49세 연말 이전 사이의 시편이 누락되어 있다. 공민왕 10년(1361)부터 우왕 2년(1376) 사이의 기간이다. 가장 왕성한 관직 활동을 한 시기의 시가 빠져 있어서 아쉬운 점이 있지만, 일단 현전하는 작품을 통하여 시적 자아의 변모 양상을 짚어볼 수밖에 없을 것이다.

『역주 목은시고』를 통해 일별하면, 우선 자신의 호와 관련한 자아 형상과 인식의 변모를 살필 수 있고, 현실적 실권이 확보되지 않은 상황에서 전직과 관련한 시적 자아의 형상을 지적할 수 있으며, 정신과 몸이 위축된 상황에서 늙고 병든 몸에 대한 시적 자아의 특성도 매우 빈번하게 드러나고 있으며, 중국과 견주어 변방인이라는 자아 인식도 살필 수 있고, 마음속으로 여강으로 돌아갈 사람이라는 귀전(歸田)의 의지도 확인할 수 있다.

1) 자신의 호와 관련한 자아 인식

목은 이색은 자신의 호와 관련하여 시간의 추이와 상황에 따라 목동(牧童), 목은(牧隱), 목옹(牧翁), 목로(牧老) 등으로 시적 자아를 설정하였다.

젊은 시절에는 목동(牧童)이라는 형상을 통해 젊고 패기가 넘치는 태도를 드러내고 있다. 연경에서 개경으로 돌아오는 과정에 지은 〈애두역에 예천 권정승의 시가 있다. …(하략)(崖頭驛有醴泉權政丞詩 …)〉(02-03-011)의 열째 수에서,

> 가슴 속은 몽택(夢澤)의 겨자인지라
> 중화(中華) 땅에 맑은 향기를 퍼뜨리네.
> 목동(牧童)의 절구 열 수를
> 길이 공의 후손들에게 보여주리.
> 胸次芥夢澤　中華播淸芬
> 牧童十絶句　永示公來雲

라고 하여, 원나라의 과거에 급제하여 벼슬을 제수 받고 개경으로 돌아오는 길에 처조부 권한공(權漢功)의 시를 보고, 젊은 목은[牧童]이 지은 시를 처

가 사람들에게 보여주겠다는 자부심이 물씬 배어 있다.

한편으로 자신보다 연장자의 경우 젊은 목은[牧童]으로 형상화하기도 한다. 〈강릉의 최상국에게 받들어 사례드리다. …(하략)(奉謝江陵崔相國…)〉(06-16-125)이다.

> 결사(結社)한 당시에 시중(侍中)을 굴복시키고
> 또 담암(淡菴)과 바둑으로 자웅(雌雄)을 다투었네.
> 시인의 천지에는 높고 낮음이 없으니
> 다시 목동(牧童)에게 양보하려고 애쓰지 않기를 청하네.
> 結社當年屈侍中　淡菴碁局又爭雄
> 詩家天地無高下　更請無勞讓牧童

〈사월 스무엿샛날에 서쪽 이웃인 길창군의 집에 손님이 모였는데, …(하략)(四月廿六日, 西隣吉昌君會客…)〉(08-23-001)의 17・18구에서도, "한산의 목동(牧童)은 매우 쇠약하지만, 다행히 좋은 이웃을 만나 은혜와 사랑을 입었네.(韓山牧童衰也甚 芳隣幸接蒙恩憐)"라고 하여 연장자를 모신 자리에서 목동이라고 형상화하였고, 〈술을 가지고 찾아 준 우평장께 받들어 사례드리다 *제이다(奉謝禹平章携酒見訪 *禪)〉(10-27-033)의 미련에서는 "목동은 스스로 쉰 살에 이른 것을 다행스러워하면서, 취한 가운데 지난날의 회포를 잠깐 펴 보네.(牧童自幸知天命 醉裏往懷得暫開)"라고 하였다.

널리 알려진 목은(牧隱)을 시적 자아로 형상화한 경우를 살피도록 한다. "목은선생(牧隱先生)", "목은자(牧隱子)" 등으로 나타나는 경우도 있다. 『역주 목은시고』에서 "목은(牧隱)"이 처음으로 등장하는 〈강릉존무사로 가는 남손정을 보내며 차운하다(2수)(送南巽亭存撫江陵次韻)〉(02-04-098)의 둘째 수이다.

> 선비는 평소에 자부함이 특별한 법인데
> 다행하게도 이런 태평시대를 만났네.
> 별은 여러 별자리에 나뉘어서도 원래 서로 응하는데

구름은 하늘에서 걷혀 펼칠 것 없네.
기국(杞國)에서 하늘을 근심함은 목은(牧隱)의 책략이요
두릉(杜陵)에서 일을 서술함은 손정(巽亭)의 시이네.
강릉(江陵)의 빼어난 경치를 다 몰아넣어서
흔쾌하게 길게 읊으니 어찌 눈썹 찌푸리랴?
士也平生自負奇　幸哉逢此太平時
星分列座元相應　雲卷重霄不用披
杞國憂天牧隱策　杜陵敍事巽亭詩
江陵絶景牢籠盡　快意長吟肯皺眉

그런데 〈새벽에 일어나다(晨興)〉(03-06-001) 이후의 시에서는 시적 자아를 "목은(牧隱)"으로 설정한 경우가 빈번하게 나타난다.

남쪽 창에 돋는 해가 쇠약한 얼굴을 비추는데
병든 몸으로 새벽에 일어나니 추위가 가장 겁나네.
어찌 백치가 콩과 보리를 분별하랴?
의관을 차리지 않고 벌거벗고 서 있음을 모두 놀리네.
어리석은 인재는 저절로 지리멸렬하기 쉽고
높은 식견을 지닌 이는 본래 억제하기 어렵네.
목은은 전부터 도(道)의 공력(功力)이 없는데
이제는 게을러져서 도리어 완고하네.
南窓日上照衰顔　病骨晨興最怯寒
豈有白癡分菽麥　共譏赤立不衣冠
庸材自是支離易　高識由來檢束難
牧隱從前無道力　只今疎懶却成頑

이 시는 〈쉰 살에 스스로 읊다(五十自詠)〉(03-06-016)라는 시의 앞에 배치하고 있는데, 쉰 살 어름에 지은 것으로 추정할 수 있다. 이 무렵부터 시적 자아를 "목은(牧隱)"으로 인식하였다고 이해할 수 있다. 그리고 이러한 인식의 저변에는 "쇠약한 얼굴", "병든 몸", "살쩍 하얀", "가난한 집" 등의 현실적 상황

이 깔려 있음을 지적할 수 있다.

한편으로 "목은 늙은이[牧翁]"로 인식한 경우도 살필 수 있다. 〈즉석에서 짓다(3수)(卽事)〉(03-07-057)의 셋째 수이다.

> 꿈 속에도 유유하게 또 한 번의 봄인데
> 세상 사람들은 부질없이 흰 머리가 새로 난다고 탄식하네.
> 목은 늙은이는 병에서 일어난 뒤 시에 매우 능하니
> 글을 지으면 바람이 일어 마치 신기(神氣)가 있는 듯하네.
> 夢裏悠悠又一春　世人空歎白頭新
> 牧翁病起能詩甚　下筆風生似有神

쉰 살이 넘으면서 나이가 들었다는 인식을 강하게 가지면서 "늙은이[翁]"라는 표현을 자연스럽게 사용하게 된 것으로 이해할 수 있다. 한편으로 측성인 "은(隱)"보다 평성의 "옹(翁)"이 평측의 배치에 유리했기 때문에 나타난 결과일 수도 있다.

이외에도 시적 자아를 "목은 노인[牧老]", "늙은 목은[老牧]"으로 형상화하는 경우를 빈번하게 발견할 수 있다. "목은(牧隱)"이라는 호를 편안하게 사용하면서, "쇠약한 얼굴", "늙고 병든 몸", "가난한 집" 등의 현실적 환경과 주변에 대해 살피면서 자신의 처지에 대한 위축된 내면 인식이 "목은 노인[牧老]"이나 "늙은 목은[老牧]"으로 표출된 것으로 이해할 수 있다.

〈매화. 3수(梅花三首)〉(03-06-086)의 첫째 수이다.

> 작은 시내가 맑고 얕은 곳이 강남인데
> 황혼에 달이 돋으니 가서 어울리고 싶네.
> 늙은 목은은 병 끝에 솜씨가 좋아졌는데
> 그윽한 향기와 성근 그림자가 청아한 말에 들어오네.
> 小溪淸淺是江南　月上黃昏欲往參
> 老牧病餘多伎倆　暗香疎影入淸談

위의 시에서 "늙은 목은[老牧]"으로 시적 자아를 설정하면서도 실제로는 "솜씨가 좋아졌"다고 표현함으로써, 표면적인 늙음과 달리 내면에는 원숙한 경지에 이르렀음을 강조하고 있다. 이러한 특성은 "늙은 목은[老牧]"으로 설정한 시편에서 두루 발견되고 있다. "늙은 목은(牧隱)은 근래에 탈이 없으니, 푸른 산에서 종일토록 큰 소리로 노래하네.(老牧邇來無恙 青山盡日高歌)"(〈즉석에서 짓다. 9수(卽事九首)〉(03-07-053)), "목은 늙은이는 세상일을 잊은 지 오래인데, 근래에는 집이 얼음과 같네.(老牧忘機久 年來室似氷)"(〈홀로 있는 밤. 8수(獨夜八首)〉(03-07-069)), "근래에 늙은 목은(牧隱)은 비린내를 싫어하여, 단지 맑고 차가운 것으로 성령(性靈)을 기르네.(年來老牧厭羶腥 但把淸寒養性靈)"(〈설기떡을 읊다(詠雪餻)〉(03-07-078)), "하늘이 늙은 목은을 한껏 청정하게 하여, 강산에 홀로 서니 눈을 비빈 듯이 밝네.(天敎老牧十分淸 獨立江山刮眼明)"(〈즉석에서 짓다(3수)(卽事)〉(03-08-105)) 등을 들 수 있다.

2) 전직과 관련한 자아 인식

목은 이색은 공민왕이 서거한 뒤에 정치 현실에서 지위가 현저히 약화되었다. 공식적인 지위는 계속 유지되었지만 현실적인 위상은 예전과 같지 않았던 것이다.

이러한 맥락과 관련하여 목은 이색은 50세 이후의 시에서 시적 자아로 지난 이력과 행적을 제시하면서 자신의 능력에 대한 자긍심과 함께 현실 정치에 참여하는 인물에 대한 불만을 드러내기도 하였다. "난파객"(〈03-08-030〉, 〈06-15-004〉, "앞 조정의 초췌한 늙은 사신"(〈04-10-020〉), "양대에 걸친 장원"(〈04-10-029〉), "좌주"(〈04-11-018〉), "전 왕조의 내한"(〈05-13-031〉), "양파선생문하"(〈06-15-085〉), "현릉의 재상"(〈07-19-011〉), "현릉 때의 정당"(〈07-20-030〉), "두 번 임용된 정당"(〈07-20-037〉, 〈08-22-015〉), "한산의 목은 영춘추관사"(〈07-20-096〉), "일찍이 낭묘에서 제왕의 교화를 도운 사람"(〈10-28-121〉), "삼중대광으로 예문관 관장"(〈10-29-049〉), "삼한의 부원군"(〈12-35-

124〉) 등에서 지난 시절에 맡았던 관직이나 이력을 포함하여 시를 짓던 당시에 맡고 있는 직위를 시적 자아로 형상화하고 있음을 알 수 있다.

〈진관사에서 맏손자가 돌아왔기에 밤에 이야기를 나누고 느낌이 있어(2수)(眞觀寺孟童回 夜語有感)〉(04-10-029)의 첫째 수이다.

> 맏손자는 서창(書窓) 아래에서 돌아오고
> 조부는 금원(禁苑)에서 돌아오네.
> 칠언(七言)의 장시와 율시를 암송하며
> 멀리 양대(兩代)에 걸친 장원(壯元)의 가풍을 이으려 하네.
> 밤에 말을 들을 때에는 잡다한 게 아직 많더니
> 아침에 보니 얼굴이 이미 넉넉한 듯하네.
> 장차 너희들이 부지런히 예법을 지키기를 바라나니
> 한산(韓山)의 남은 경사가 참으로 다함이 없으리.
> 孟童回自書窓下　祖父歸從禁苑中
> 暗誦七言長句律　遠承兩代壯元風
> 夜聞言語猶多雜　曉看顏容已向豐
> 且願汝曹勤守禮　韓山餘慶儘無窮

위의 시에서 조부인 시적 화자는 "양대에 걸친 장원"임을 자랑으로 내세우며 손자에게 이러한 집안의 가풍을 이어가길 바라고 있다. 익재 이제현을 좌주로 모신 장원인 가정(稼亭)과 목은(牧隱)의 후손임을 잊지 말고 부지런히 예법을 지켜나가기를 기대하는 것이다. 여기에는 시적 자아의 자부심과 함께 후손들에 거는 기대가 한데 어우러진 것이라 할 것이다.

이와 함께 시적 자아로 "두 번 임용된 정당"을 설정한 것이 〈보원고에서 합좌하다. …(하략)(合坐寶源庫…)〉(07-20-037)이다.

> 이어지는 변보(邊報)가 바닷가를 흔들 때에
> 한 해가 다하려는데 신 색(穡)이 홍추(鴻樞)에 제배되었네.
> 당시에는 기염(氣焰)이 여러 사람을 눌렀는데

오늘날에는 관계(官階)에 대부(大夫)가 없다네.
두 번 임용된 정당이 나 혼자가 아니지만
뒤에 오는 봉액(縫掖)으로 혹시 나와 같은 이가 있으랴?
정호(鼎湖)에서 용이 승천하자 오호(烏號)만 떨어지니
누가 알랴? 하늘과 땅 사이에 한 썩은 선비가 있는 줄을.
邊報頻頻動海隅　歲闌臣穡拜鴻樞
當時氣焰壓諸子　今日官階無大夫
再任政堂非獨我　後來縫掖或猶吾
鼎湖龍去烏號墜　誰識乾坤一腐儒

시적 자아로 구체적인 "나"가 직접 발화하면서, "홍추"와 "두 번 임용된 정당"을 제시한 뒤에 현재는 "한 썩은 선비"라는 사실에 비감을 드러내고 있는 것이다. 지난 날 공민왕의 지우를 입어 홍추에 임용되고 두 번씩이나 정당을 맡았는데 현재는 경륜을 펼 수 있는 자리에 있지 않은 자아에 대한 안타까움이 드러난 것이다.

3) 정신과 몸과 관련한 자아 인식

앞 절에서 스스로 생각한 자신의 위상이 만족스럽지 못함을 느낄 때 화려했던 전직(前職)과 관련된 자아의식을 표현했다고 했는데, 이와 함께 정신과 몸이 겪는 현실 인식이 반영된 시적 자아는 "병든 몸", "머리가 흰 늙은이", "마른 그루터기"와 같은 노쇠하고 나약하고 낙척한 모습으로 드러나고 있다.

"병든 몸"으로 대표할 수 있는 시적 자아는 "병든 사람", "병든 몸", "병든 나그네", "늙고 병든 한산", "병이 많은 늙은 신하", "앓아누운 사람", "병 많은 늙은이", "시리고 쑤시는 병든 몸", "누워서 앓는 용두", "병을 앓는 외로운 서생" 등으로 표현을 다르게 하면서 표면화되고 있다.

〈매화를 빌리고 읊는 시(借梅花詩)〉(03-06-019)에서 시적 자아로 설정된 "병든 몸[病骨]"을 확인할 수 있는데, 실제 몸에 병이 든 현실을 말하고 있는지 여러 가지 상황과 연결된 내면의 표출인지 조심스럽게 점검해야 할 것이다.

> 봄이 되어 병든 몸이 더욱 시리고 쑤시니
> 아직도 봄바람이 차가움을 겁내네.
> 맑은 흥취가 넉넉하여 허여(許與)함이 적음을 스스로 아는데
> 매화를 빌려서 보며 절구 한 수를 이루네.
> 春來病骨轉辛酸　尙㤼東風料峭寒
> 淸興自知餘少許　吟成一絶借梅看

한편 "병든 몸"의 실체는 허리가 시리고 쑤시는 요통으로 추정할 수 있는데, 요통을 다스리기 위하여 시적 자아는 불에 데운 기와 조각으로 문지르는 일을 지속적으로 시행하고 있다. 〈즉석에서 짓다(2수)(卽事)〉(05-13-022)의 첫째 수이다.

> 밤 깊도록 요통(腰痛)으로 잠이 편안하기 어렵더니
> 기와 조각으로 문지르니 마음이 조금 풀리네.
> 달이 동쪽 창에 오르고 닭도 울어대는데
> 상쾌하기가 마치 생사의 관문을 벗어난 듯하네.
> 夜深腰痛睡難安　瓦片熨來心稍寬
> 月上東窓雞又叫　爽然如脫死生關

병든 몸을 치유하기 위하여 기와 조각으로 문지르는 일은 실제 임시방편에 해당하지만, 통증을 잠시 멈추게 할 수 있어서 효험을 본 것이라 할 수 있다. 그런데 시적 진술에서 "기와 조각으로 문지른 뒤에도 허리가 또 아프고, 차싹으로 씻은 후에도 눈은 여전히 어둑하네.(瓦片熨餘腰又痛 茶芽洗後眼仍昏)"(〈03-07-036〉), "허리가 시큰거려 급하게 기와 조각을 데우는데, 마음이 답답하여 자주 차를 달이네.(腰酸燒瓦急 心悶煮茶頻)"(08-23-019), "허리가 시리면 또 기와조각으로 지지고, 마음이 괴로우면 늘 시를 읊네.(腰酸又熨瓦 心悶長吟詩)", "맑은 새벽에 기와를 구워 허리와 팔다리를 지지고 나서, 괴로움을 참으

며 붓을 뽑아 시를 적네.(淸晨燒瓦熨腰肢 忍苦抽毫寫出詩)"(〈11-32-037〉) 등에서 확인할 수 있듯이, 허리 시리의 통증을 완화하는 일에 한정하지 않고 차를 달이며 마음을 풀거나 괴로움을 푸는 방법으로 시를 짓는 일과 연결되어 있음을 밝히고 있다. 그리고 계집종에게 밟게 하여 시큰거리는 증상을 완화시키려다가 계집종의 핀잔을 듣기도 한다. 〈새벽에 일어나다(3수)(晨興)〉(07-20-013)의 둘째 수이다.

> 밤에 자려니 뼈가 매우 아프더니
> 새벽에 일어나니 마음이 오히려 놀라네.
> 어찌 간밤과 같은 일이 있으랴?
> 그러나 이승에서 오래할 수 있네.
> 등불을 켜고 번민을 밀어냄을 빠르게 하고
> 벽에 기대어 시를 읊어 이루네.
> 어린 계집종이 매우 성을 내는 것은
> 몸을 밟느라고 닭이 막 울기 때문이네.
> 夜眠尤骨痛　曉起尙心驚
> 豈有如疇昔　而能久此生
> 呼燈排悶急　倚壁賦詩成
> 小婢最嗔恚　踏肌雞始鳴

이러한 인식은 때로 "한산(韓山)이 늙고 병듦이 또한 얼마나 다행스러운가? 글을 지어 쌀을 구하여 아침저녁으로 제공하네.(韓山老病亦何幸 作書乞米供朝晡)"(〈03-08-123〉)와 같이 문필 행위의 정당성과 그 효용성을 강조하는 방향으로 전환되어 나타나기도 한다.

그리고 병을 앓고 있는 현실은 〈이장원*문화이다과 함께 가는 용두사 스님을 보내다(送龍頭與李狀元*文和偕行)〉(09-24-095)와 같은 시에서 시적 자아의 비애감으로 자리하기도 한다.

용두사(龍頭寺)의 승통(僧統)이 송경(松京)을 떠나시는데
나이가 젊은 용두(龍頭)가 동행이 되어서 가네.
누워서 앓는 용두가 부질없이 슬피 바라보느라고
동문(東門) 밖에 오르니 해가 막 솟네.
龍頭僧統出松京　年少龍頭作伴行
臥病龍頭空悵望　上東門外日初生

"머리가 흰 늙은이"로 대표할 수 있는 시적 자아는 "쇠약한 늙은이", "백발의 늙은이", "백두", "머리가 흰 쇠약한 늙은이", "백발에 이른 서생", "흰 머리의 문학", "머리가 허연 높은 벼슬아치", "머리가 흰 늙은 목은", "머리가 흰 좌주" 등으로 나타나며, 심지어 "노물"이라고 비하적인 표현을 드러내는 경우도 있다.

〈벌을 읊다(詠蜂)〉(04-09-013)에서 "머리가 하얀 시인"으로 시적 자아를 형상화하고 있다.

산골 집에 술이 익어 한낮에 향기가 나니
냄새 잘 맡는 날아다니는 벌이 가장 좋아하네.
장차 절벽에 가서 부지런히 꿀을 만들 텐데
머리가 하얀 시인은 마침 창자가 메말랐네.
山家酒熟午生香　最喜游蜂鼻孔長
且向石崖勤作蜜　白頭騷客政枯腸

그런데 "머리가 흰 쇠약한 늙은이"로 형상화된 시적 자아는 앞에서 살핀 "병든 몸"과는 달리 약간 느긋하면서 긍정적인 시각을 보이고 있다. 세월의 연륜이 쌓이고 여유가 있는 모습으로 그리고 있는 것이다. 〈즉석에서 짓다(卽事)〉(08-21-108)이다.

낮에 띠로 지붕을 이고 나자 한낮에 날씨가 흐려지니
흰 머리 쇠약한 늙은이는 마음이 즐겁네.

성근 가랑비가 쓸쓸한 골목에 가득하더니
싸늘한 석양빛은 높은 수풀을 비추네.
거처가 고요하니 필묵의 공부가 숙달되고
흥취가 빼어나니 강산의 기미가 심장(深長)해지네.
무릎을 펴고 머리를 가리는 것이 누가 도와 준 덕택인가?
밝디밝은 상제께서 몸소 보시는 듯하다네.
晝茅乘屋午天陰　白髮衰翁樂在心
微雨疎疎滿窮巷　斜陽淡淡照高林
居閑筆墨工夫熟　興逸江山氣味深
容膝盖頭誰所庇　明明上帝似親臨

그리고 “머리가 흰 늙은이”가 “병든 몸”과 결합할 때에는 부정적인 내면이 작동하고 있음을 알 수 있다. 〈아침에 읊다(朝吟)〉(09-24-113)이다.

새소리 속에 조용히 앉아 있는 이는
머리가 희고 쇠약한 앓는 늙은이이네.
국체(國體)를 부축하고자 마음으로 다짐하지만
하늘을 대신할 일은 없네.
널따란 들에서는 아침에 안개가 걷히고
깊숙한 숲은 낮에 바람을 보내네.
비록 더위 기운이 약해진 것을 알지만
아직도 땀이 구슬처럼 반짝일까 두려워하네.
靜坐鳥聲中　白頭衰病翁
誓心扶國體　無事謝天工
野闊朝收霧　林深晝送風
雖知暑氣薄　尙怕汗珠融

한편 “마른 그루터기”와 같이 시적 자아를 형상화한 경우는 시적 자아가 자신의 신세를 보잘것없는 존재로 인식한 데서 말미암은 것으로, 실제로는 “마른 그루터기”, “깊숙이 들어앉은 사람”, “오뚝이 앉은 유인”, “단정히 앉은 늙은이", "재계하듯 앉아 있는 사람", "흰 머리로 오뚝이 앉은 사람" 등으로 표현하고 있다.

"마른 그루터기"는 어떤 역할도 제대로 맡지 못하고 움직임이 없이 조용히 머물러 있는 상태를 가리키는데, 〈느낌이 있어(2수)(有感)〉(08-21-048)의 둘째 수이다.

> 사신의 광채가 부소산(扶蘇山)을 비추는데
> 변새 밖의 누런 먼지는 황제의 도성을 에워싸고 있으리.
> 하늘의 뜻이 밝음을 사람들이 알지 못하거니와
> 흰 머리로 조정의 반열에서 마른 그루터기처럼 서 있네.
> 使星光彩照扶蘇　塞外黃沙擁帝都
> 天意昭然人不識　白頭朝列似枯株

위의 시에서 시적 자아는 조정의 반열에서 "마른 그루터기"처럼 꼼짝 않고 있다고 하였다. 자세는 단정하게 하고 있는데, 실제로 맡은 일이 중요하지 않거나 그런 일조차 맡지 못하고 있는 상황을 제시한 것이라 할 수 있다.

그리고 시적 자아를 "썩은 선비"로 표현한 경우가 많이 나타나는데, 선비로서의 역할을 제대로 수행하지 못하고 있다거나 선비와는 다른 일에 부딪혔을 때 그 일을 해결할 수 있는 능력이 없음을 자책하는 내면이 드러난 것으로 이해할 수 있다. 〈재추소에서 진헌할 말을 고열하다(宰樞所, 考閱進獻馬)〉(07-20-040)에서 당면한 문제를 해결하지 못하는 자아에 대한 자책이 드러난다.

> 천자의 위엄이 동해 모퉁이에 미치는데
> 해관(奚官)에서 고열(考閱)하여 좋은 말을 바치네.
> 반짝이는 안광(眼光)은 별이 떨어지는 것과 같고
> 잘 걸을 골상(骨相)은 대신할 것이 없도록 빼어나네.
> 이미 월굴(月窟)에서 정기를 쌓고 온 것을 믿고
> 장차 천구(天衢)를 밟으며 그림자를 희롱함을 보리.
> 구방고(九方皐)의 술법을 누가 전해 받았는가?

손을 오그리고 곁에서 보기만 하는 썩은 선비임을 부끄러워하네.
天子威加東海隅　奚官考閱進名駒
眼光的歷如星墜　骨相權奇絶代無
已信儲精來月窟　行看弄影踏天衢
九方皐術誰傳得　縮手傍觀愧腐儒

이외에도 시적 자아를 "쌀알"(〈04-10-079〉), "앉은뱅이 늙은이"(〈04-11-054〉, 〈04-11-076〉), "조잘대는 참새"(〈05-13-063〉), "앉은뱅이 스님"(〈06-15-023〉, 〈10-27-023〉), "좀벌레", "썩은 쥐"(〈09-26-106〉), "끊어진 쑥대"(〈10-28-099〉), "한 고깃덩어리"(〈11-32-120〉) 등으로 표현하여 매우 자조적이며 부정적인 시각을 드러내기도 한다. 이 중에서 시적 자아를 "좀벌레"로 설정한 경우는 〈06-15-045〉, 〈06-17-061〉, 〈08-23-097〉 등에서 확인할 수 있는데, 이는 문자를 배우고도 제대로 활용하지 못하는 자신의 모습을 형상화한 것으로 이해할 수 있다.

4) 중국과 견준 변방인의 의식

원나라 제과에 제2갑 제2명으로 급제한 목은 이색은 젊은 시절부터 세계제국의 신하라는 자부심을 표현하였고, 고국에 대한 그리움의 내면과 함께 때로 "나그네"라는 의식으로 작용하기도 하였다. 그런데 중년 이후 고국 고려에서도 확고한 위상을 확보하지 못하는 상황에 이르자, 오히려 중국에서의 위상과 견주어 "동해의 나그네"라는 인식을 강하게 드러내기도 하였다. 소중화(小中華)를 유지하면서 동문공궤(同文共軌)의 규범을 지향하려는 의식과 함께 실제 현실에서는 그러한 실천이 녹록하지 않음을 자각하는 자아의식으로 볼 수 있다. "해외의 한산자"(〈03-08-114〉), "동해의 외로운 신하"(〈04-10-079〉), "늘그막에 병이 많은 동쪽 나라 사람"(〈05-12-089〉), "동해의 한 늙은 신하"(〈05-14-012〉), "병을 앓고 난 동해의 나그네"(〈05-14-064〉), "삼한의 한 썩은 선비"(〈08-21-059〉), "동해 가에 사는 목동"(〈11-30-034〉) 등에서 구체적 사례를 확인할 수 있다.

〈또 읊다(4수)(又吟)〉(04-10-079)의 넷째 수이다.

천도(天都)에서 벼슬한 것이 참으로 꿈속의 일과 같은데
옥당(玉堂) 깊은 곳이 가장 맑고 한가로웠네.
그림자는 바다 속의 중심에 있는 집에 침범하고
형세는 구름 속의 만수(萬壽)를 비는 산에 들어왔네.
엇비슷한 글씨는 새 발자국처럼 새겨지고
빛나는 아비(牙緋)는 눈썹에 가지런하였네.
당시의 여러 사람들은 어디에 있는가?
동해의 외로운 신하는 양쪽 살쩍이 얼룩졌네.
游宦天都眞夢間　玉堂深處最淸閑
影侵海底中心閣　勢入雲中萬壽山
翰墨依俙鳥跡篆　牙緋照耀蛾眉班
當時諸子在何處　東海孤臣雙鬢斑

천도에서 벼슬하던 시절과 견주어 현재는 양쪽 살쩍이 얼룩진 "동해의 외로운 신하"로 자아를 인식하고 있다. 중국의 천도에서는 옥당 깊은 곳에서 맑고 한가롭게 지냈는데, 고국인 동해로 돌아온 뒤에는 나이만 들어서 제 역할을 맡고 있지 못함을 토로하고 있다.

5) 여강으로 돌아갈 사람

목은시에서 고향인 한산의 진강(鎭江)으로 돌아가거나, 외가가 있던 영해의 동해(東海)로 돌아가거나, 경기도 여주의 여강(驪江)으로 돌아가 "외로운 배에서 도롱이와 삿갓"을 쓰고 어부(漁父)처럼 지내고자 하는 의지를 빈번하게 읊고 있다. 그 기반에는 목은이 51세이던 우왕 4년(1378)에 여강 가에 하사받은 전지가 있었던 것이다.5)

전장이 마련된 여강으로 돌아가서 푸른 도롱이와 대삿갓 차림으로 비껴 부

는 바람을 맞으며 저녁 무렵 가랑비가 내리는 낚시터에서 느긋하게 지내고자 하는 마음을 정하면서, 〈즉석에서 짓다(3수)(卽事)〉(06-16-005)의 첫 수와 같이 읊고 있다.

> 자욱한 가랑비에 초당(草堂)이 어둑한데
> 복사꽃은 망울이 터지려 하고 버들가지는 노랗네.
> 도롱이 입고 쪽배 타고 오르고 싶나니
> 여강(驪江) 한 굽이에 시골집이 있다네.
> 細雨濛濛暗草堂　桃花欲綻柳絲黃
> 披簑欲上扁舟去　一曲驪江置野庄

위의 시에서 시적 자아는 "도롱이 입고 쪽배 타고" 여강 한 굽이에 있는 초당으로 가고 싶다고 말하고 있다.

여강으로 돌아가 지내고자 하는 자아의 내면에는 고향으로 돌아가 겨르롭게 지내고자 하는 귀거래의 의지와 연결되어 있으며, 구체적인 공간은 진강(鎭江)·진포(鎭浦)→영해(寧海)→여강(驪江)으로 바뀌면서 설정되고 있다. 유년의 체험이 짙게 배인 고향 한산의 진강과 진포에 대한 그리움에서, 벼슬살이를 하고 위상이 높아지면서 현실적으로 남들의 시선을 의식하지 않을 수 없게 된 상황에서, 고향으로 돌아가는 일은 내면의 그리움으로 남겼을 것이고, 이어서 외가가 있던 영해의 바닷가를 새로운 어부 지향의 공간으로 설정했던 것으로 볼 수 있다. 그 이후 남한강이 있는 여주에 전지를 하사받으면서 그곳으로 돌아가 어부(漁父)처럼 지내겠다는 마음을 숨기지 않고 드러내고 있다.

〈눈(2수)(雪)〉(5-14-039)에서 보듯, 시적 자아는 눈이 내리는 계절에도 "외배에 도롱이와 삿갓"을 쓰고 여강으로 가서 편안하게 지내고자 하는 마음을 드

5) 어부 지향으로서의 여강에 대하여 최재남, 「어부 지향 공간으로서 여강의 인식」, 『한국문학논총』 44집(한국문학회, 2006) 참조

러내고 있다.

> 깊은 밤에 세찬 바람이 사립문에 불었는데
> 꿈을 깨니 곧 눈 소리인가 의심하네.
> 어린 여자 아이를 급히 불러 문을 열고 보게 하는데
> 병을 앓는 사람은 창 너머에서 듣기에 가장 좋네.
> 해마다 겨울날씨가 따뜻하여 마음이 오히려 훈훈했는데
> 밤마다 봄기운이 차가워 뼈가 절로 시원하네.
> 언제나 여흥(驪興)의 강 가로 가서
> 외배에 도롱이와 삿갓을 쓰고 편안하게 내 생애를 마칠까?
> 夜深颯颯灑柴扃　夢罷仍疑是雪聲
> 急喚小娃開戶視　最宜病客隔窓聽
> 年年冬煖心猶熱　夜夜春寒骨自淸
> 何日驪興江上去　孤舟簑笠歿吾寧

목은시에서 시적 자아는 여러 차례 봄과 가을의 여강으로 가고 싶은 마음을 토로하는데, 위의 시에서는 눈이 내리는 계절에도 여흥의 강 가로 가고 싶다고 말하고 있는 것이다.

5. 좌절과 유배 시기 시적 자아의 형상

목은 이색은 62세인 공양왕 원년(1389) 이후 명목상의 직위를 가지고 있었으나 장단, 함창, 청주, 장단, 함창, 개경, 함창, 금주, 여흥, 장흥, 한주 등으로 폄척되거나 유배되었다. 이 과정에 느끼는 좌절과 집정자와의 관계에 대한 인식이 시적 자아의 형상 속에 드러나고 있다.

1) 시위소찬(尸位素餐)의 자괴감

앞에서 살핀 바와 같이 목은 이색은 공민왕이 서거한 50세 이후에는 "익재 문하의 장원랑"이고 "헌릉 때의 정당"이며 "중조노한림(中朝老翰林)"의 위상이 지속적으로 대접받지 못하는 현실적 상황을 맞았던 것이다. 그리하여 "놀면서 녹을 먹는 사람"이라는 자책이 드러나게 된 것이다. 이른바 시위소찬(尸位素餐)하고 있다는 인식이 매우 강하게 작용하게 된 것이다.

녹만 축내고 있다는 인식은 이미 중년 이후에 가끔씩 등장하고 있었다. 〈인일에(人日)〉(03-07-021)와 같은 경우가 그 예인데, 실제 직무를 수행하고 있으면서 정월 초이레와 칠월 초이레에 녹봉을 받게 되면 스스로 자신을 돌아보는 계기로 삼았던 것으로 보인다. 녹봉을 받고 살아가는 삶에 대한 보람도 작용하고 있는 것이다.

> 해가 바뀌어 초이렛날이 되었는데
> 반쯤 흐렸다가 다시 반쯤 개네.
> 삼양(三陽)이 발달하기 시작하고
> 만물이 생성을 지향하네.
> 창합(閶闔)에는 아름다운 조짐이 모이고
> 의관(衣冠)에는 예수(禮數)가 정밀하네.
> 태창(太倉)에서는 녹봉(祿俸)을 나누느라 시끄럽고
> 향안(香案)에서는 사전(謝牋)을 드리네.
> 내부(內府)에는 금 표지(標識)가 빛나고
> 천안(天顔)에는 일각(日角)이 환하네.
> 녹(祿)만을 축내는 신하는 절로 땀이 흐르는데
> 축수(祝壽)하고 나니 인정이 배가(倍加)되네.
> 改歲臨初七　半陰還半晴
> 三陽初發達　萬物向生成
> 閶闔休祥集　衣冠禮數精
> 太倉頒祿鬧　香案謝牋呈

內府金柱耀　天顔日角明
素飡臣自汗　祝壽倍常情

그런데 실직(實職)을 맡지 못하거나, 명목상의 직책은 맡고 있으면서도 경륜을 펼 수 없다고 생각한 상황에서 더구나 녹만 받고 있다는 사실에 대한 부담감을 드러내고 있다.

〈하사받은 전토의 도조를 거두어 돌아오다. 1수(賜田收租回一首)〉(10-27-072)에서 여강 언덕에 하사받은 전지가 있어서, 벼슬에 나아가지 않고도 녹을 받고 살고 있는 삶에 대한 부끄러움을 말하고 있다.

누워서 앓으면서 나라의 은혜를 입음에 몹시 놀라거니와
여강(驪江)의 양쪽 언덕에는 하사받은 전야가 있다네.
집에 있으면서도 녹을 먹음을 이미 절로 부끄러워하거늘
농사를 짓지 않고도 벼를 거둠을 어찌 다시 말하랴?
베갯머리에 가득한 산이 누워서 글 읽는 것을 해치고
문을 침범하는 물은 앉아서 낚싯줄을 드리움을 중단시키네.
평소의 소원을 어느 때에나 이룰지 알지 못하는데
흰 머리는 비녀에 가득하고 두 눈마저 흐릿하네.
臥病深驚荷國恩　驪江兩岸賜田原
居家食祿已自愧　不稼取禾何更言
臥讀書殘山滿枕　坐垂鉤罷水侵門
未知素願何時遂　白髮盈簪兩眼昏

시적 자아는 하사받은 전지가 있어서 집에 있으면서 녹을 먹고, 농사를 짓지 않고도 벼를 거두는 삶에 대한 부끄러움을 숨기지 않고 드러내고 있다.

다음은 〈스스로 읊다(自詠)〉(10-28-082)이다.

삼한(三韓)의 땅은 먼 곳에 있는데
목은이라는 한 늙은이는 쓸쓸하다네.

운명이 있음을 알아 천성을 즐기고
공이 없음을 부끄러워하며 녹봉을 먹고 사네.
얼굴은 두터워서 쇠가죽이 양보하고
몸은 가벼워서 매미 날개와 같네.
노래하고 읊조리는 소리를 언제나 끝낼까?
다만 「빈풍(豳風)」을 잇고 싶네.
迢遞三韓地　蕭條一牧翁
樂天知有命　食祿愧無功
顔厚牛皮讓　身輕蟬翼同
謳吟音何竟　祇欲繼豳風

위의 시에서 시적 자아는 함련의 진술에서 확인할 수 있는 바와 같이 운명이 있음을 알아 천성을 즐기면서, 공이 없으면서 녹봉만 먹고 사는 삶을 부끄러워하고 있다.

다음은 〈쌀을 찧는 노래(舂米歌)〉(11-30-106)이다. 부잣집과 가난한 집을 견주고 있는데, 놀면서 쉽게 일하면서 넉넉한 부잣집과 힘들게 일하면서도 곤궁하게 사는 가난한 집의 쌀 찧기를 말하고 난 뒤에, 19-22구에서 공로도 없는데 놀면서 녹을 먹은 시적 자아가 생산 주체인 농민에게 부끄러운 마음을 가지고 있음을 밝히고 있다.

부유한 집의 노적가리는 언덕과 같은데
들에서 뜰까지 이어지네.
가난한 집에서는 지고 와서
손으로 찧느라고 땀을 철철 흘리네.
아침을 때우면 저녁을 꾀할 수 없으니
어찌 쌀이 묵어서 붉게 됨을 알랴?
부잣집은 좋은 땅을 얻어
많은 하인으로 힘써 경작하네.
찧어서 까불기가 쉽디쉬워
풍구로 쭉정이와 겨를 날려 버리네.

서쪽집의 방아는 서쪽에서 울리고
동쪽집의 방아는 동쪽에서 울리네.
낟알마다 모두 옥같이 깨끗하여
빛이 갠 하늘을 비추네.
상품(上品)은 관가에 바치고
중품(中品)으로는 백관(百官)을 먹이네.
하품(下品)은 묵은 것을 취한 것인데
해마다 우리 농부들을 먹이네.
썩은 선비 또한 입에 풀칠을 하는데
그렇지만 조그만 공로도 없네.
이제 매우 늙었거니와
놀면서도 녹을 먹으니 여러 분들께 부끄럽네.
여러 분들은 따뜻하고 배부름을 함께 하면서
바야흐로 몸을 돌보지 않고 충성하시네.
富家積如京　野外連園中
貧家負以來　手春汗交融
救朝不謀夕　那知相因紅
富家得上田　力作多僕僮
春簸易又易　粃糠散以風
西碓鳴于西　東碓鳴于東
粒粒皆玉潔　光華燭晴空
上以供官家　中以養臣工
下以取其陳　歲歲食吾農
腐儒亦糊口　而無尺寸功
甚矣今老矣　素飡愧諸公
諸公共溫飽　蹇蹇方匪躬

이렇듯 자신의 역할을 하지 못하는 “썩은 선비”로서 녹을 받아서 생계를 유지하고 있는데, 실제로는 조그만 공로도 없는 처지이고 보니 시적 자아가 “놀면서 녹을 먹는” 사람이라는 자괴심이 부쩍 강하게 드러나게 된 것으로 볼 수 있다.

2) 귀거래의 진정성에 대한 자문

앞에서 살펴본 바와 같이 목은 이색은 중년 이후 고향인 진강(鎭江)이나 외가인 영해(寧海), 그리고 전지를 하사받은 여강(驪江)으로 돌아가고 싶다는 표현을 관습적으로 드러내었다.

이미 이색은 〈돌아가리라(歸歟)〉(06-15-075)에서 소동파가 〈질안절원래야좌삼수(姪安節遠來夜坐三首)〉의 제3수에서 "문득 곡식을 끊으려고 생각하여도 참된 계책이 없고, 애써 전원으로 돌아간다고 말하지만 진정이 아닌 듯하네.(便思絶粒無眞策 苦說歸田似不情)"라고 읊은 연의 내용을 그대로 인용하여, 귀전이라는 진술의 진정성에 대해 문제를 제기하기도 하였다.

목은 늙은이는 노년의 기상이 떨어지지 않아
해가 다 가도록 붓을 놀리면서 남쪽 창 가에서 읊네.
평소에 회포가 있으면 문득 토해내는데
횡설수설(橫說竪說)이 모두 여강(驪江)이네.
내가 스스로 읽어 보아도 이가 시리니
뒷날의 헐뜯고 비웃음에는 누가 짝을 이룰 수 있으랴?
이 때문에 동파(東坡)는 시에 이름이 있었지만
전원에 간다고 애써 말하는 것이 진정이 아니라고 하였네.
남들이 나를 폐간(肺肝)을 보듯이 보고
머리 위에는 환하게 하늘의 도리가 분명하네.
실로 아침저녁의 밥을 귀중하게 여기는 까닭이지
하물며 공을 이룬 때문에 몸이 물러나는 것이랴?
책을 만권이나 읽고도 사리에 통달하지 못하면
이는 또한 이른바 망녕된 사람일 따름이네.
돌아가자, 돌아가자, 우리 고을의 제자들이여!
연기와 어울린 향기로운 풀이 학사(學舍)에 가득하단다.
하분(河汾)에서 강학함이 비록 초라하였지만
높은 분에게 글을 올림은 끝내 이익에 가까웠다네.

牧翁老氣無由降　窮年弄筆吟南牕
平生有懷便吐出　橫說竪說皆驪江
如我自讀亦齒冷　他時詆姍誰得雙
所以東坡詩有名　苦說歸田似不情
人之視己如見肺　頭上蒼蒼天道明
朝饔夕飡固所重　何況身退由功成
讀書萬卷不達理　是亦所謂妄人耳
歸歟歸歟吾黨子　芳草和烟滿槐市
河汾講學雖區區　光範上書終近利

마음속에 간직한 것을 표현하는 일이 모두 여강(驪江)과 관련되어 있음을 인정하면서 이러한 진술이 스스로 생각해도 비웃음을 살 일이라고 여기고, 뒷날 다른 사람들의 헐뜯고 비웃음[詆姍]을 예상하고 있다. 그리고 공성신퇴(攻城身退)의 일반론을 환기하기도 한다.

다음 〈여강(驪江)〉(10-28-002)과 같은 시에서는 "나를 위해 좋게 말할 사람", "빈 말"과 "마음속의 말"을 견주면서 속내를 감추지 않고 있다. 여강으로 돌아가 달을 감상하고 매화를 읊고 싶지만 시적 자아는 "나를 위해 좋게 말할 사람"이 있지 않을 것을 걱정하고 있다. 개경을 떠나면 사람들의 평판에서 소외될 수 있을까 두려워하고 있는 것이다.

문 밖에 동풍이 날마다 부니
여강(驪江)에는 이미 눈 녹을 때가 가까우리.
물을 거슬러 오르기는 어려운 일이 아니지만
나를 위해 좋게 말할 사람은 누구이랴?
고을의 누각에서 달을 감상하느라 잔뜩 술에 취하고
들판의 절에서 매화를 찾느라 늦게 돌아오리.
올해에도 빈말이 될 것을 두려워하면서
시에 기대어 마음속의 말을 그려내네.
門外東風日日吹　驪江已近雪消時

泝流直上非難事　善爲我辭知是誰
賞月郡樓仍醉甚　尋梅野寺得歸遲
今年又恐成虛語　描出心聲賴有詩

또 사실은 시적 자아가 삶의 근간이라고 생각했던 군자의 뜻을 실천하고 사신(詞臣)의 임무를 수행하기 위하여 개경에 머물러야 하기 때문에, 여강 등 전원으로 돌아가는 일은 구체적 실천을 위한 내면의 진심이 아니라 표면적인 진술인 셈이다. 〈여강(驪江)〉(11-30-126)에서 그 사정을 내비치기도 하였다.

작은 배를 사지 못한 것은 돈이 없기 때문이 아니기에
곧바로 한강(漢江)을 나는 듯이 거슬러 올라갈 수 있다네.
다만 문에 닿는 용산(龍山)의 푸름을 사랑하여
날마다 시를 읊으며 홀로 누각에 기대네.
不是無錢買小舟　飄然直遡漢江流
只怜當戶龍山碧　日日吟詩獨倚樓

〈좌윤 형이 앞의 운에 화답한 시에 '비바람 속에 침상을 마주하고'라는 말이 있기에 다시 짓다.(左尹兄見和前韻, 有對床風雨之語, 復作)〉(11-31-025)에서 귀전을 말한 것이 진심이 아닐 수 있다고 진술한다.

어찌하여 조용한 곳에 있는 골짜기의 새를 놀라게 하였던가?
거문고와 책이 있는 방 하나 있으면 평생토록 족하다네.
마음으로 나라의 은혜를 갚을 것을 기약하나 도리어 재주가 없고
입으로는 전원으로 돌아갈 것을 말하지만 진정이 아닌 듯하네.
바람이 고요해도 하늘 모습은 추위가 더욱 심하고
구름이 짙더니 눈기운은 저녁에 이루어지네.
늙고 쇠약해지니 골육의 은혜는 갈수록 짙어지거늘
어느 때에나 곧장 새벽이 될 때까지 밤에 이야기할까?
靜處寧敎谷鳥驚　琴書一室足平生

心期報國還無術　口說歸田似不情
風定天容寒更甚　雲濃雪意晩來成
老衰骨肉恩逾重　夜話何時直到明

귀전(歸田)은 목은시에서 매우 중요한 화두로 등장한다. 그런데 이 시의 시적 자아는 그것이 진정한 내면이 아닐 수 있음을 토로하고 있다. 표면과 내면 사이의 차이를 드러낸 것이고, 현직에서 경륜을 펴지 못하면서 이에 대한 불편한 마음을 달리 표현한 것이라 할 수 있다.

〈궁궐에 나아가서 문안드리고 돌아오다(3수)(赴闕起居而歸)〉(12-33-065)의 셋째 수에서 연주(戀主)의 그리움을 강조하면서, 전원으로 돌아가는 일이 쉬운 일이 아님을 고백하고 있다.

쇠잔한 목숨을 보존하고 기름을 조정에 기대는데
해진 갖옷으로도 오히려 겨울추위를 막을 수 있으리.
사람을 만나면 부질없이 전원으로 돌아가는 즐거움을 말하지만
임금님을 그리워하느라고 갈 길의 어려움을 알지 못한다네.
保養殘生托縣官　弊裘猶足禦冬寒
逢人謾說歸田樂　戀主不知行路難

3) 쫓겨난 신하의 자의식

목은 이색은 62세인 공양왕 원년(1389) 이후 명목상의 직위를 가지고 있었으나 장단, 함창, 청주, 장단, 함창, 개경, 함창, 금주, 여흥, 장흥, 한주 등으로 폄척되거나 유배되었다. 이 과정에서 시적 자아의 형상은 매우 처창한 것으로, 때로는 정치 현실에 대한 비판의 태도를 드러내기도 하지만 울결한 내면을 표출하기도 하였다.

장단으로 유배된 뒤에 지은 〈스무아흐렛날에(二十九日)〉(12-35-024)에서 시적 자아를 "쫓겨난 신하"로 설정하고 있다.

짧은 해와 슬픈 바람 속에 한 해가 저물려 하는데
쫓겨난 신하는 전려(田廬)를 구할 계책이 없네.
길이 먼 남대(南臺)에는 다행히 표를 올렸지만
하늘이 높은 북궐에는 글을 올리지 못하였네.
은총은 이미 높아서 위(衛)나라의 학과 같았는데
기량이 다하자 곧 검주(黔州)의 노새이네.
나에게는 푸른 하늘이 있음을 알기에
모름지기 나의 마음이 대허(大虛)와 같음을 믿는다네.
短景悲風歲欲除　逐臣無計問田廬
南臺路遠幸進表　北闕天高休上書
寵已極焉同衛鶴　技之盡矣卽黔驢
□然知我有天在　須信此心如大虛

유배의 삶을 "쫓겨난 신하", "장단에 부처된 신세", "하늘 끝에 유배된 나그네", "우리 속의 원숭이", "진흙에 붙어버린 버들가지", "한산의 쫓겨난 나그네"와 같은 형상으로 표현하고 있다.

한편 당시에 실권을 잡고 있던 집정자들에게는 자신의 처지를 이해하고 유배와 폄척에서 풀려나 전원에서 겨르롭게 지낼 수 있도록 배려해 달라고 부탁하기도 하였다.

〈스무사흗날에 송헌께 부치다(二十三日 寄呈松軒)〉(12-35-042)에서는 이성계에게 자신이 자유로운 몸이 될 수 있도록 배려해 달라고 부탁하고 있다.

나는 아직 적현(赤縣)에서 자유롭지 못하니
하늘 끝에 유배된 나그네의 근심을 아실 수 있으리.
만약 잘 꾀하여 편의대로 떠나도록 허락해 주신다면
응당 백만 개의 산가지가 보태지라고 축수드리리.
赤縣吾猶不自由　天涯謫客可知愁
善謀若許從便去　祝壽應添百萬籌

한편 〈오천께 부치다(2수)(寄烏川)〉(12-35-075)의 둘째 수에서는 당시 집정하고 있던 정몽주에게 풀어주기를 바라는 마음을 전하고 있다.

> 중추가 되면 녹문(鹿門)으로 가려고 하였더니
> 이 몸은 또 우리 속의 원숭이가 되었네.
> 누가 임천(林泉)으로 가도록 석방시켜 준다면
> 산의 북쪽과 남쪽에서 마음대로 달리리.
> 擬向中秋上鹿門　此身還似檻來猿
> 何人放出林泉去　山北山南恣意奔

그리고 도당에서 시를 보내어 자신이 "진흙에 붙어버린 버들가지"와 같다고 하면서, 영해나 한산, 또는 여흥에서 지낼 수 있기를 간절하게 바라기도 하였다. 〈도당에 올리다(上都堂)〉(12-35-078)이다.

> 몸은 진흙에 붙어 버린 버들개지와 비슷하고
> 마음은 빗방울을 품고 있는 연잎과 같네.
> 묘당(廟堂)이 만약 기억해 주신다면
> 종편(從便)을 허락한다는 서신을 보내리.
> 영해(寧海)에서 친구를 찾고
> 한산(韓山)에서 조상께 절하리.
> 때때로 벽사(甓寺)에서 놀면서
> 간절함을 드러내어 임금님의 장수를 빌리.
> 身似粘泥絮　心同帶雨蓮
> 廟堂如見記　貼字許從便
> 寧海尋親舊　韓山拜祖先
> 有時游甓寺　歷懇祝堯年

"쫓겨난 신하"로서 유배와 폄척의 괴로움을 견디지 못하고 여러 차례 노력을 했지만 정국(政局)이 크게 변화하는 상황에 대한 시적 자아의 인식은 분명하게 드러나지 않는다. 한때 64세인 공양왕 3년(1391) 12월에 소환되어 벽상삼한삼중대광 한산부원군에 봉해지기는 했지만, 이듬해 4월 강 바깥으로 나가 살라는 왕지로 금주로 갔다가 6월 여흥으로 이배되었다. 어부(漁父)로 겨르롭게 살아가고자 했던 여강(驪江)이 아니라 정치적 입지가 자유롭지 못한 상황에서 찾은 여강이었다. 7월에 새로운 나라가 세워지자 다시 장흥으로 유배되었으며, 10월에 한산으로 돌아갔다.

그 이후 서울 밖에서 살도록 허락을 받았으나 이제 더 이상 "익재 문하의 장원랑"이거나 "두 번 임용된 정당"의 위상은 아니었다. 정치의 국면이 급변하고 있는 현실을 시적 자아는 제대로 인식하지 못하고 있었던 것으로 보인다.

6. 소결

지금까지 목은시에 드러난 시적 자아의 특성과 그 변모 양상을 몇 시기로 나누어 검토하였다. 『역주 목은시고』의 「머리말」에서 목은시가 "삶의 현실성이 중심을 이룬"[6] 것으로 지적한 바 있는데, 실제 시적 자아의 특성과 변모 양상을 살펴본 결과, 목은시에서 시적 자아는 목은의 삶의 현실성과 매우 밀접하게 연관되어 있다고 지적할 수 있다.

목은 이색은 젊은 시절부터 시적 자아를 "배추벌레(螟蛉)" 등으로 형상화하면서 정신과 몸을 포함한 기질을 변화시켜 자아를 성취하고자 하는 의지가 드러난 것으로 이해할 수 있으며, 삶의 전 기간을 통하여 지속적으로 변화하지 않은 자아 형상으로 군자, 시인, 사신의 자아 인식을 확인할 수 있으며, 중년 이후에는 지속성이 유지되지 않으면서 생기는 괴리감으로 인해 시적 자아가 변모하는 양상을 확인할 수 있고, 좌절과 유배의 시기의 시적 자아는 좌절

6) 『역주 목은시고』 1(월인, 2000), 5면.

감이 두드러진 모습으로 형상화되기도 하였다.

이상에서 검토한 바와 같이 목은시에서 시적 자아의 특성은 그의 삶의 과정과 밀접한 연관을 가지는 것으로 이해할 수 있다. 시적 자아의 성격이 작품 속에 드러난 화자의 모습이지만, 실제 시인 자신의 태도가 긴밀하게 투영된 것이라 할 수 있다. 이제 시적 자아의 진술을 목은 이색의 삶과 관련하여 읽어내는 일은 목은시를 정확하게 읽어내는 중요한 독법이라 할 수 있을 것이다.

참고문헌

『고려사(高麗史)』.
김구용, 『척약재학음집(惕若齋學吟集)』, 『한국문집총간』 6(민족문화추진회, 1990).
이색, 『목은시고(牧隱詩藁)』, 『한국문집총간』 3・4・5(민족문화추진회, 1990).
이집, 『둔촌잡영(遁村雜詠)』, 『한국문집총간』 3(민족문화추진회, 1990).
성백효 역주, 『시경집전』 상・하(전통문화연구회, 2001).

성범중, 『척약재 김구용의 문학세계』(울산대출판부, 1997).
여운필, 「이집의 시세계」, 『한국한시작가연구』 2집(태학사, 1996).
여운필・성범중・최재남, 『역주 목은시고』 1～12(월인, 2000～2007).
여운필, 『고려후기 한시의 연구』(월인, 2004).
이익주, 『이색의 삶과 생각』(일조각, 2013).
최재남, 「어부 지향 공간으로서 여강의 인식」, 『한국문학논총』 44집(한국문학회, 2006).
최재남, 「고전시가와 중국 인식의 시대별 추이」, 『고전문학연구』 43집(한국고전문학회, 2013.6).

〈최재남〉

목은시의 다양한 지향과 면모

1. 서언

이색(李穡; 1328~1396)의 문집인 『목은집(牧隱集)』은 55권 1,621판에 시 4,350여제, 문 232편이 실려 있어 한국 한문학의 역사에서 문학작품만으로 볼 때에는 가장 규모가 큰 문집의 하나이다. 이 중 20권 349판으로 이루어진 『목은문고(牧隱文藁)』는 232편 중 8편을 빼고는 『동문선』에 다 실려 있어 『국역 동문선』의 이른 간행에 따라 널리 활용되어 왔다. 그러나 35권 1,122판에 시 6,000여 수가 실려 있어 한국 한시사상 한 시인이 남긴 시로는 최대량을 자랑하는 『목은시고(牧隱詩藁)』는 1970년대 이후의 활발한 연구에도 불구하고, 시 세계의 특성에 대한 파악이 미흡할 뿐 아니라, 다른 분야의 활용 또한 부족한 실정이다. 이는 그 완역이 늦어진 점[1]이 큰 원인인 듯하지만, 압도적 분량과 작품의 다양한 성격도 함께 작용한 것으로 보인다.

목은시 연구의 성과에 대해서는 한 원로 한시 연구자가 목은시의 전정(全鼎)을 맛보거나 시세계의 특징을 한마디로 말하는 일이 어렵다는 것을 전제한 가운데, "대체로 개괄적인 해명에서 그칠 수밖에 없었던 것으로 여겨진다. 이색의 해박(該博)을 수용할 수 있는 준비가 갖추어질 때까지 이색의 시문학에 대한 연구는 스스로 일정한 한계가 주어지지 않을 수 없을 것이다."[2]라고

1) 민족문화추진회의 『국역 목은집』 11책이 2000.12~2003.11.에 간행되었고, 여운필·성범중·최재남의 『역주 목은시고』는 2000.3~2005.12.에 10책까지 간행된 가운데, 마지막 2책도 금년 말쯤에 간행될 예정이다.

2) 閔丙秀, 「李穡의 詩世界」, 『한국한시작가연구』 2(태학사, 1996), 121면.

한 말에서 그 한계를 단적으로 엿볼 수 있다. 이는 그 동안 목은시에 대하여 어느 분 못지 않게 간여해 왔던 필자로서는 매우 뼈아픈 지적이지만, 그렇다고 딱히 반박할 근거가 있는 것도 아니다. 이런 사정에다 이번 기획이 한문학만을 논의하려는 자리가 아닌 점도 고려하여, 필자는 먼저 목은의 시세계의 요점을 간략하게 제시하지 못하는 점에 대하여 유감을 표하면서, 목은시가 지닌 여러 측면의 다양한 지향과 면모를 대략적으로 제시하고 나서, 그러한 다양성의 원인과 의미를 간략하게 지적하는 데 그치기로 한다.

2. 목은시의 여러 지향과 면모

1) 도학적 지향과 노불의 수용

이색은 성리학도였으므로 신유학에 의거한 삶의 자세와 학풍·문풍의 혁신을 위해 노력하는 마음을 읊은 시를 매우 많이 남겼다.

> 어릴 때에 멀리 수사의 학풍을 흠모하여
> 추국공을 좇아서 문득 출발하였네.
> 정토와 예토를 처음에 나눈 이는 나계왕인데
> 신선 중에는 또 녹비옹이 있었다네.
> 거절하여 나의 집에 오르지 못하게 하였으니
> 우리 도의 맛은 다만 맛만 볼 것이 아니었네.
> 나의 진기한 음식이 나의 밥상에 가득하고
> 나의 좋은 술이 나의 술잔에 찼네.
> 술을 빚는 데 차조를 쓰고 기장을 쓰지 않은 것과 같거늘
> 어찌 이씨와 함께 서로 말할 수 있었으랴?
> 〈원도(原道)〉는 본래 근거가 있는 것을 논하였거니와
> 한구 이후로 누가 다시 흥기시켰던가?
> 염계부자는 기이한 분이라서

원래 근거할 것이 없는 데서 태극을 그려내었네.
발휘함이 더욱 많았지만 더욱 효과가 있지는 않았으니
어느 때에나 천지를 깨끗이 씻어서 새롭게 하랴?
早年遠歆洙泗風　發軔便從鄒國公
淨穢初分螺髻王　神仙亦有鹿皮翁
絶之不使登我堂　我道有味非徒嘗
我有珎飡滿我案　我有美酒崇我觴
如酒用秫不用黍　二氏豈可交相語
原道本論有所據　韓歐以來誰再擧
濂溪夫子是異人　描出太極元無因
發揮益多益不效　何時淨洗乾坤新

긴 제목[3]으로 시와 공명(功名)에 마음을 쏟은 지난 삶을 반성한다는 뜻을 밝힌 이 작품은 유학, 특히 성리학의 탐구와 그 실천에 대한 열렬한 욕망과 이단을 씻어내고 세상을 교화하려는 집념을 읊은 것이다. 그리고 시제에서 “부언희어(浮言戱語)”에 불과한 시를 흔히 지은 데 대한 반성의 뜻을 덧붙이고 있으므로, 그런 생각이 시의 출발점임을 분명히 한 것이기도 한다. 그가 이처럼 진전된 시인식을 시작을 통하여 적극적으로 실천한 것은 우리 한시사의 선구적인 예로서 시대적 풍상에 커다란 영향을 주었다.

지기에 하늘이 감응하지 않으면 안개가 되고
천기에 땅이 감응하지 않으면 안개가 되네.
서로 감응하면 비가 또 시기에 맞게 내리는데
그 아름다운 징조가 「홍범(洪範)」에 있다네.
하늘의 튼튼함과 땅의 유순함으로 만물이 화육되는데
기운의 덩어리가 주밀하게 펼쳐지고 걷히네.
간혹 본성을 잃으면 사악한 기운이 생기는데

3) 〈近承佳作, 唱和多矣. 皆浮言戱語, 不可示人. 後二篇, 志於功名, 自傷之甚也. 嗟夫! 士生於世, 功名而已乎? 直述所懷, 爲圓齋誦之〉, 『목은시고』 권21. 이하 『목은시고』의 인용은 詩題 다음의 괄호 속에 권수만을 표시함.

나는 누구에 말미암는지 알지 못하네.
나는 누구에 말미암는지 알지 못하기에
길고 짧게 읊느라고 벌써 머리가 희어졌네.
地氣天不應爲霧　天氣地不應爲霧
相應則雨又以時　在於洪範其徵休
乾健坤順化萬物　絪縕舒卷密以周
使之或沴失本性　我不知兮誰之由
我不知兮誰之由　長吟短吟今白頭

위의 시 〈효무후편(曉霧後篇)〉(권25)은 자연현상을 성리학의 태극설·이기론을 원용하여 이해하고자 한 것으로서, 성리학적인 시인식의 한 극단을 보여 주는 이른바 염락체(濂洛體)에 해당하는 작품이다. 이처럼 성리학의 주요 개념들을 동원하여 사물을 이해하고자 하는 철학적 성격의 시는 우리 시사에서는 선례가 없었던 것이라 할 수 있다.

한편, 목은은 빈번하게 노불(老佛)을 이단시하면서도 불가(佛家)와 노장(老莊)의 사유를 시의 내용에서 배제하지 않음으로써, 대체로 유학의 기본적 입장을 벗어나지 않는 범위 안에서는 그것들을 긍정적으로 수용하여 표현하는 쪽으로 시의 내용을 확대하는 입장을 취하였다. 이런 경향은 노년기의 시에 흔히 나타나지만, 28세에 지은 〈제조산선사시권(題曺山禪師詩卷)〉(권3)에서도 이미 드러난다.

동해에 밝은 달이 떠서
만리나 떨어진 조산을 따르네.
조산과 동해는
본래 지척의 사이이네.
푸른 하늘은 씻은 듯이 빛나고
맑은 구슬은 옥소반에 떨어지네.
스님의 조그만 마음은
마치 달처럼 둥그네.

나는 평소에 선적(禪寂)을 좋아하기에
세속의 갓을 벗어 걸고 싶네.
선사께서 좌선하던 자리를 빌어
마음의 안정을 구하기를 바라네.
東海出明月　萬里隨青山
青山與東海　本是咫尺間
碧空烱如洗　明珠墮玉盤
上人方寸心　猶如月團團
吾生愛禪寂　欲掛紅塵冠
借師坐具地　庶以求心安

선사의 시권에 부친 시일 뿐 아니라 관직생활의 구속을 벗어나고자 하는 욕망을 주지로 한 것이기는 하지만, 불교에 대한 호의가 성리학도로서는 지나치다고 할 만큼 나타나 있다. 이는 불승이 속진을 벗어나서 마음의 안정을 누리거나 현리(玄理)를 깨달은 데 대하여 부러워하는 마음 때문일 것이다. 이와 같은 시적 관심은 노장에 대해서도 비슷하게 나타나는데, 두드러진 예로는 "널리 장자와 노자의 학문을 찾다가, 멀리 주공과 공자의 말로 이어지네. 저녁 경치가 정신을 수양하기에 족한데, 어찌 九夷에 사는 것을 비루하게 여기랴?(旁探莊老學, 遠繫周孔辭. 晚景足頤養, 何陋居九夷?)"라고 읊은 〈대우자영삼수(對友自詠三首)〉(권10, 제1수)를 들 수 있다.

그러나 이러한 양면성에도 불구하고 목은은 성리학적 문학관을 기반으로 한 시의 창작을 선구적으로 가장 현저하게 실천하고, 이를 시대적인 풍조로 정착시키는 데에 큰 공헌을 한 시인으로 기억되어야 하며, 또 그것이 그의 시의 주요한 특질이라고 할 수 있다.

2) 재도론을 기반으로 한 사장학의 포용

이색은 재도론(載道論)을 우리 문학사에서 선구적으로 표방하고 이를 실천하고자 했던 문인이므로, 문장을 외도(外道)・소기(小技)・말기(末技)로 인식하여 문학이 담아야 할 도, 즉 내용이 실질이고 형식인 문사(文辭)는 부차적임을 분명히 했다. 그는 유가적(儒家的) 시관(詩觀)의 근원인 '사무사(思無邪)'와 '시언지(詩言志)'를 교화의 관점에서 강조함으로써 시에 대해서도 같은 입장을 구체적으로 드러내었다.

> 공부자께서 시를 산정하며 어찌 이르신 말이 없으랴?
> 분명한 한 마디가 삼백수를 포괄한다네.
> 언지는 말이 많음에 있지 않음을 알기에
> 화살을 쏘아 정곡 맞추기를 기대하네.
> 夫子刪詩豈無謂　明明一言蓋三百
> 卽知言志不在多　舍矢期於中正鵠[4)]

7언고시 〈독시견흥(讀詩遣興)〉(권7)의 중간 부분인 윗글은 『시경(詩經)』을 읽은 느낌을 읊은 것이므로, '분명한 한 마디'는 '사무사'를 말하고, '언지'의 '지(志)'는 지향・의지 등의 뜻으로 쓰인 것으로 볼 수 있다. 효용론・표현론적 관점에서 재도론적 시관을 피력한 셈이다. 그러나 그는 고문의 창작에도 힘썼으므로 관도론(貫道論)도 수용하여 〈우부이수자탄(又賦二首自歎)〉(권6, 제1수)에서 "짧은 머리털이 점점 저녁의 눈발처럼 날림을 알면서도, 부질없이 새로 지은 시를 성한 봄 구름에 비기네. 한평생 다른 소망이 없음을 스스로 믿지만, 남은 힘으로 오히려 고문을 배울 수 있으리.(短髮漸知飄暮雪, 新詩漫擬靄春. 平生自信無他望, 餘力猶能學古文.)"라고 하였는가 하면, 〈기증김경숙소감(寄贈金敬叔少監)〉(권10)에서는 그러한 자세를 더욱 적극적으로 드러내었다. 그리고 〈고풍(古風)〉(권17) 제3수와 같은 시에서는 "하나의 작은 기예인 문장은, 또한 시절의 풍상(風尙)을 따르네. 화려함은 무늬 있는 비단과 비슷하고, 질박함은 마른 그루터기와 같네.(文章一小技, 亦從時尙趍. 綺麗似文錦, 質

4) 〈讀詩遣興〉(권7).

樸如枯株.)"라고 하여, 문장이 소기임을 전제하면서도 속상(俗尙)을 인정할 뿐만 아니라 기교를 찬양하는 태도까지 보이고 있다. 이로써 보면 그는 기본적으로는 재도적인 문학관을 견지하면서도 사장의 필요성을 인정하는 태도로 시작에 임했다고 볼 수 있을 것이다.

3) 송시적 서술성과 기교의 추구

이색이 시의 형식·기교보다는 내용을 중시한 것은 성리학뿐만 아니라 송시와도 연관된 문제이다. 목은시가 동파시(東坡詩)를 중심으로 하는 송시풍을 지녔다는 것은 서거정(徐居正) 이래의 조선조 비평가들이 두루 인정한 바이며, 특히 이건창(李建昌)은 '입당출송(入唐出宋)'이라고 명언함으로써, 그가 목은이 당시를 배운 뒤에 송시풍에 이르게 되었음을 밝히기도 하였다.

목은시가 소황(蘇黃)[5]을 중심으로 한 송시에서 받은 영향은 크게 산문화, 일상적 제재, 다작성, 평담성(平淡性), 어구의 단련, 사변성(思辨性), 이속위아(以俗爲雅)의 경향 등으로 보이는데, 이 중 마지막 현상은 뒤에서 살피기로 하고, 여기에서는 나머지에 대해서만 살피기로 한다.

송시의 특성 가운데 서로 연관된 현상인 의론성·사변성·산문화 등의 경향이 동파시에 가장 두드러지게 나타난다는 것은 널리 알려진 사실인데, 다음에 드는 〈유감(有感)〉(권22, 제1수)은 그런 동파시적 경향을 거의 그대로 드러내고 있다.

> 천지라는 조화옹의 큰 용광로는
> 한결 같이 녹여서 만드느라고 얼마나 수고로울까?

---

5) 東坡詩의 영향은 빈번히 나타나므로 논의할 필요가 없지만, 黃庭堅의 시에서도 영향을 받았을 것으로 추정된다. 시에 황정견이 창시한 기법인 換骨奪胎가 자주 언급되고, 庭堅·涪翁·山谷이라는 名號가 나타나며, '庭堅四隣'[蘇門四學士]이 언급되고, 〈書磨崖碑後〉·〈濂溪詩序〉가 인용된 것으로 보아, 시를 인용한 경우가 〈贈東坡〉 외에는 보기 어렵지만, 그 시문을 읽었을 것으로 보인다.

이(理)로써 그 주인을 삼고
기(氣)로써 그 무리를 나누네.
적으면 간혹 기린의 뿔과 같지만
많으면 어찌 다만 소의 털에 그치랴?
인의(仁義)로 고량(膏粱)을 삼고
예법이 홀(笏)과 도포(道袍)가 되네.
찬란하게 천하를 덮거늘
내 삶이 어디로 도망하리요?
天地帝洪爐　鼓鑄一何勞
理以爲之主　氣以分其曹
少或似麟角　多奚啻牛毛
仁義是膏粱　禮法爲笏袍
粲然被天下　吾生安所逃

위의 시는 인생의 이치를 자연과의 관계에서 찾을 뿐 아니라, 사람은 인의와 이치에 따라 살아야 한다는 것을 주지로 내세우면서, 정서보다는 산문적으로 의론을 펼치는 가운데, 이기이원론적(理氣二元論的)인 이일분수설(理一分殊說)을 내세움으로써 사변성을 강하게 띄고 있다. 그가 산문적으로 의론에 치중하는 점은 고시에만 나타나는 것이 아니라, 형식상의 제약으로 인해 산문과는 거리가 멀 수밖에 없는 근체시에서도 흔히 볼 수 있어, '야(也)·재(哉)'와 같은 어조사를 빈용하거나 중복자를 쓴 절구를 흔히 볼 수 있다.

그가 의론화·산문화로 흐르면서 드러낸 특징의 하나는 시의 제목을 지나치게 길게 한 데서도 찾을 수 있다. 목은시 중에는 시제가 200자 이상인 작품이 다섯 수, 100자 이상인 작품이 30여 수 있으며, 50자 이상인 경우는 매우 흔하다. 〈신진사삼인래참(新進士三人來參), (중략), 수지여지망어오제지지정호(誰知予之望於吾儕之至情乎)〉(권23)와 같은 작품은 7언절구의 제목이 170자나 되어 시보다는 시제가 오히려 중요성을 지니게 된 경우라 할 수 있다.

그가 보여 준 송시와 유사한 또 하나의 특성은 다작할 뿐 아니라 소재의 제한 없이 모든 것을 평담하게 시로 표현하는 점이라 할 수 있다. 이 또한 중국의 경우에는 동파시에서 가장 현저히 볼 수 있는 현상이거니와, 목은 역시 그런 성향을 지님으로써 시의 소재가 크게 확대되게 했으며, 표현에 있어서도 애써 다듬기보다는 서술적이고 평이한 표현에 기울게 하였다.

지금까지 살핀 바와 같은 송시적 특성들은 그가 송대와 가까운 시대에 살았고, 고문과 성리학에 모두 큰 관심을 쏟았던 점에서는 당연한 현상이지만, 목은시가 사물의 의미와 이치를 탐색하고, 일상·학문·문학·자연·사회·역사 등 다양한 소재를 평담한 산문적 서술을 중심으로 표현하는 정도는 특별히 두드러지다. 따라서 전대·당대의 고려인들이 송시를 배운 결과와는 현저히 다른 실천이 이루어졌다고 평가할 수 있다.

한편, 목은시는 산문화로 흘렀음에도 불구하고, 시의 기교적인 측면에 대하여 크게 배려하였고, 그로 말미암아 전대의 평시자로부터 흔히 대우·용사 등의 기교가 빼어난 시인임을 인정받은 바 있다. 그런 예 중에서 〈즉사(卽事)〉(권21)는 현저한 경우의 하나이다.

> 그윽한 집의 시골 흥취가 늙어 갈수록 맑으니
> 목전에서 생기는 일이 새 시를 얻기에 좋네.
> 바람이 자도 남은 꽃은 아직 절로 떨어지고
> 구름이 옮겨가도 이슬비가 전부 개지는 않네.
> 담장 끝의 하얀 나비는 다른 가지로 날아가고
> 지붕 모퉁이의 고운 비둘기는 깊은 숲에서 우네.
> 제물(齊物)과 소요(逍遙)가 나의 일이 아닌데도
> 거울 속의 모습은 몹시 뚜렷하다네.
> 幽居野興老彌淸　恰得新詩眼底生
> 風定餘花猶自落　雲移少雨未全晴
> 墻頭粉蝶別枝去　屋角錦鳩深樹鳴
> 齊物逍遙非我事　鏡中形色甚分明

이 작품 또한 주변의 일을 절제된 표현을 통해 풍부한 내용을 지니도록 형상화한 점에서 송시와의 연관이 엿보이거니와, 특히 함련의 “바람이 자는데도 남은 꽃은 아직 절로 떨어지고, 구름이 옮겨가도 이슬비가 전부 개지는 않네."라고 한 연은 가다듬어진 표현을 통하여 대상을 외양보다는 현상의 묘한 이치로 묘사함으로써 깊은 의미를 지니게 했다. 그러므로 『동인시화(東人詩話)』에서는 이를 경련(警聯)으로 들면서 왕안석(王安石)의 경련을 환골하여 뛰어넘은 표현으로 찬양한 바 있다. 이 연은 서거정의 지적이 아니더라도, '새가 우는데도 산은 더욱 그윽하다'는 역설보다는 '구름이 옮겨가도 비는 그치지 않는다'라는 경험적인 역리(逆理)가 더 타당한 표현일 뿐 아니라, '바람이 자는데도 꽃이 떨어진다'는 현상과 적절한 대우를 이룰 수 있음이 분명하다. 그러므로 이 구절을 두고 "물상을 형용한 것이 정교하여 무한한 의사가 있다."[6]라고 한 비평 또한 일리가 있다고 할 것이다. 이러한 장점은 시에 대한 깊은 학습을 통하여 어구를 다듬고 시상을 조절한 결과로서 황정견(黃庭堅) 내지 강서시파(江西詩派)가 추구하던 노력의 영향을 받은 데서 생긴 결과일 가능성이 있다. 그의 어구를 단련하기 위한 노력은 〈개시(改詩)〉(권26)에서 "새 시를 고치니 고칠수록 좋다.(新詩改了改來休)"라고 진술한 바와 같은 철저한 퇴고의식(推敲意識)에서도 엿볼 수 있다.

또 목은시의 대우의 기교가 빼어나다는 것은 서거정이 든 여러 다른 예에서도 확인할 수 있으며, 전고(典故)의 활용에 뛰어나다는 평가도 흔히 있다. 서거정은 권근(權近)의 말을 인용하여, 그의 '전원에는 느긋하게 감을 이루지 못하는데, 문항에 어찌 일찍이 현달한 사람이 왔으랴?(田園未得悠然逝, 門巷何曾顯者出?)'[7]라는 구절의 '유연서'와 '현자출'이 『맹자(孟子)』에서 나온 것으로 그 솜씨가 왕안석에게 뒤지지 않는다고 하였으며, '자운은 비록 적막하였지만, 백시는 절로 중용이 되었네.(子雲雖寂寞, 伯始自中庸.)'[8]라는 구절 또한 "용사(用事)가 정절(精切)"하다고 하였다.

---

6) 曺伸, 『謏聞瑣錄』. "狀物精巧, 有無限意思."
7) 〈憶梅花〉(권8) 제2수의 頸聯으로 원전에는 "田園政好悠然逝, 門巷何曾顯者來."로 되어 있다.
8) 〈讀漢史〉(권8)의 頷聯으로 원전에는 '子雲殊寂寞'으로 되어 있다.

4) 당시적 정서·기상·충분의 추구

이색은 송시풍에 경도된 가운데서도 당시(唐詩)에 대한 관심을 매우 빈번하고도 강하게 드러내어, 언표상으로는 당시를 가장 두드러지게 찬양하면서 그것을 배우고자 하는 입장을 취하였다. 그는 "금인(今人)들이 모두 당시를 배운다고 말하지만, 누가 일찍이 묘처를 애써 생각했던가?"[9]라면서 당시를 본받으려는 뜻을 밝혔는가 하면, 특히 성당시(盛唐詩)를 가장 높이 평가하여, "격조가 높은 이백과 두보는 시법을 따르니 기이하고(調高李杜奇仍法)"(〈述古〉, 권8)라는 식으로 이두시(李杜詩)를 존숭한다는 뜻을 빈번히 밝혔다. 이런 점으로 보아 그의 시에 이두의 시구를 점화(點化)하거나 인용한 표현이 매우 많음은 당연한 일이라 할 것이다.

그가 이두의 시에서 배우고자 한 바는 대체로 성정과 흥취, 호방한 기상, 강한 충분의식 등이었던 것으로 보인다. 다음은 이두를 시의 모범으로 삼으면서 그들과 같은 성정과 흥취를 표현하는 데 힘쓰고자 하는 뜻을 드러낸 〈우제(偶題)〉(권9)이다.

> 이두의 문장을 이을 사람이 드문데
> 어느 날에나 봉황이 다시 쌍쌍이 날겠는가?
> 세상에 꽉 찬 공명은 금세에서는 이루기 어려운 것이고
> 뛰어난 도덕은 옛날에도 또한 바라던 일이네.
> 성정을 도야하여 스스로 마음을 기를 수 있는데
> 정화(政化)를 펼치면 또 누가 비난하는가?
> 앓던 끝에 시의 맛을 음미하면서
> 흥을 만나면 때때로 붓을 휘두르네.
> 李杜文章繼者稀　鳳凰何日更雙飛
> 功名滿世今難致　道德離倫古亦希

9) 〈復用圓齋詩韻 聊以述懷〉(권13). "今人盡說學唐詩, 妙處誰曾更苦思."

陶寫性情堪自養　敷陳政化有誰非
病餘咀嚼詩中味　遇興時時筆一揮

신병으로 벼슬을 쉬던 때에 성정을 함양하여 시로 쏟아내는 기쁨을 주지로 한 작품으로서, 성정을 도사(陶寫)함을 시작의 생명으로 인식했던 두보류(杜甫流)의 시관을 드러내는 한편으로, 시의 모범을 이두에서 찾는 자세를 보여준 예이다. 〈독이백시(讀李白詩)〉(『목은시고』 권35)에서는 “구름에 닿는 호탕한 기상은 미칠 수가 없는데, 문장을 토해 내니 불꽃이 하늘에 가득하네.(豪氣凌雲不得□, 滿天光焰吐文章.)”라고 이백의 시에 나타난 호방한 기상을 찬양하였는가 하면, 〈독두시(讀杜詩)〉에서는 시가(詩家)의 정종(正宗)[10]인 두시에 대하여 “우연히 난리를 만나서 절의가 더해졌거늘, 어찌 쇠하고 늙었다고 정신이 덜릴소냐?(偶値亂離增節義, 肯因衰老損精神?)”라고 그 충분정신을 찬양하였다.

이색은 위에서 살펴본 대로 당시, 특히 성당시를 존숭했으므로, 그의 대표작인 〈부벽루(浮碧樓)〉(『목은시고』 권2)에 성당의 대표적 시인들인 두보·이백·최호(崔顥)의 시구를 용사한 표현이 나타날 뿐 아니라, 당시를 시의 전범으로 보고 그런 경지에 이른 작품을 호평하는 내용이 중심을 이룬 허균(許筠)의 『성수시화(惺叟詩話)』에서 “이문정공(李文靖公)의 ‘작과영명사(昨過永明寺)’라는 작품은 꾸미지도 탐색하지도 않았지만, 우연히 가락에 합치되어 읊조린 것이 신묘하고 뛰어나다. 허영양(許穎陽)이 보고서 ‘너희 나라에도 이런 작품이 있는가?’라고 하였다.”[11]라고 찬양한 것 또한 당시의 격조(格調)를 갖추었다고 판단한 데 따른 것으로 보인다.

이로써 본다면 그는 송시풍을 실천하면서도 송시에만 기울던 분위기에서 벗어나기 위해서 노력하고, 당시에 대한 관심이 본격적으로 일어나기 이전에

10) 〈前篇意在興吾道大也不可必也. 至於詩家, 亦有正宗, 故以少陵終焉. 幸無忽〉(권21).
11) 許筠, 『惺叟詩話』. “李文靖昨過永明寺之作, 不彫飾, 不探索, 偶然而合於宮商 詠之神逸. 許穎陽見之, 你國亦有此作耶?”

두드러지게 관심을 쏟았던 시인이라 할 것이다.

5) 호방·웅혼·아건한 시와 처완·한적·분방한 시의 겸구

서거정은 나옹화상(懶翁和尙)의 제자였던 죽간(竹澗)에 대하여 다음과 같이 말한 바 있다.

> 평자들이 '목은의 만년작품은 젊을 때의 것만 못하다'라고 말한다. 승려 죽간이 말하기를, '목로는 젊었을 때에 중원의 문인재사들과 교유하며 맞서서 자웅(雌雄)을 다투었으므로, 시문의 일자일구를 짓는 데에도 법도가 삼엄하여, 옛날의 작가들에게도 부끄러워할 것이 없었다. 만년의 작품은 범람함이 종횡하여 상도(常道)를 벗어난 뜻을 지닌 곳이 있다. 이 노인은 재주가 한 세상에 높아서, 우리나라에 시를 볼 줄 아는 사람이 없다고 거만하게 깔보고 감히 이렇게 하였다.'라고 하였다. 죽간은 승려 중에서 빼어난 자이다.12)

죽간(竹磵)으로도 나타나는 사람은 『용재총화(慵齋叢話)』에서도 시가 웅건하다고 하였던 시승으로 목은을 인간적 · 문학적으로 잘 이해하였던 이였던 듯한데, 목은의 청장년기 시와 노년기 시의 두드러진 특징을 대체로 현전 작품의 실상에 부합되게 지적하고 있으므로 위의 진술은 상당한 신빙성을 지니고 있다.13)

---

12) 徐居正, 『東人詩話』 卷下. "古人謂, '子美夔州以後詩尤好.' 盖愈老愈奇也. 評者謂, '牧隱晚年之作不如少時.' 僧竹澗曰, '牧老少遊中原, 與文人才士, 頡頏爭雄, 爲詩文一字一句, 法度森嚴, 無愧於古之作者. 晚年之作, 汎濫縱橫, 有不經意處. 此老才高一世, 傲睨東方無人具眼者, 敢如是.' 竹澗緇流之傑然者也."

13) 『동문선』 · 『청구풍아』에 선발된 목은시는 79제인데, 이 중 51제가 다작하지 않았던 33세까지의 작품이고 26제가 다작하던 49세부터 55세까지의 작품이며, 다작경향이 줄어든 56세 이후의 작품은 2제여서, 선시결과로만 보아도, 다작기의 시작자세가 청장년기와는 달랐음을 짐작할 수 있다. 2 · 30대의 시가 515제 630여 수밖에 남아 있지 않으면서도 51제나 선발되었다는 것은 그가 이 시기에 투철한 창작의식을 가지고 시작에 임했음을 방증하는 것이며, 죽간은 그런 차이를 법도의 삼엄함과 범람종횡으로 대비하여 지적한 셈이다.

이러한 관점에서 목은시 전반을 대략적으로 살피면, 목은의 초기시에는 대체로 시법·표현·정서에 대하여 두루 배려하면서 창작함으로써 '호방(豪放)·웅혼(雄渾)·아건(雅健)'한 풍격으로 설명될 수 있는 것이 많고, 후기시 가운데에는 평담한 표현을 바탕으로 분방하게 다작함으로써 '처완(悽惋)·한적(閑適)·분방(奔放)'한 풍격을 지닌 것들이 많다고 볼 수 있다. 먼저 호방한 풍격을 지닌 예라 할 수 있는 〈후유선가, 가졸옹차운(後儒仙歌, 歌拙翁次韻)〉(권5)을 살펴보기로 한다.

> 공께서 길이 어긋났음을 안타까워하노라면 나의 창자가 끊어지고
> 공께서 기개가 커서 얽매이지 않았음을 아낌은 나를 미치게 하네.
> 만고에 재주가 높아 시단(詩壇)을 마음대로 하였거늘
> 하물며 또 나에게는 존장(尊丈)의 항렬임에랴?
> 글로써 장난을 하고 취함을 별천지로 삼았고
> 염렬(炎熱)에 빌붙음[14)]을 즐기지 않고 차라리 버티며
> 비방과 칭찬을 흘려들어 참으로 매미소리처럼 여겼다네.
> 고운(孤雲)은 바다를 건널 때에 배를 침상으로 삼았는데
> 빼어난 말로 격문(檄文)을 기초하여 당나라를 울리니
> 창려(昌黎)의 기이함에 장적(張籍)과 황보식(皇甫湜)은 자빠졌네.
> 용을 타고 한 번 가신 지 벌써 천년이나 되었는데
> 운손이 발자취를 이어 동방에 빼어났다네.
> 대책(對策)으로 단번에 천자(天子)의 집에 오르니
> 높은 재주는 장원랑도 놀라 자빠지게 하였네.
> 돌아와 예산(猊山)의 남쪽에서 농사지으며 숨어 살 때에
> 원룡(元龍)과 같은 호방한 기상을 누가 헤아릴 수 있었으랴?
> 길게 휘파람불며 옆에 사람이 있음을 알지 못하였다네.
> 지극한 맛은 설탕물을 부을 것을 생각하지 않고
> 지극한 소리는 공상(空桑)[15)]을 찾기를 바라지 않았네.

---

14) 咐熱은 附熱의 착오인 듯한데, 附熱은 권세에 빌붙음이다.

15) 空桑은 『楚辭』〈大招〉에 나오는 瑟名으로 夏至의 地神 제사에 쓰이던 것이다.

다만 하고자 하는 일은 공을 일으켜서 함께 잠깐 유랑하면서
달빛 속의 정자에서 취하여 쓰러지고 바람결의 행랑에서 읊음이네.
공께서 아신다면 나의 노래의 유장한 소리를 들으실 텐데
부앙해 보노라면 우주는 어찌 저리 넓고 큰가?

憐公齟齬摧我腸　愛公倜儻令我狂
才高萬古擅詩場　況復乃我丈人行
以文爲戲醉爲鄕　不肯附熱寧蹶張
毁譽過耳眞如螗　孤雲度海船如牀
草檄傑語鳴於唐　昌黎崛奇籍湜僵
騎龍一去今千霜　雲孫繼踵出東方
對策一登天子堂　高才驚倒壯元郞
歸來農隱猊山陽　元龍豪氣誰能量
長嘯不知人在傍　至味不思傾蔗漿
至音不願尋空桑　但欲起公共聊浪
醉倒月榭吟風廊　公如有知聞我歌聲長
俛仰宇宙何洪荒

하평성양운(下平聲陽韻)의 일운도저격(一韻到底格) 백량체(柏梁體)인 이 작품은 막히지 않는 기상과 높은 재주를 가졌으나 불우하게 살았던 졸옹(拙翁) 최해(崔瀣)의 삶을 회고하고, 그를 추모하는 뜻을 읊은 것이다. 그러나 존경하는 선배를 추모하기 위한 작품이면서도, 비애나 한탄보다는 졸옹의 호방불기(豪放不羈)함과 문인으로서의 뛰어난 능력과 명성을 찬양하는 데 주력하고 있다. 그러므로 추도시이면서도 정서와 표현은 매우 힘차다. 이는 물론 졸옹의 기상에 말미암은 것이지만, 시인 자신도 그런 기상을 지닌 데서 연유할 것이다. 이러한 풍격을 지닌 예로는 초기시로서 목은의 대표작이라 할 수 있는 〈부벽루〉·〈정관음, 유림관작(貞觀吟, 楡林關作)〉·〈연산가(燕山歌)〉 등을 들 수 있다.

다음은 웅혼한 풍격을 지닌 예라 할 수 있는 〈동정만애(洞庭晩靄)〉(권6)이다.

조그만 군산(君山)에 저녁놀이 붉은데
멀리 오(吳)와 초(楚)를 삼킬 듯이 형세가 무궁하네.
거센 바람이 몽롱한 달을 불어 올리는데
비단 등롱이 은빛촛불에 흐릿하네.
一點君山夕照紅　闊呑吳楚勢無窮
長風吹上黃昏月　銀燭紗籠暗淡中

심휴문(沈休文)이 지은 시 〈동오팔영(東吳八詠)〉과 송복고(宋復古)가 같은 대상을 그린 그림을 보고 읊은 〈동오팔영〉 중의 첫수로서 제화시(題畵詩)라 할 수 있지만, 그림에 충실하다고 보기는 어려울 듯하다. 동정호(洞庭湖) 안에 있는 군산에 저녁놀이 비취자 호수가 환해져서 오초(吳楚)를 삼킬 듯한 장관을 이룬 것을 묘사한 데 이어, 시간이 좀 경과한 뒤의 희미한 등불을 켠 집과 달이 떠오르는 모습에 대한 묘사를 덧붙였다. 이 시는 우리나라에서는 보기 어려운 장관을 묘사했으므로 더욱 장엄한 느낌을 주며, 아울러 그것을 읊은 사람의 웅혼한 기상을 엿보게 한다. 그래서 서거정은 "그 광막하고 질펀한 기상이 노두의 경정에는 미치지 못하지만, 어찌 앞의 여러 연구에 양보하랴?"[16] 라고 하였고, 조신도 "동방에서는 참으로 고금을 횡절했다."[17]고 하였을 것이다. 두보의 "오초동남탁(吳楚東南坼), 건곤일야부(乾坤日夜浮.)"를 점화하기는 하였지만, 형사에 의탁하여 흥취를 형상화한 수법이 뛰어나다고 볼 수 있다.

다음에는 아건한 풍격의 예로 볼 수 있는 〈함께 오던 중이 시내를 건너다가 말에서 떨어져 신발 한 짝을 잃었기에 장난삼아 짓다(同來僧渡溪, 墜馬失隻履, 戲作〉(권2)를 살피기로 한다.

산골의 개울이 바다로 흘러가는데
말은 누워서 용이 되려 하네.
정신이 없어서 지팡이는 문득 손에서 떨어지고

16) 서거정, 『동인시화』 권상. "其曠漠冲融之氣, 雖不及老杜徑庭, 豈足多讓於前數聯哉?"
17) 조신, 『소문쇄록』. "於東方 眞加古今橫絶."

물에 흠뻑 젖은 가사는 짙은 봄구름과 같네.
갈대를 꺾어 타고 온 늙은 호승(胡僧)은 또 장난이 심한데
석장(錫杖)을 날린 나한(羅漢)은 신통한 이로 일컬어졌다네.
물어 보노라, 신발 한 짝이 어디로 갔는지를.
분명히 총령(葱嶺) 동쪽에는 있지 않으리.
반드시 다시는 석두(石頭)의 길을 밟지 말아야 하리니
본래 서강(西江)의 바람을 한 번에 마실 수 있다네.

山溪流入海　　馬臥欲化龍
拄杖茫然忽落手　袈裟盡濕春雲濃
折蘆老胡亦戲劇　飛錫羅漢稱神通
借問隻履在何地　定應不在葱嶺東
不須更踏石頭路　自有一吸西江風

이 작품은 말을 타고 강을 건너다가 말에서 떨어져 신발을 잃은 승려를 놀리고자 지은 희작이면서도, 묘사와 용사에 사용한 어구가 매우 우아하고 굳센 특징을 지니고 있다. 첫 머리에서 5언으로 시작하였다가 금세 7언으로 바꾸면서 대상을 교묘하게 묘사한 다음에, 승려의 모습을 절로노호(折蘆老胡; 達磨)·비석나한(飛錫羅漢)에 비유하고, 달마가 죽은 뒤에 총령의 무덤을 파보니 신발 한 짝뿐이었다는 고사를 활용하고 나서, 마지막 두 구절에서 각각 『전등록(傳燈錄)』의 선담(禪談)을 인용하면서 마무리 지었다. 묘사와 용사가 모두 뛰어날 뿐 아니라 희작답지 않게 아건한 어사와 정조를 구사하고 있다고 할 것이다.

한편, 50세 이후에 엄청나게 많은 시를 짓던 때의 목은의 시 중에는 비시적(非詩的)이라고 할 만큼 온갖 제재를 다 취하여 평이하거나 격식을 벗어난 표현으로 처완·한적·분방한 풍격을 드러낸 예가 많다. 특히 그는 52세이던 1379년에는 일기를 쓰다시피 다작하여 1년 동안에 998제 1,600여 수에 이르는 시를 지었는데, 이런 시기의 시들은 가다듬어진 표현으로 다양한 풍격을 드러낸 것들도 적지 않지만, 평담한 표현으로 자신의 처지와 부합하는 정서를 그대로 드러낸 경우가 많다. 따라서 목은시의 가장 두드러진 풍격으로 지

적되는 호방·웅혼과는 거리가 먼 한적('閑適)·처완(悽惋)·고담(枯淡)' 등의 풍격용어로 설명될 수 있는 시들이 많다.

다음은 그가 질병을 앓으면서 칩거하던 가운데 국보(國步)마저 여의치 않은 현실에 대하여 슬퍼하는 마음을 평담한 표현으로 읊은 〈즉사(卽事)〉(권15)이다.

> 스스로 생각해도 당시에는 사리를 식별함이 더뎠는데
> 늘그막에는 안위에 관여할 뜻이 없다네.
> 때때로 선조(先朝)에 대한 한이 일어나서
> 붓 끝으로 뿌리니 곧 시가 되네.
> 自念當年見事遲　白頭無意管安危
> 時時惹起前朝恨　灑向毫端卽是詩

51세에 지어진 이 작품은 자신을 매우 총애하면서 사문(斯文)의 진작에도 힘썼던 공민왕을 그리워하는 한편으로, 왕의 죽음이 사문과 국가에 침체를 가져온 탓에 회한에 젖어 있으면서도, 병으로 인하여 일신의 안위만 걱정하는 자신을 책망하는 뜻을 표현하고 있다. 이와 같은 무한한 한을 '전조의 한'이라고 직서하는 데 그친 채, 더 이상 바깥으로 드러내지 않고 내면화시킴으로써, 시의 표면에는 비애가 크게 노출되지 않았다. 비애를 간접화시킴으로써 시의 거죽은 고담하게 하였으나, 오래 읽으면 진미가 나타나게 한 시라 할 수 있다. 그의 후기시에는 이처럼 내면화된 비애를 평담하게 표현한 예가 많다.

다음은 〈신흥즉사(晨興卽事)〉(권27)이다.

> 참새가 처마에서 지저귀고 풍로에서는 물이 끓으니
> 늙은 아내는 머리를 빗고 나서 매염(梅塩)을 맛보리.
> 해가 서 발이나 솟도록 따뜻한 명주이불을 덮고 있노라니
> 흑첨향(黑甜鄕)[18] 속에도 한 조각 천지가 있다네.

18) 黑甜鄕은 夢鄕과 같은 말로 깊이 잠든 모양인데, 黑甜은 낮잠을 뜻하는 중국 북방의 俗語이다.

湯沸風爐雀噪簷　老妻盥櫛試梅塩
日高三丈紬衾暖　一片乾坤屬黑甛

'흑첨향'이라는 전거를 지닌 말을 끌어왔을 뿐 별다른 시적 기교를 부리지 않고 아침에 일어났다가 다시 잠에 빠져드는 한가한 늙은이의 일상을 평담하게 표현한 예이다. 노년기 시의 두드러진 풍격인 한적을 맛볼 수 있는 예로서 깊은 뜻을 언외에 남겨 둔 가작이라 할 수 있다. 다음은 〈호불귀행(胡不歸行)〉(권14)이다.

왜 돌아가지 않는가, 왜 돌아가지 않는가?
너는 이미 늙었는데 왜 돌아가지 않는가?
네가 하늘로 삼는 분은 돌아가셨건만
너는 홀로 살아 있고 정호(鼎湖)[19]에는 물결만 이네.
멀리 기우는 해가 밝은데
떨어지려는 해는 머물게 하지 못한다네.
바람소리가 슬프게 울부짖으니
하늘과 땅은 흐릿해지네.
홀로 영화로워서
옷으로 살갗을 덮어 드러나지 않네.
홀로 융성하여
음식이 창자를 채우니 주리지 않네.
아들 두엇이 뭇 어진 이를 좇으면서
붉은 인끈에 금어대(金魚袋)를 띠고 자줏빛 옷을 드리우네.
왜 돌아가지 않는가, 왜 돌아가지 않는가?
모자람이 없는데 무엇을 바라는가?
푸른 산은 무성하고 거울 같은 물은 깨끗하니
내가 무릎을 굽힐 곳은 오직 낚시터이리.
胡不歸胡不歸　　汝旣老矣胡不歸

19) 鼎湖는 중국 河南省 閿鄉縣의 荊山 아래에 있는 지명으로 黃帝가 銅鼎을 주조하였던 곳이다.

汝所天兮賓于天　汝獨留兮鼎湖波
遠明斜暉　　　　斜暉欲墜不可駐.
風聲悲號　　　　天地亦爲之依依
獨榮華兮　　　　衣盖膚而不露
獨醲鮮兮　　　　食充腸而不饑
有子一雙逐群彦　紅鞓金魚垂紫衣
胡不歸胡不歸　　無不足兮奚所希
靑山隱隱水鏡淨　我膝所屈唯漁磯

이 작품은 1구를 이루는 글자가 4~7자로 들쑥날쑥하고 '혜(兮)'를 많이 쓴 점으로 보아 시라기보다 부(賦)에 가까운 것이지만, 가행제(歌行題)를 붙여서 시임을 분명히 하였다. 첫머리에서 '호불귀'를 세 차례나 외치면서 공명을 누린 늙은이로서 더 바랄 게 없는데도 왜 돌아가지 않느냐고 직설적으로 자책하고 있다. 처완한 심회를 드러내는 데에만 몰두하고 있을 뿐 시상의 안배와 어구의 조절에 마음을 쓰지 않고 그야말로 '범람종횡'하게 지은 시로서 분방성을 두드러지게 보여 주는 예라고 할 것이다.

6) 자연에 대한 다양한 접근

목은시의 가장 두드러진 제재 또한 한시 일반이 그러하듯이 자연이지만, 그가 자연을 다루는 방식은 통례보다는 매우 다양하다. 그 가운데에는 대상의 묘사에 그친 경물시도 흔히 있지만, 대체로 경물과 인간의 관계에 따라 묘사·서술·궁리 등으로 형상화 방법을 달리 하기도 하고, 교훈·흥취·갈등 따위로 중심적 의미를 달리 하기도 함으로써 다양한 모습을 띠고 있다. 〈춘음삼수(春陰三首)〉(권31) 중 제1수를 예로 들 수 있는 묘사, 즉 형사(形似)에 힘을 기울인 예는 살피지 않고, 대체로 서술에 의존하면서 교훈을 의도한 예인 〈귀도망천마제산(歸途望天磨諸山)〉(권20)을 들어 둔다.

여러 산 가운데 왼편의 산이 영수한 기상이 으뜸인데
명당에서 높은 관을 쓰고 홀을 받들고 있네.
나라를 유지함은 끝내 유술일 뿐이니
대당과 같이 중흥하는 것을 찬송하고 싶네.
左手群山秀氣長　峩冠奉笏向明堂
扶持王國終儒術　欲頌中興如大唐

번잡한 도성을 떠나 천마산과 같은 승경을 마주하고서도, 경물을 묘사하거나 거기서 얻는 정서적 감흥을 말하지 않고, 산을 의인화하여 나라를 부지해 주는 신하들의 모습으로 그리면서, 나라의 안녕과 국운의 창성을 기원하는 유신(儒臣)의 소망을 주제로 내세웠다. 그리고 차산(次山) 원결(元結)이 지은 〈대당중흥송(大唐中興頌)〉과 같은 글을 자신도 짓고 싶다고 함으로써, 공민왕조와는 달리 교육과 학문이 침체되어 왕국을 지탱할 유술이 제 구실을 못하는 현실을 슬며시 비꼬았다. 자연을 국가와 연관시키고, 그것을 통해 다시 현실을 비판함으로써 이중적으로 교훈적 의미를 지니도록 형상화한 예라 할 수 있다. 다음은 성리학적 궁리를 시로 표현한 한 경우이다.

사물을 살피는 것이 크거니와
형세에 따라 절로 서로 드러난다네.
하얀[맑은] 물이 깊으면 검게 되고
누른 산은 멀면 푸르게 되네.
지위가 높으면 위엄이 절로 중하고
집이 누추해도 덕은 더욱 향기롭네.
늙은 목은이 오래 말을 잊고 있노라니
작은 뜰에는 이끼 자국이 가득하네.
大哉觀物處　因勢自相形
白水深成黑　黃山遠遂青
位高威自重　室陋德彌馨
老牧忘言久　苔痕滿小庭

〈관물(觀物)〉(권16)이라는 제목부터 그러하거니와, 표현을 통해서도 사물을 관찰하는 것이 매우 중요하다면서 산수의 이치를 서술하고 있다. 관물이 사람의 삶에 유용한 지혜와 덕성을 찾기 위한 일이므로, 덕과 위엄을 보존하는 데 연결시켰다. 그래서 궁극적으로는 앞의 시처럼 교훈에 이르렀지만, 접근의 방법은 달라서, 앞의 시는 대체로 관습적인 비유인 비(比)에 의존한 데 대하여, 이 시는 비와 흥(興)을 함께 사용하고 있다. 북송의 소옹(邵雍)이 창시하여 염락체(濂洛體)로 불린 이런 시는 우리 시사에서는 목은이 창시한 뒤에 포은·도은으로 이어지게 된다.

> 편액 머리에 누기가 없는 것이 안타까운데
> 누가 청심이라 이름을 쓰고서 서명을 빠뜨렸는가?
> 물을 막는 공이 높은 것은 마암석이요
> 공중에 떠서 형세가 큰 것은 용문산이로다.
> 따스한 거처의 헌창 밖에는 눈이 내리는데
> 서늘한 잠자리의 침석 사이에는 바람이 불어오네.
> 더욱이 봄바람이 불고 가을달이 뜰 때에는
> 아름다운 경치를 완상하는 마음이 넉넉하고 한가로우리.
> 恨無樓記冠篇端　誰名淸心闕署顔
> 捍水功高馬岩石　浮天勢大龍門山
> 燠居雪落軒窓外　涼臥風來枕簟間
> 況是春風與秋月　賞心美景更寬閑

묘사와 서술에 의하여 흥취를 드러내고자 한 시로 볼 수 있는 〈여흥청심루제차운(驪興淸心樓題次韻)〉(권34) 4수 중 제1수이다. 청심루에 걸려 있던 제영에 차운[20]한 것이므로 정해진 제재와 운의 제약을 지니고 지은 것인데다, 시인은 혁명기를 맞이하여 쫓겨 다니는 상황이었다. 그러나 이러한 제약에도

20) 『동문선』 권15의 禹倬·薛文遇·辛蕆의 작품과 목은보다 7년 먼저 죽은 韓脩의 『柳巷詩集』에 실린 작품이 모두 같은 운을 사용한 점으로 보아 ,유래가 오래고 차운시도 많은 시였던 듯하다.

불구하고 다른 어떤 작품보다도 뛰어나게 지었으므로, "여주 청심루의 제영이 매우 많지만 오직 목은의 '물을 막는 공이 높은 것은 마암석이요, 공중에 떠서 형세가 큰 것은 용문산이로다.'라는 것이 절창이라고 일컬어진다."[21]라는 격찬을 받은 바 있다.

이 시는 전반부에서 가까운 데서부터 먼 곳으로 눈을 옮기는 방식으로 경관을 서술한 다음, 눈을 점차 먼 곳으로 돌려 마암석이 세찬 강물을 막을 듯이 버틴 모습과 용문산이 하늘을 떠받칠 듯이 기운차게 솟아 있는 모습을 묘사하였다. 이 함련은 '수(水)-천(天)', '공(功)-세(勢)', '고(高)-대(大)', '석(石)-산(山)'을 대응시킨 공대(工對)를 쓰면서, 힘찬 말로 호방한 기상을 드러내었고, 마암석과 용문산에 감정을 이입시켜 표현하였다. 그러나 아직 시인의 주관적인 정이 뚜렷이 부각되어 있지는 않다.

그런데 경련과 미련에 이르러서는 다시 시각을 가까운 데로 옮겨서 시인의 주관적인 정서를 흥겹게 드러냄으로써, 물의 정과 시인의 정이 합일에 이르도록 표현하고, 분위기를 부드러운 쪽으로 전환하여 전반부와 조화를 이루게 하였다. 이러한 물아의 일체감은 아름다운 경관을 구경하는 마음이 더욱 넉넉하고 한가하다고 한 데서 분명히 확인된다. 의경을 이렇게 이해하면, 청심루를 제재로 한 매우 많은 시 중에서 왜 유독 이 작품이 절창으로 평가받았는지를 짐작할 수 있을 것이다.

이 작품과는 달리 아름다운 경관 속에서 느끼는 흥취가 물아일체에 이르기보다는 갈등을 느끼게 한다는 것을 서술·묘사를 통하여 형상화한 경우로 〈신우숭덕사(新寓崇德寺)〉(권2)를 들 수 있다.

도성의 길에는 수많은 수레와 말이 다니는데도
지척에 있는 절의 경계는 절로 그윽하네.
섬돌에 비친 구기자는 붉은빛이 방울지려 하고

---

21) 李睟光, 『芝峰類說』 권9. "驪州淸心樓題詠甚多, 唯牧隱捍水功高, 馬岩石浮天勢大龍門山, 號爲絶唱."

시렁에 가득한 포도는 푸른빛이 흐르는 듯하네.
스님의 방에서 기식함은 전생의 일인 듯한데
객지의 잠자리에서 어버이를 그리워하여 한밤중에 근심하네.
집에 돌아갈 날을 손꼽으면서도 아직 가지 못하는데
진강(鎭江)[22]의 안개와 비는 어부의 배에 가득하리.
千車萬馬九街頭　咫尺祇林境自幽
枸杞暎堦紅欲滴　蒲萄滿架翠如流
僧窓寄食前生事　客枕思親半夜愁
屈指歸軒今到未　鎭江烟雨滿漁舟

현전시 중 창작시기가 가장 이른 것의 하나로서, 그가 원에 처음으로 갔을 때인 21세에 지은 작품이다. 시인은 도성의 번화한 거리에서 가까운 고요하고 아름다운 경관을 지닌 절에 머물고 있는 것으로 보인다. 그래서 자연에 동화되었다는 듯이 말하면서도, 멀리 있는 부모에 대한 생각으로 마음의 평화를 누리지 못하고 있음을 함께 드러냈다. 시인은 자연과 조화를 이루고자 하지만 현실적인 문제는 늘 그를 구속하고, 특히 관직에 진출하면 보다 큰 구속이 뒤따르게 마련이다. 그런데도 그는 출사 직후부터 이미 이러한 귀거래 의지를 드러내고 있어, 49세 이전에 이미 목은이라고 자호(自號)한 까닭을 짐작하게 한다.

7) 개인·사회·역사에 대한 기록적 취향

목은의 시는 시인의 신변뿐만 아니라 친지·사회·국가 등에 대한 기록적 성격이 유례를 보기 어려울 정도로 두드러지며, 현전시의 80%에 이르는 50세부터 55세까지의 시는 더욱 그러하다. 특히 52세이던 1379년에는 998제 1,600

22) 鎭江은 牧隱의 향리인 韓山에 있는 강인데, 〈此君樓記〉(『목은문고』 권2)에서는 "나의 집은 진강 상류에 있는데 聖興山과 一舍 떨어져 있다.(予家鎭江上, 距聖興山僅一舍)"라고 하였다.

여 수에 이르는 다작을 하였으므로, 이 시기의 시에는 그의 시안(詩眼)에 비친 모든 것이 일기처럼 담겨 있어, 동파시보다 훨씬 '잡박(雜駁)'하다고 할 만하다. 여기에서는 그것들을 그의 신변과 연관된 사적인 부류와 사회 · 국가 등과 연관된 공적인 부류로 나누어 간략하게 살펴보겠다.

그는 만년의 유배기간을 빼고는 가족사에 대하여 비교적 시적 언급을 적게 하였지만, 노복이나 이웃에 대해서는 흔히 시의 제재로 삼았다. 다음은 〈소엽(掃葉)〉(권26)이다.

어린 계집종이 떨어진 잎을 쓸어서
부서진 키에 채우네.
머리에 이고 부엌으로 들어가니
아내는 저녁밥 짓기를 재촉하네.
'저녁밥 짓기가 반드시 급한 것은 아니지만
다만 아침밥이 늦어짐은 두렵습니다.
손이 오면 나를 부르시는데
가지 않으면 의심을 받습니다.
새벽밥 뒤에도 부르시기를 기다려야 하니
놀 수 있을 때에 놀겠습니다.'
小婢掃落葉　盛之以破箕
頂戴入廚去　主婦催暮炊
暮炊不必急　祇怕朝炊遲
客來要我去　不去遭猜疑
蓐食待招呼　行樂當及時

그리 늦지도 않은 시간에 저녁을 지을 준비로 땔감을 들여가던 중이던 하녀가 주부인 자신의 아내에게서 저녁을 지으라는 재촉을 받은 일을 보고 들은 대로 읊은 시이다. 억지로 꾸미지 않고 목전에 벌어진 정경을 있는 그대로 묘사하고 나서, 어린 하녀의 말을 인용함으로써 소박한 서사(敍事)가 펼쳐진다. 시인은 자신의 주변에서 벌어진 하찮은 일에서도 주인과 하인의 처지의 차이를 깨닫고서 완곡하게 하녀를 편들게 되었고, 결국 이것이 시의 主旨라고 할 수 있다. 그러나 이런 의미를 직접 언급하지 않고 그 분위기를 주로 표현했으므로 여운의 맛이 두드러지다. 이런 시각은 〈칠월 스무날에 난산하는 하녀가 있어 적다(七月二十日, 婢有難産者, 記之)〉(권8)에도 나타나 있으며, 〈조용히 앉아 있다가 고양이와 개가 싸우려 하는 것을 하인이 마침 보고 말렸다는 말을 들었다. 마음속으로 '모두 사람이 기르는 짐승인데 어찌 서로 잘 지내지 못함이 이와 같은가?'라고 생각하고, 읊어 〈고양이와 개의 싸움〉 한 편을 얻었다(靜坐聞猫狗將接, 赤脚適見而救之, 心語曰, '皆人畜也, 何不相悅如是哉? 吟得猫狗鬪一篇)〉(권18)에서는 이웃의 가축에게 미치기도 한다.

목은이 주변의 일상사를 그냥 넘기지 않고 시로 기록한 점은 그가 공양왕 즉위 직후인 1389년 12월 김저(金佇)의 옥사(獄事)에 연루되어 장단에 추방된 이후에는 신상에 대해서도 직접 증언하는 방식으로 표출되기도 하였다. 〈기성랑제현(寄省郎諸兄)〉(권35) 12수가 두드러진 예이거니와, 특히 제10수에서는 강한 항변과 원망이 나타나 있다.

송헌이 나라를 맡자 나는 떠도니
꿈속엔들 누가 이런 생각을 가졌으랴?
하물며 두 정씨[23]가 큰 의론에 참여하였음에랴?
온 가족이 다 모이는 날은 과연 언제일까?

---

23) '二鄭'은 許筠의 『惺叟詩話』로 인하여 鄭道傳・鄭摠으로 이해되지만, 정총을 포함시킴은 옳지 않은 듯하다. 정총은 목은보다 30년 연하자로서 공양왕 원년(1389)에 고작 吏曹判書였고, 회군・창왕 폐위에도 특별한 공적이 없었으므로, 공양왕 초에 大政에 참여할 입장이 아니었다. 그는 공양왕 3년 5월에 이르러서 처음으로 목은을 탄핵했는데, 늦게 참여한 데에는 부친 鄭樞와 목은의 절친한 우정이 작용했을 것이다. 목은이 이 시를 지을 무렵의 탄핵자는 趙璞・吳思忠이었고, 彛初의 옥이 발생한 뒤에 趙浚・鄭道傳・尹紹宗 등이 가세했음을 참고해야 할 것이다. 한편, 정몽주・정도전은 창왕 원년 11월에 金佇가 우왕과 모의하여 李成桂를 죽이려 했다는 사건을 빌미로 창왕을 폐출하고 공양왕을 즉위시킨 정변의 功臣들이다. 이들은 그 공으로 大政에 참여하였고, 포은은 門下侍中 이성계에 이어 守門下侍中이 되었다. 이렇게 본다면 이 시는 지기로서 실세들인 이성계・정몽주・정도전에 대한 기대반 원망반의 심정을 읊은 것으로 보아야 할 것이다.

松軒當國我流離　夢裡誰曾有此思
二鄭況今參大議　一家完聚果何時

시인은 이성계 · 정몽주 · 정도전과 같은 절친한 이들이 집권했는데도 자신과 가족들이 시련을 겪는 데 대한 서글픔을 토로하고 있다. 이들에 대한 원망이 주지라 할 수 있으므로 서거정은 "조정에서는 그 말이 불손하다고 하여 처벌할 것을 청하여 일이 예측할 수 없게 되었다."[24]라고 하면서, 은밀하게 집권자에 대한 원망을 말한 것이 시적 병폐인 듯이 말했지만, 이는 기휘(忌諱)를 의식한 말이고 실상은 시의 묘미 때문에 인용했을 것이다.

『목은시고』에는 고려시대의 사회를 이해하는 데에 커다란 도움을 주는 사료들이 매우 많으며, 노비 및 토지제도[25] · 불교사상[26] · 풍속[27] 등에 대한 사료들은 이미 연구적 조명을 받은 바 있다. 그러나 대부분의 사료들은 본격적으로 검토되지 않았고, 이는 시적 진술이 산문에 비하여 사실성(事實性) 내지 기록성(記錄性)이 떨어진다는 선입견에 말미암은 듯하다. 필자는 이런 태도가 옳지 않다는 것을 지적하고, 그 주요한 사료들을 『고려사』 등의 정사적(正史的) 사료(史料)의 보완이라는 측면에서 검토한[28] 바 있거니와, 거기에서는 녹봉(祿俸)의 기급횟수(支給回數)와 시기(時期), 재추(宰樞)의 임명, 과거제도(科擧制度), 원(元) 제과(制科)와 고려 예부시의 등제자와 연관된 기록들이 검토된 바 있다.[29] 그 가운데 공민왕 8년(1359)의 홍건적 내침[30]을 제재로 한 24

---

24) 서거정, 『東人詩話』 卷上. "詩貴含蓄不露. 然微辭隱語, 不明白痛快, 亦詩之大病. (中略) 恭讓朝, 太祖輔政, 牧隱貶長湍, 有松軒當國我流離, 夢裡何曾有此思之句, 朝議以語涉不遜, 請論如法, 事叵測. 嗚呼! 以蘇李之大才, 亦坐是病, 詩可易言哉?"

25) 洪承基, 「奴婢의 社會的 役割과 地位의 變化」, 『高麗貴族社會와 奴婢』(일조각, 1983).

26) 安啓賢, 「李穡의 佛敎觀」, 『趙明基博士華甲紀念論叢』(간행위원회, 1965) ; 趙明濟, 「李穡의 佛敎認識」, 『韓國文化硏究』 6(부산대 한국문화연구소, 1993).

27) 郭稹, 「牧隱 李穡의 詩에 대한 硏究」(성균관대 석사논문, 1982) ; 呂運弼, 『李穡의 詩文學 硏究』(태학사, 1995).

28) 呂運弼, 「『牧隱詩藁』의 史料的 價値」, 『高麗後期 漢詩의 硏究』(도서출판 월인, 2004).

29) 두드러진 예로 史書 · 登科錄 · 論著 등에 밝혀져 있지 않은 安震의 원 제과 등제 사실, 자신의 禮部試榜의 완전한 복원을 가능케 한 점, 자신의 원 제과 동년 5명의 명단을 알게

제 25수와 같은 특이한 예는『고려사』의 해당기간 기록이 1,000여 자에 불과한 데 비하여, 2,500여 자에 이르는 증언을 통하여『고려사』를 보완해 주고 있음을 확인할 수 있다. 또 우왕 6년의 남원(南原)·운봉(雲峰)·황산(荒山) 등지의 왜구를 격퇴시킨 싸움에 대해서도『고려사』보다 자세한 내용이 있어 흥미로우며, 특히 〈이상의·변사재가 여러 원수들과 함께 개선한다는 말을 듣고 병 때문에 교외에서 맞이할 수 없기에 1수를 읊다(聞李商議邊四宰與諸元帥凱旋, 病不能郊迓, 吟成一首)〉(권26)[31]는 "적을 소탕하기를 정말 썩은 나무 꺾듯이 했으니, 삼한의 기쁜 소식이 여러 공들 때문이네(掃賊眞將拉朽同, 三韓喜氣屬諸公.)"라고 제장(諸將)의 공로임을 분명히 밝히고 있어,『고려사』의 〈변안렬전(邊安烈傳)〉조차 이성계만의 공로로 기술한 것이 왜곡임을 입증해 준다.[32]

이 밖에도 목은의 시에는 선종(禪宗)의 계보(系譜), 서연(書筵; 조선조의 經筵)의 실상, 요인(要人)의 사망 시기, 외교, 기상, 천도 등에 대해서도 다른 데 나오지 않는 기록이 적지 않다. 또 거기에는 과거의 우리 역사에 대한 중요한 증언이 더러 있는바, 그 가운데 가장 정채를 띤 것은 시 자체로도 흔히 고평받았던 〈정관음, 유림관작(貞觀吟. 楡林關作)〉(권2)의 경우라 할 것이다.

> 진양공자가 호걸들과 교분을 맺으니
> 풍운의 장한 기개가 우주를 채웠네.
> 기운차게 한 번 일어나 천과를 휘두르니
> 수제의 버들은 빛을 잃었네.

한 점 등을 들 수 있다.

30) 恭愍王 8년(1359) 11월 29일에 적이 압록강을 넘은 기사부터 이듬해 3월 25일에 功臣을 冊封한 기사에 이르는『고려사』의 기록에 상응하는 작품들이다.

31) 이 시는 金九容·權近의 차운시와 함께 李廷馨의『東閣雜記』에서 거론된 것으로 보아 매우 화제가 되었던 작품이었음을 알 수 있다.

32) 〈昨訪李商議設酌, 以病力辭. 次至邊四宰宅, 會有客已過三爵, 李藿城廉瑞城繼至, 至晩客去, 主人又邀僕等入翌廊, 張燈燭, 夜將半逃出, 明日吟成一首〉의 '二公勇智是干城'에서도 드러나는데, 이는 개국과정에서 邊安烈을 죄로 얽어 죽인 일 때문일 것이다.

은·주를 본받아 이미 무공을 세웠으니
우·하를 따라 마땅히 문덕을 폈어야 하리.
찬 것을 유지하고 이룬 것을 지키려면 안정이 귀중하며
큰 것을 좋아하고 공(功)을 즐기면 뒤집히는 일이 많다네.
삼한은 기자가 불신(不臣)한 땅이니
내버려 둠이 아마 득책이었으리.
어찌하여 금옥과 같은 군병을 움직여서
재갈을 물리고 몸소 동토에 왔던가?
비휴는 달밤에 학야를 감싸고
깃발은 계림의 새벽비에 젖었네.
"주머니 속 물건과 같을 뿐이다." 하더니
어찌 알았으랴, 눈[玄花]이 흰 깃에 떨어질 줄을.
정공이 이미 죽어 언로도 막혔으니
큰 비석이 넘어졌다가 다시 일어선 일이 우습네.
고개 돌려 "정관연간"이라고 세 번 소리치노라니
하늘 끝에서는 슬픈 바람이 쏴 불어오네.
晉陽公子結豪客　風雲壯懷滿八極
赫然一起揮天戈　隋堤楊柳無顔色
已踵殷周成武功　宜追虞夏敷文德
持盈守成貴安靖　好大喜功多反側
三韓箕子不臣地　置之度外疑亦得
胡爲至動金玉武　啣枚自將臨東土
貔貅夜擁鶴野月　旌旗曉濕雞林雨
謂是囊中一物耳　那知玄花落白羽
鄭公已死言路澁　可笑豊碑蹶復立
回頭三呌貞觀年　天末悲風吹颯颯

이 작품은 우리 역사에 대한 자부심을 호방한 기개로 드러내는 가운데, 당 태종이 고구려를 침공하였다가 학야 싸움에서 눈을 다쳤음을 증언한 유일한 기록이다. 서거정은 당 태종의 부상이 여기에만 나타나는 것이 중국인이 기록을 기피한[33] 탓이라고 하고, 김종직은 중국에도 근거가 있을 것[34]이라고 한 점으로 보아, 태종이 부상 때문에 퇴각하였다는 일화가 조선 초기 사대부들이 중국에 대하여 지녔던 커다란 자부심이었음을 분명히 알 수 있거니와, 목은이 이를 기술한 것은 사실기록 의식과 민족적 자부심에 말미암았다고 할 것이다.

8) 중화적 지향과 토속의 숭상

목은은 산문에서도 원이 천하의 중심임을 분명히 언명하면서 고려가 소중화(小中華)라는 의식을 드러낸 바 있는데, 이런 의식은 "어찌하면 인문이 옛날보다 빛나서, 소중화의 풍속이 중원과 같아질까?(焉得人文光古昔, 小中華俗似中原.)"[35]라고 읊거나, 원의 제과에 응시하여 향시를 거친 원제국의 재사 300명과 겨루어 3등이라는 특출한 성적으로 급제한 것을 영광으로 여기는 방식으로 흔히 나타나 있다.

> 연도로 머리를 돌리니 팔연이 받드는데
> 당시에는 혁혁하게 여러 어진 이들이 달렸지.
> 동문의 조도에는 수레가 몇 양이었던가?
> 하사하신 가득한 술동이에는 술이 만 말이었네.
> 쓸쓸하게 홀로 돌아와서 누구에게 위로받았던가?
> 아득히 외롭게 읊으면서 스스로 속을 끓이네.
> 지금 참된 즐거움을 이룬 것을 가장 기뻐하는데
> 늙으신 어머님 얼굴은 바로 노년이시라네.

---

33) 서거정, 『筆苑雜記』 권2. "世傳唐太宗伐高麗, 至安市城, 箭中其目而還, 考唐書通鑑, 皆不載此事. 雖有之, 當時史官爲中國諱, 無怪乎其不書也. 但金富軾三國史亦不載, 未知牧老何從得此?."

34) 金宗直이 "然公遊學中原, 豈無所聞也?"(『青丘風雅』 권2)라고 지적한 것으로 보아, 중국문헌에 근거를 두었을 가능성도 있을 것이다.

35) 〈五月初七日, 徐承制考閱進士卷進呈, 上出御便殿拆封, 命內侍寫牓唱名, 穡以困不能往觀盛事, 吟成一首〉(권23).

回首燕都拱八埏　當時赫赫走群賢
東門祖道車幾兩　內醞盈尊斗十千
寂寞獨歸誰見慰　蒼茫孤詠自相煎
如今最喜成眞樂　鶴髮慈顔政老年

원제국의 문물에 참여하였음을 영광스럽게 회상하면서 귀국할 수밖에 없었음을 아쉬워하는 마음을 읊은 〈억연도(憶燕都)〉(권4)이다. 따라서 그가 〈기사(紀事)〉(권13)에서 "의발이 해외에 전해진 것을 누가 알리요? 규재의 한마디 말이 아직도 또렷하네.(衣鉢誰知海外傳, 圭齋一語尙琅然.)"라고, 급제시의 시관이었던 구양현(歐陽玄)의 말을 자랑스럽게 회상하면서 뒷날의 자신의 처지를 한탄한 것 또한 기이할 게 없다.

이런 시들은 그가 중화중심주의를 사유의 기반으로 하였음을 분명히 알게 한다. 그러나 그는 그에 못지 않게 우리나라의 역사와 풍습에 대한 자부심을 강하게 드러내어, 삼국이 국조 단군이 세운 조선을 계승한 나라임을 명언하거나 우리나라가 원래 중국의 신국(臣國)이 아님을 주장하는 한편으로, 습속과 언어가 중국과는 현저히 다르다고 함으로써, 고려가 고유한 역사와 문화를 지닌 독자적인 나라라는 자주적 의식을 뚜렷이 내세우기도 하였다.36)

중화를 찬양하면서도 자국의 역사・문화를 자부하는 이런 엇갈리는 의식은 송나라와 교섭할 때부터 대두된 소중화의식(小中華意識)37)이 지닌 양면성의 안과 밖이다. 따라서 그것은 모순관계에 있는 사고라기보다 국가적 이익과 문화적 자부심을 동시에 확보하고자 하는 타산과 연관된 것38)임을 이해할

---

36) 〈送偰符寶使還詩序〉, 『牧隱文藁』 권9 참조.

37) 〈懷古〉(권18)에서 "國家遭遇宋文明, 禮樂交修最太平. 制誥褒崇天語密, 朝廷覆燾海封淸. 病求藥物來醫老, 閑閱軍容報禍萌. 萬古難磨忠義在, 小中華館豈虛名?"이라고 宋文明을 예찬하면서, 小中華로 대우받은 것을 자부한 사실과 〈小中華〉(申景濬, 「疆域考」, 『旅菴全書』 권4)에서 "宋朝題高麗使臣下馬之所曰小中華之館, 名高麗使朴宗亮金覲詩集曰小華集."이라고 말한 것을 감안하면, 송의 외교적 대우에서 말미암은 현상일지 모르겠다.

38) 李鍾默, 『海東江西詩派硏究』(태학사, 1995), 15~6면에서는 〈부벽루〉에 나타나는 철저한 한국적 人地名의 사용, 〈偶題〉에서 볼 수 있는 속담의 차용 등을 黃庭堅을 필두로 한 江

필요가 있다. 목은은 이런 의식을 드러낸 영사시·회고시를 특히 많이 지었는데, 다음에 드는 〈파사부(婆娑府)〉(『목은시고』 권3)는 그 중 두드러진 예이다.

나는 지금 길게 읊조리며 요동들판을 지나는데
산길은 얽혔지만 몇 사(舍)[39]인지 알겠네.
두어 집에서 갑자기 닭과 개 소리가 들리는데
길에서 '누구냐'라고 묻는 이는 모두 늙은 병사이네.
압록강 동쪽언덕은 모두 우리나라 땅인데
푸른 봉우리와 흰 물결이 매우 아름답네.
동한은 어질고 장수하는 군자의 나라인데
요임금 무진년에 시조를 칭하였네.
하·은을 지나면서도 순전히 신하노릇을 하지는 않았거니와
기자를 봉하자 사도(師道)가 새로워졌네.
구주홍범(九疇洪範)이 삼엄하게 펼쳐져 천하를 비추었으니
당시에 감화받은 이들이 어떤 사람인지 알겠네.
파사부에 사는 백성들은 말이 달라서
지척 사이가 호와 월처럼 판이하네.
아! 세상의 변화는 날로 말단으로 달리는데
버들꽃은 바람 따라 날리는 눈발처럼 어지럽네.
我今長吟過遼野　山路縈紆知幾舍
忽此數家鷄犬聲　當道誰何皆老兵
鴨江東岸是吾土　靑嶂白波相媚嫵
東韓仁壽君子國　唐堯戊辰稱始祖
綿歷夏商不純臣　箕子受封師道新
九疇森列照天下　當時親炙知何人

西詩派의 '以俗爲雅'의 영향일 가능성을 지적한 바 있는데, 강서시파 諸詩人들과의 직접적 관련은 불명확하지만, 영향이 확인되는 소식·황정견에게 모두 그런 경향이 있었던 점으로 보아 수긍할 만한 데가 있다.

39) 舍는 군대가 하루에 행진할 수 있는 거리이다.

婆娑居民語音別　咫尺風氣如胡越
嗚呼世變日趨末　楊花隨風亂飛雪

요동(遼東)의 파사부를 지나다가 그 곳이 옛날에는 우리나라 땅임을 잘 아는 까닭에 회고적(懷古的) 정회를 지니게 된 듯하다. 단군조선 이래의 역사가 유구하고 영광스러웠던 데 대한 자부심을 내세우는 한편으로, 우리나라가 원래 중국의 신국이 아니었음을 강조하고 있다. 이어서 우리나라의 중화와 다를 바 없는 문화와 요동인의 이적적(夷狄的) 언어를 대조시켰다. 결국 우리 역사·문화에 대한 자부심을 드러냄으로써, 원에 사대할 수밖에 없는 현실에 대한 불만을 우회적으로 표현한 것이 主旨라 할 것이다.

또 목은은 우리의 옛 영웅을 사모하는 뜻을 드러냄으로써 우리 역사의 정통성을 내세우기도 하였다. 〈서경(西京)〉에서 "일찍이 조천석이 있다고 들었는데, 단군의 호탕함은 뭇 영웅 가운데 으뜸이었네."[40]라고 한 데서 동명왕(東明王)을 민족사적 영웅으로 숭앙한 자세가 잘 나타나 있으며, 〈정관음〉·〈잡흥삼수(雜興三首)〉·〈숭고조, 한산자망송산이작(崧高操. 韓山子望松山而作)〉 등에도 유사한 사고가 나타나 있다.

우리의 풍속·속악(俗樂)을 제재로 한 〈우제(偶題)〉·〈추천(鞦韆)〉·〈관격구(觀擊毬)〉·〈구나행(驅儺行)〉·〈단오석전(端午石戰)〉 등도 이런 의식의 연장선상에서 이해할 수 있는데, 이것들에는 습속·의식·속담·속악의 실상과 미풍에 대한 애정이 다양하게 표현되어 있다. 그 중 풍속과 속악을 함께 다룬 "높은 가래나무는 멀리 바람결에 서 있는데, 붉은 그넷줄을 공중으로 차고 오르네. 그네를 당기고 미는 소년이 있어, 여인의 추파에 굳센 의지가 흔들리네.(堂堂楸樹迥臨風, 紅線鞦韆欲蹴空. 挽去挽來少年在, 鐵腸搖蕩眼波中.)"로 된 〈추천〉(권8)의 제3수는 〈한림별곡(翰林別曲)〉 제8연을 한역한 것으로 소악부(小樂府)라 할 수 있는 작품이다.

---

40) 〈西京〉(권3). "聞說朝天曾有石, 檀君英爽冠群雄."

우리나라의 역사·문화 등을 제재로 한 이러한 시들은 소중화주의에 바탕을 둔 자주의식의 소산임이 분명하지만, 한편으로는 송대 사대부들이 이민족에 대한 배타적 감정으로 말미암아 한족의 문화에 대한 자부심을 강하게 드러내었던 풍조, 한시 본연의 관풍의식(觀風意識)과도 무관하지 않을 것이다.

3. 결어

지금까지 살펴본 것 외에도 서로 엇갈리는 지향이나 다양한 면모가 나타나는 현상이 적지 않지만, 일일이 살필 겨를이 없어 줄이기로 한다. 그러나 위에서 약술한 것만으로도 목은시가 그 특성이나 세계를 간단하게 설명하기 어려운 대상이라는 것은 확인할 수 있을 것이다. 이러한 특성은 그의 시의 직접적 배경이라고 할 생애의 특성·사상적 경향·문학관 및 시인식 등에 기인함은 물론이다. 그러나 이에 못지 않게 그가 〈해사한(解事漢)〉(권3)에서 "때때로 노래하고 읊조리면 흥취가 넉넉하기에, 또 시마가 생사를 함께 하려고 하네. (時時謳吟足興味, 詩魔又欲同生死.)"라고 한 바와 같은 기시적(嗜詩的) 습벽(習癖)과, 다음에 드는 〈즉사(卽事)〉(권32)에 나타난 바와 같은 뿌리치기 어려운 청탁이 보태진 것도 주요한 원인이었을 것으로 보인다.

> 빚장이가 날마다 문 앞에 와서 독촉하니
> 늙은이는 읊조림을 끝내 피하기 어려우리.
> 뜬 구름은 해를 희롱하며 열리고 또 닫히는데
> 소낙비는 바람을 따라 그쳤다가 다시 오네.
> 앉아서 버드나무 선 거리에서 꾀꼬리가 우는 것을 듣고
> 다니면서 뜰의 이끼에서 개똥벌레가 반짝거리는 것을 보네.
> 어찌하면 빚을 모두 다 갚고서
> 도롱이와 삿갓 차림으로 표연히 낚시터로 향하랴?
> 債主臨門日日催　老翁吟嘯竟難廻

浮雲弄日開還合　急雨隨風止又來
坐聽綿蠻啼柳巷　行看熠燿照庭苔
何當逋負俱還盡　蓑笠飄然向釣臺

위의 시는 시를 지어 달라고 등쌀을 부리는 청탁자들을 '채주'에 비유하면서, 그 빚을 다 갚아야 은거할 수 있으리라는 안타까움을 절실히 표현하고 있다. 그의 시는 이와 같은 내외적 여건 때문에 본인의 취향대로 짓기도 하고 요구받은 조건에 맞게 짓기도 하는 가운데, 여러 복합적이고 다양한 모습을 지니게 되었다고 할 수 있을 것이다. 결국 목은의 시는 다음 글에 지적된 바와 같이 다양한 요인들에 의하여 복합성과 다양성을 지님으로써, 독자들로 하여금 그 정체를 파악하는 데 어려움을 지니게 하였다고 볼 수 있을 것이다.

> 대개 선생의 문장은 육경을 근본으로 하여, 『사기(史記)』와 『한서(漢書)』를 참조하고 제자서(諸子書)로 윤색하였다. 고무하고 흔들매 용솟음쳐서, 구름과 우레가 되고 찬란하게 별이 되며, 힘차게 강하가 되고 생기 있게 용호(龍虎)가 된다. 변하는 모습이 무궁하여, 맑은 기운이 종남산(終南山)에 오르고, 뭇 주름이 앞에 펼쳐지는 듯하여, 응접할 겨를이 없다. 한 시대의 문인재사들이 흡족하게 여겨, 종주로 삼아 향기롭게 침윤되었다. 정포은(鄭圃隱)과 같은 웅준(雄峻)함, 이도은(李陶隱)과 같은 간결(簡潔)함, 정삼봉(鄭三峯)과 같은 호매(豪邁)함, 권양촌(權陽村)과 같은 전아(典雅)함이 모두 선생의 범위 안을 벗어나지 않으니, 어찌 장대하고 빼어나서 세상 사이에 우뚝하게 솟은 분이 아니겠는가? 하물며 선생의 공명과 도덕이 융성함이 한 시대에 으뜸이 되니 어찌 문장뿐이겠는가?
>
> 선생의 유고 총 약간권에서 후손 문렬공(文烈公) 휘 계전(季甸)이 5언·7언의 고율시를 채집하여, 부문을 나누어 같은 무리끼리 모아 『정선(精選)』 6권[41]을 만들었는데, 증손 부윤(府尹) 휘 봉(封)이 장차 판목에 새기려고 거정에게 서를 맡긴다. 내가 일찍이 "선생은 시에 있어서 어느 한 시체에 막혀 머물지 않고 여러 시체를 다 갖추어, 웅혼(雄渾)한 것도 있고 여조(麗藻)한 것도 있으며, 충담(沖澹)한 것도 있고 준결(峻潔)한 것도 있으며, 호섬(豪贍)한 것도 있고 엄중(嚴重)한

41) 서울대학교 도서관에 소장된 현전본은 12권 6책이다.

> 것도 있으며, 심오(深奧)한 것도 있고 전아한 것도 있어서, 마땅히 전집을 모아서 보아야 풍부한 기상을 상상할 수 있을 것이니, 다시 무엇 때문에 정선하겠느냐?" 고 말하였다. 그러나 선생의 시는 비록 경사에 근본을 두어 법도가 삼엄하지만, 몽장(蒙莊)·석가(釋迦)·노자(老子)의 글에 종횡으로 출입하고 패관소설에 이르기까지 널리 채집하여 버리지 않았다.[42]

포은·도은·삼봉·양촌과 같은 대가들이 모두 그 범위 안을 벗어나지 못한다면서 목은시의 풍격을 열한 가지나 들고 있거니와, 전집을 보아야 풍부한 기상을 상상할 수 있다고 하였다. 그리고 이어진 글에서는 정선할 수밖에 없는 이유를 "말단의 학문과 좁은 견문을 지닌 자가 책을 열면 아득하여 바다를 바라보는 것과 같은 탄식을 하게 되기(末學謏聞, 開卷茫然, 有望洋之嘆.)" 때문이라고 하였다. 게다가 조선조의 여러 비평가들에 의하여 지적된 풍격은 이자평어(二字評語)로 된 것만도 30여 종에 이른다. 목은시가 이처럼 참으로 깊고 넓고 다양한 세계를 지닌 점이 필자로 하여금 간단하게 그 시세계를 설명하기 어렵게 하였다는 핑계를 대면서, 뒷날 좀 더 명쾌한 설명을 할 수 있도록 노력하겠다는 말을 덧붙여 둔다.

---

42) 徐居正, 〈牧隱詩精選序〉, 『牧隱藁』附錄. "盖先生之文, 本之以六經, 參之以史漢, 潤色之以諸子, 鼓舞動盪, 滃然而爲雲雷, 爛然而爲星斗, 霈然而爲江河, 躍然而爲龍虎, 變態無窮, 如晴躋終南, 衆皺前陳, 不暇應接者矣. 一時文人才士洽然宗之 薰然浸郁. 雄峻如鄭圃隱, 簡潔如李陶隱, 豪邁如鄭三峯, 典雅如權陽村, 皆不出先生範圍之內, 豈非魁然傑然, 間世而卓立者乎? 況先生功名道德之盛, 冠冕一時, 獨文章乎哉? 先生遺稿總若干卷, 冢孫文烈公諱季甸, 採五七言古律詩, 分門類聚, 爲精選六卷, 曾孫府尹諱封, 將繡于梓, 屬居正序. 竊嘗以謂先生之於詩, 不凝滯於一, 衆體皆備, 有雄渾者, 有麗藻者, 有沖澹者, 有峻潔者, 有豪以贍者, 有嚴以重者, 有奧以深者, 有典以雅者, 當合全集而觀之, 可以想富哉之氣象, 復何事於精選哉? 然先生之詩, 雖本經史, 法度森嚴, 而亦復縱橫出入於蒙莊佛老之書, 以至稗官小說, 博採不遺."

참고문헌

金宗直 편, 『靑丘風雅』.
徐居正 외 편, 『東文選』.
———, 『東人詩話』.
———, 『筆苑雜記』.
申景濬, 『旅菴全書』.
李季甸 편, 『牧隱詩精選』.
李 穡, 『牧隱文藁』.
———, 『牧隱詩藁』.
李睟光, 『芝峰類說』.
李廷馨, 『東閣雜記』.
曺 伸, 『謏聞瑣錄』.
韓 脩, 『柳巷詩集』.
許 筠, 『惺叟詩話』.

임정기, 『국역 목은집』(민족문화추진회, 2000~3).

郭稹, 「牧隱 李穡의 詩에 대한 硏究」(성균관대 석사논문, 1982).
閔丙秀, 「李穡의 詩世界」, 『韓國漢詩作家硏究』 2(태학사, 1996).
安啓賢, 「李穡의 佛敎觀」, 『趙明基博士華甲紀念論叢』(간행위원회, 1965).
呂運弼, 「『牧隱詩藁』의 史料的 價値」, 『高麗後期 漢詩의 硏究』(도서출판 월인, 2004).
———, 『李穡의 詩文學 硏究』(태학사, 1995).
呂運弼・成範重・崔載南, 『역주 목은시고』 1~10(도서출판 월인, 2000~2005).
李鍾默, 『海東江西詩派硏究』(태학사, 1995).
趙明濟, 「李穡의 佛敎認識」, 『韓國文化硏究』 6(부산대 한국문화연구소, 1993).
洪承基, 「奴婢의 社會的 役割과 地位의 變化」, 『高麗貴族社會와 奴婢』(일조각, 1983).

〈여운필, 『진단학보』 192(진단학회, 2006) 수록〉

목은의 풍속 관련 한시

1. 머리말

목은(牧隱) 이색(李穡; 1328~1396)의 한시 중에서 속절(俗節), 24절후 및 관리의 휴가와 관련한 시만 뽑아도 총 256제(題)에 이른다는 통계가 있다.[1) 『목은시고(牧隱詩藁)』에 수록된 한시가 모두 4,254제 6,078수[2)]가 된다는 점을 고려하더라도 절후 및 풍속 관련 작품의 비중이 결코 적다고 하기 어렵다. 목은의 풍속시에 대해 곽진(郭稹)은 다음과 같이 지적한 바 있다.

> 목은의 경우는 그 문학적 소재가 풍부할 뿐만 아니라 폭넓은 제재 아래 여러 편의 풍속시를 산출하였다. 그리고 그 표현기법이 평이하고 형식적 수사에 얽매이지 않으면서 이어(俚語)나 속어(俗語)를 과감히 채용하여 풍속의 현장을 진솔하게 보여주고 있다. 그의 풍속시는 복제(服制)·신앙(信仰)·처용희(處容戱)·상무적(尙武的) 풍속 등 매우 다양하며 속담(俗談)·이어(俚語) 등을 과감히 사용하였다.[3)]

목은의 풍속 관련 한시의 외형적 특징은 위의 인용과 같다. 목은이 취택한 문학적 제재에 풍속이 다수 포함되었고 이어(俚語)나 속어를 수용하여 그 현

---

1) 林孝貞, 「李穡 漢詩에 나타난 歲時風俗의 樣相 硏究」, 울산대학교 교육대학원논문, 2008, 19면 참조.
2) 이 숫자는 여운필·성범중·최재남, 『譯註 牧隱詩藁』 1~12(월인, 2000~2007)의 수록 작품을 합산한 것이다.
3) 郭稹, 「牧隱 李穡의 風俗詩 小考」(『民族文化』 13, 民族文化推進會, 1993), 40면.

장을 진솔하게 보여주었다는 지적은 적절하다고 하겠다.

여운필은 「목은시의 민풍과 그 의미」[4]에서 민풍의 양상을 '생활습속에 대한 관심', '고유어와 속담의 수용', '민간과 궁중의 가악(歌樂)에 대한 관심'이라는 범주로 고찰한 바 있다. 이 논문 역시 목은시에 나타난 민풍의 면모와 의미를 요령 있게 정리한 성과라고 하겠다.

그러나 이 같은 성과가 목은의 풍속 관련 한시의 전모와 특성을 포괄했다고 하기는 어렵다. 풍속 관련 시는 표현과 제재 문제 이외에 작가의 시각에 주목을 요한다. 이것은 풍속의 가치에 대한 주체성과 관련되는 것으로, 목은의 중국 유학 및 환로(宦路) 경험을 바탕으로 한 중원문화(中原文化)의 보편성과 고려문화(高麗文化)의 고유성 사이의 조화(調和)와 괴리(乖離), 중원문화에 대한 긍정과 고려문화에 대한 자긍(自矜)이라는 대국적(大局的) 측면을 살펴야 할 필요성이 제기된다.

본고에서는 목은의 세시풍속 한시에 초점을 맞추고 그 밖의 것은 부수적으로 살피기로 하되, 풍속에 대한 시각이 뚜렷한 작품을 중심으로 고찰하기로 하겠다.

2. 목은의 풍속에 대한 관심과 시각

목은의 풍속에 대한 이해는 그 관심의 폭과 깊이가 다양성과 심도를 겸하고 있다. 21세 때인 1348년(충목왕 4)에 원의 연도(燕都)로 가서 국자감(國子監)에서 3년 동안 공부하고, 고려와 元의 과거에 모두 합격하여 양국에서 벼슬한 경험을 갖춘 그는 학문과 문장, 국제정세에 대한 독자적이고 뚜렷한 시각을 갖추고 있었다.

풍속에 대한 그의 시각은 국수적(國粹的)이거나 폐쇄적(閉鎖的)이기보다 중

---

4) 呂運弼, 「牧隱詩의 民風과 그 의미」(『韓國漢詩硏究』 1집, 韓國漢詩學會, 1993).

화(中華)의 보편주의와 고려인(高麗人)의 민족적 시각을 아우르고 있었다. 이런 현상은 목은이 고려의 풍속을 중국의 그것과 동등한 가치와 비중을 가지고 보면서 자국 풍속의 가치를 보다 객관적으로 평가하고자 한 데 기인한다.

08-23-127[5] 〈여러 가지 흥취. 3수(雜興三首)(셋째 수)〉
요임금 시절 무진년(戊辰年)에
비로소 동방에 임금이 생겼네.
그 시절에는 하늘과 통하였기에
비밀스럽고 괴이한 일이 삼분(三墳)을 이루었네.
수명이 천년에 이르고
오래도록 동해의 물가에 있었네.
예는 간소하여 질박하였고
말은 꾸미지 않아서 거칠었네.
어찌하여 나의 생애에는
뜬구름처럼 세상이 변하는가?
帝堯戊辰歲　東方始有君
其時與天通　秘怪成三墳
壽考至千載　奄有東海濆
質朴禮向簡　麤踈言不文
奈何予之生　世變如浮雲

이 시는 우리나라의 풍속과 문화가 결코 중국에 비해 뒤질 것이 없음을 보여주고 있다. 즉 단군(檀君)은 요(堯)와 같은 시기의 왕으로 제정일치(祭政一致)의 군장(君長)이었으므로 천의(天意)와 상통하는 삼위일체를 이루었다는 것이다. 그 나라의 명맥은 천년에 이르러서 해동(海東)에 자리를 잡았고, 예법도 질박하고 간소할 뿐 아니라 정직하다는 사실을 지적하고 있다. 이런 역사를 지닌 우리의 풍속이 목은 당대에 와서 부화(浮華)한 변화의 조짐이 있음을

5) 이 번호는 편의상 여운필・성범중・최재남, 『역주 목은시고』의 작품번호를 표시한다. (이하 같음.)

안타까워하고 있다. 목은은 질박하고 정직한 예전 상태의 회복과 풍속에 대한 자부심이 필요함을 말하고 있다.

목은은 중국이나 우리나라의 풍속에 대한 긍정과 자부와는 달리 일본의 그것에 대해서는 혹독하게 비판하고 있다.

> 02-04-087 〈부상의 노래(扶桑吟)〉
> …(전략)…
> 삼분오전(三墳五典)이 일월처럼 걸려 있는데
> 어찌하여 백성의 풍속이 미친개와 같은가?
> 여러 해 동안 우리나라 주변을 비린내로 덮고
> 솥을 깨고 곡식을 가지려고 침을 흘리네.
> 나의 집은 진강(鎭江)의 입구에 있어
> 대나무 창 부들자리가 강 연기를 머금었네.
> 순라군이 달려와서 남촌이 격파되어
> 온 식구가 화살처럼 북쪽으로 갔다고 알리네.
> 어리석은 백성들이 떠들썩하니 참으로 가련하고
> 늙은이와 어린아이가 발가벗고 서서 슬프게 하늘에 호소하네.
> 큰 고래가 우뚝 솟으니 바다에는 변괴가 많은데
> 동해에는 예로부터 풍파가 높다네.
> …(후략)…
> 三墳五典日月揭　豈有民俗狂如猘
> 連年我邊被腥膻　破鐺握粟垂饞涎
> 吾家住在鎭江口　竹窓蒲席含江烟
> 邏人馳報南村破　擧室北行如一箭
> 愚氓嗷嗷誠可憐　老幼赤立哀呼天
> 長鯨嵯峨海怪多　東溟自昔長風波

이 시는 고려 말에 한창 창궐하던 왜구의 침입을 보면서 일본에 대한 감회를 기록한 것이다. 여기에서 扶桑으로 표현되는 일본을 목은은 매우 부정적으로 바라보고 있다. 성현의 글이 남아 있는데도 불구하고 백성의 풍속이 '미친개와 같다[狂如猘]'고 하면서 고려에 대한 침범과 약탈을 멈추지 않은 행태를 비난하고 있다. 또 목은은 고향인 한산의 진강(鎭江) 가에서 노인과 어린이를 포함한 백성들의 안타까운 호소에 대한 안타까움을 감추지 못하고 있다. 목은은 그 까닭을 큰 고래가 설치는 바다의 변괴로 파악하여 예로부터 '동해에 높았던 풍파'라는 比喩를 써서 정비되지 않은 일본의 풍속에 그 원인이 있다고 진단하고 있다.

이렇게 보면 목은은 고려의 풍속을 중국과 대등하게 파악하고 있지만 일본의 풍속에 대해서는 매우 부정적 시각을 견지하고 있음을 알 수 있다.

3. 목은시에 반영된 풍속과 그 의미

1) 연말연시 풍속

연말연시의 궁중 및 민간의 풍속 중에는 경신수야(庚申守夜), 수세(守歲) 풍속, 정초(正初) 풍속, 상원(上元) 풍속 등 다양한 것들이 있다. 고려 말에도 이런 다양한 풍속이 존재하였을 것이지만, 그 모든 것들이 다 목은의 시에 등장하는 것은 아니다.

(1) 경신수야(庚申守夜) 풍속

연말 풍속의 대표적인 것은 경신수야이다. 도가(道家)의 이 풍속은 경신일 밤에 잠을 자지 않고 밤을 지내는 것이다. 당시에는 궁중과 민간에 모두 이 풍속이 전파된 것으로 짐작되고, 후에는 이 풍속이 섣달 그믐밤을 지새우는 수세(守歲)로 형태를 바꾸어 공존한 것으로 보인다.

03-06-116 〈섣달 열엿샛날은 경신일인데, 이 날 밤에 아녀자들은 아침까지 자지 않는다(十二月十六日庚申 是夜 兒女達旦不睡)〉(4수 중 첫째 수와 넷째 수)

한 해가 저물어 가는 오늘밤은 경신일인데
모두 삼시충(三尸蟲)의 일이 가장 신비롭다고 말하네.
눈을 바로 뜨고 하늘 입구를 지나지 못하게 하라.
지척에 있는 하늘이 옥황상제의 대궐이네.
歲闌今夜是庚申　共說三尸事最神
瞪視莫敎過海眼　天庭咫尺玉皇宸

병중이라 마음은 편안한 잠 이루기를 바랄 뿐인데
화와 복을 다 잊으니 도리어 거리낌이 없네.
홀로 앉아 시 몇 수를 읊어내니
짙고 옅은 먹 자국이 꽃무늬 종이에 가득하네.
病天心願得安眠　禍福都忘却自然
獨坐吟成詩數首　墨痕濃淡滿花牋

이 시는 1377년(우왕 3)의 경신수야를 다루고 있다. 앞의 작품은 가치중립의 관점에서 경신수야의 본질과 성격을 설명하고 있다. 삼시충(三尸蟲)의 일은 신기한 일이지만, 수야의 본질은 하늘로 들어가는 삼시충을 막으려고 잠을 자지 않는데 있음을 밝히고 있다. 끝에서는 지척의 하늘을 상제(上帝)의 대궐로 여기는 믿음을 보여주고 있다.

뒤의 작품은 결사(結詞)로 경신수야에 대한 시각과 거동을 드러내고 있다. 목은은 수야와 무관한 듯이 화복(禍福)을 잊고 병중의 안면을 바라는 듯하면서도 홀로 시를 지어 정서하는 모습을 보여줌으로써 경신수야의 풍속이 후대에 정확히 평가되기를 희망하고 있다. 작품의 구조상 불필요하다고 보이는 이 사족(蛇足)에 이 시의 제작 목적이 있는 것으로 판단된다.

(2) 제야(除夜) 풍속

제야, 즉 섣달 그믐날은 한 해를 마무리하는 날이라는 점에서 예로부터 특별한 의미가 있는 것으로 여겼다.

01-02-010 〈제야(除夜)〉
해마다 제야에는 구나(驅儺)를 좋아하여
아이들과 섞여 앉아 우스갯소리가 시끄러웠지.
멀리 떠나 노는 게 흥미 없음을 비로소 깨닫나니
적막한 승탑(僧榻)에 등불 꽃만 떨어지네.
年年除夜喜驅儺　雜坐兒童笑語譁
始覺遠遊無興味　寂寥僧榻落燈花

05-13-041 〈선달 그믐날(除日)〉(2수)
병풍처럼 늘어선 뭇 영재들이 대궐에 나아가니
오경에 징과 북의 소리는 갠 하늘을 진동하네.
아이초라니는 대궐문에서 소리로 서로 응하는데
열두 명의 나자(儺者)가 악한 흉귀(凶鬼)를 쫓아내네.
屛障群英進九重　五更鉦鼓振晴空
黃門侲子聲相應　十有二神追惡凶

등간(騰簡)[6]은 본래 상서롭지 못한 것을 먹으니
급히 도망하는 여러 흉귀들을 뒷날에 식량으로 삼으리.
내일 아침 삼신산 같은 수(壽)를 임금께 바치리니
앉아서도 인풍(仁風)이 사방에 진동하는 것을 보겠네.
騰簡由來食不祥　諸凶急去後爲糧
明朝鳳獻三山壽　坐見仁風動四方

앞의 작품은 선달 그믐날 밤에 벌어졌던 나례(儺禮)로 인한 시끌벅적한 도성(都城)의 모습을 추억하고 있고, 뒤의 작품은 직접 대궐에서 오경(五更)부터 시작되는 한 해의 마무리 행사인 나례의 개략적인 모습을 보이고 국가의 벽사(辟邪) 및 왕의 헌수(獻壽)를 바라는 마음을 담고 있다. 선달 그믐날의 나례를 본격적으로 다룬 〈구나행(驅儺行)〉은 나례의 전 과정을 구체적으로 다룸

6) 騰簡은 食鬼의 神이다.

으로써 창작의도를 분명히 드러내고 있다.

08-21-039 〈구나행(驅儺行)〉
천지의 움직임은 얼마나 은미한가?
착하고 악함이 어지러이 모습을 바꾸네.
때로는 길조가 되고 때로는 흉조가 되어
어지럽게 섞이니 어찌 사람의 마음이 편안할 수 있으랴?
사악한 것을 쫓아내는 데에는 예로부터 의례가 있나니
열두 신이 늘 영험함이 크다네.
국가에서는 장막을 친 공간을 크게 설치하여
해마다 행사를 관장하여 궁궐 안을 깨끗하게 하네.
황문(黃門)의 아이초라니[侲子]들의 소리가 서로 이어지면
빠른 번개처럼 상서롭지 않은 것들이 없어지네.
사평부(司平府)에서 순찰과 경비에 대비하는데
수풀처럼 모인 열사들은 모두 오군(五軍)의 장정이네.
충의로 격려된 사람들이 방패막이가 되면
뭇 악공들이 나와서 기괴한 놀이를 다 베푸네.
오방(五方)의 귀신과 백택(白澤)[7]이 춤을 추면서
회록(回祿)[8]처럼 불을 토하고 청평검(靑萍劍)을 삼키네.
서쪽에서 온 요괴 중에는 호족(胡族)[9]이 있어
얼굴이 검은 자도 있고 누런 자도 있는데 눈은 파랗네.
그 가운데 늙은 사람은 허리가 굽고 키가 큰데
모두들 다 남극노인이라고 경탄하네.
강남에서 온 장사치는 오랑캐말로 지껄이면서
바람결의 반딧불처럼 가볍게 들락거리네.
신라의 처용은 칠보로 장식하였는데
머리에 꽂은 꽃가지에서는 향기로운 이슬이 떨어지네.
이리저리 오가면서 긴 소매로 태평무를 추는데

7) 白澤은 전설상의 神獸로 德君이 세상을 다스릴 때 나타난다고 한다.
8) 回祿은 전설상의 火神이다.
9) 古月은 '胡'의 破字로 胡族을 가리킨다.

아직도 빰이 매우 붉어 술이 깨지 않은 듯하네.
누런 개가 방아를 찧고 용은 여의주를 다투며
온갖 짐승이 춤추니 요임금의 궁정과 같네.
임금님께서는 팔각전(八角殿)에서 손을 맞잡고 앉아 계시니
여러 신하들이 소병(疎屛)을 둘러싸고 시립하네.
시중(侍中)이 잔을 들어 만세를 축수하면서
'신들이 천년 만에 한 번 만남을 다행스러워합니다.' 하네.
해동천자(海東天子)의 고악부(古樂府)에
한 章을 이어서 역사에 전해지기를 바라네.
앓은 끝에 힘이 없어 반열에 나아가지 못했는데
찢어진 창에는 하루 종일 바람이 차갑네.

天地之動何冥冥　有善有惡紛流形
或爲禎祥或祆孽　雜糅豈得人心寧
辟除邪惡古有禮　十又二神恒赫靈
國家大置屛障房　歲歲掌行淸內庭
黃門侲子聲相連　掃去不祥如迅霆
司平有府備巡警　烈士成林皆五丁
忠義所激代屛障　畢陳怪詭趁群伶
舞五方鬼踊白澤　吐出回祿呑靑萍
金天之精有古月　或黑或黃目靑熒
其中老者傴而長　衆共驚嗟南極星
江南賈客語侏離　進退輕捷風中螢
新羅處容帶七寶　花枝壓頭香露零
低回長袖舞太平　醉臉爛赤猶未醒
黃犬踏碓龍爭珠　蹌蹌百獸如堯庭
君王端拱八角殿　群臣侍立圍疎屛
侍中稱觴上萬歲　幸哉臣等逢千齡
海東天子古樂府　願繼一童[10]傳汗靑
病餘無力阻趁班　破窓盡日風泠泠

10) 원문의 '童'은 '章'의 착오이다.

이 시는 1379년(우왕 5) 섣달 그믐날 밤에 쓴 것으로, 방상씨(方相氏) 가면을 쓴 사람이 악귀를 쫓아내는 장면을 연희함으로써 역귀를 구축(驅逐)하는 주술적 의미를 밝히고 있다. 따라서 이 작품은 성현의 기록보다 더욱 생생하게 나례의 진행 모습과 그 의미를 보여주고 있다.

첫 부분에서는 천지의 은미한 움직임과 짐작하기 힘든 길흉으로 인한 불안을 없애기 위하여 예로부터 벽사의례(辟邪儀禮)가 있었다는 사실을 밝히고, 십이지신(十二支神)의 영험에 기대어야 한다는 점을 지적하고 있다.

그 다음에는 매년 국가에서 장막을 친 공간을 크게 설치하여 궁궐의 액을 없애는데 그 선발대가 아이초라니의 소리이고, 사평부의 순찰대는 모두 五軍에서 선발한 사람이라는 사실을 밝히고 있다. 이런 사람들이 방패막이가 되어 둘러서면 악공들이 나오고 기괴한 놀이가 벌어진다는 것이다. 그 구체적인 인물로는 춤추며 불 뿜기와 청평검(靑萍劍) 삼키는 오방귀신(五方鬼神)과 백택(白澤) 이외에, 검거나 흰 얼굴에 파란 눈의 호인(胡人)과 그 가운데 남극노인(南極老人)으로 인식되는 굽은 허리에 키 큰 인물, 알아듣지 못할 말을 지껄이는 강남의 장사치가 있다.11) 이어서 소개되는 장면은 바로 처용무(處容舞)이다. 칠보로 장식한 처용은 머리에 꽃을 꽂고 긴 소매로 태평무(太平舞)를 추는데 아직도 술이 깨지 않은 듯 얼굴이 붉다고 하였다. 거기에 개 가면의 인물은 방아를 찧고 용 분장한 이는 여의주를 다투며, 온갖 짐승들이 춤을 추니 요임금의 궁전처럼 태평성대와 같다고 하였다. 이런 때에 팔각전(八角殿)에는 신하들이 임금을 옹위한 가운데, 시중이 잔을 들어 성수(聖壽)를 축원하며 태평을 기린다는 것이다.

마지막 부분은 결사(結詞)이지만 작품 구조상 사족에 지나지 않는데, 목은 이 시의 의미를 부여한 부분이다. 이 작품이 우리나라 제왕의 의례에 사용해

---

11) 이 부분은 山臺雜劇을 묘사한 부분으로 다음 시에 구체적 실상이 다시 소개되고 있다. 09-26-082 〈諸將入城〉(3수 중 첫째 수): 여러 장수가 공을 이루고 개선가를 연주하며 오니, 순군부에서 山臺를 설치하고 雜劇을 펼치네. 唐人은 혀가 짧아 말의 형세가 급하고, 胡客은 허리가 긴데 춤추는 소매는 도네.(諸將功成奏凱來 巡軍雜劇設山臺 唐人舌短談鋒急 胡客腰長舞袖回)

온 고악부(古樂府)의 전통을 이어서 길이 역사에 전해지기를 바라는 마음을 담고 있다. 자기는 비록 병중(病中)이어서 궁중행사의 반열에 참여하지 못하지만 차가운 바람 속에 행사가 제대로 이어지기를 바란다는 책임회피용 발언으로 마무리하고 있다. 목은은 이 시의 자주(自註)에서 "이를 듣고 삼가 써서 사관에게 보낸다.(聞之 敬書上送史官)"라고 한 것으로 보아 목은은 이 시가 나례를 객관적으로 기록한 작품이라는 자부심을 표현하고 있다.

목은이 직접 참여하지 못하면서도 의례에 대해 지속적으로 관심을 기울이고 있었음은 무오년(1378년, 우왕 4) 정초에 지은 03-07-001 〈무오년 설날 이틀 뒤에(戊午正旦後二日)〉에서 "병장방(屛障房)에서 주관한 구나(驅儺)의 의례가, 참으로 어떠했는지 모르겠네.(驅儺屛障禮 未識定何如)"라는 대목에서도 확인된다.

(3) 상원(上元) 풍속

상원, 즉 대보름은 정초를 마무리한다는 의미를 지닌 날이다 .목은은 11-32-016 〈사월 초파일에 느낌이 있어(四月初八日有感)〉에서 "상원(上元)에 어가를 호종하며 연등(燃燈)을 구경하였거늘, 당시의 전례(典禮)가 겨우 이름만 남아 있네.(扈駕觀燈在上元 當時典禮僅名存)"라고 하여 사월 초파일의 관등 외에도 정월 대보름날에도 관등 풍속이 있음을 지적하는 데 그치고 있다. 그래서 오히려 대보름 풍속으로는 음식에 초점을 맞출 필요가 있다.

> 05-13-086 〈찰밥(粘飯)〉(2수)
> 아교 같은 찹쌀밥을 둥글게 뭉쳐
> 석청(石淸)으로 조미(調味)하니 색깔이 아롱지네.
> 더욱이 대추와 밤에 잣을 아우르니
> 이와 혀 사이에 군침이 도네.
> 粘米如膠結作團　調來崖蜜色爛斑
> 更敎棗栗幷松子　助發甛甘齒舌間

삼한(三韓)에서는 오늘밤에 달이 둥글어야 하는데
엷은 구름이 비단처럼 무늬질 것을 가장 두려워하네.
다만 농가에서 한 해의 농사를 점치기 때문이지
어찌 검은 머리카락을 비출 은 촛불이 없는 탓이랴?
三韓今夜月團團　最怕微雲作錦斑
只爲農家占歲稔　豈無銀燭照雲鬟

이 시는 1379년(우왕 5) 정월 대보름에 지은 것으로, 이 날 새벽의 찰밥(藥飯·藥食)과 저녁의 달맞이 풍속을 다루고 있다.

첫째 수는 찹쌀밥에 석청을 섞고 다시 대추와 밤, 잣까지 곁들여 뭉친 음식, 즉 오늘날의 약밥을 대상으로 한 것이다. 약밥이 정월 대보름에만 먹는 것은 아니었으나 대개 이 날에는 빠뜨리지 않은 먹은 절식(節食)이었다. 이 시는 대보름날 아침의 대표적 음식을 자신의 감각을 동원하여 생동감 있게 표현하고 있다. 약밥의 유래는 신라 때까지 소급되는데,[12] 소지왕(炤知王)이 거문고 갑(匣)을 쏘아 화(禍)를 면했으므로 나라 사람들은 까마귀·쥐·용·말·돼지의 공이 없었으면 왕이 불행을 당했을 것으로 여겼을 뿐 아니라 이 날을 까마귀 제삿날[烏忌日]로 삼아 찰밥으로 제사를 지내냈으므로 나라의 풍속이 되었다고 한.[13] 목은 당시에도 이 날의 약밥은 까마귀 제삿밥이라는 관념이 남아 있었으니 12-35-036 적성의 〈유판사[兪瓚]가 약밥을 보내오다(赤城兪判事送)〉의 "까마귀가 울기 전에 향기로운 찰밥을 쪄서, 집집마다 서로 보내니 인정에 맞네.(秫飯蒸香鴉未鳴 家家相送當人情)"라는 표현에서 확인된다. '까마귀가 울기 전'이라는 말에서 '까마귀 제삿날'임을 알 수 있다.

둘째 수는 우리나라에서 예전부터 전승되어 온 대보름의 달맞이 풍속을 다룬 것이다. 달맞이 풍속은 농경사회에서 오래 전부터 전래된 풍속으로 보인다. 그래서 농사가 시작되기 전에 대보름달을 보면서 그 해 농사의 풍흉(豊

12) 洪錫謨, 『東國歲時記』, '上元'.
13) 閔周冕, 『東京雜記』 권1, 「新羅記」, '風俗'.

凶)과 가뭄과 장마 등을 점쳐 보기도 하였다.

목은은 정월 대보름의 풍속 두 가지를 시로 지은 뒤에 "위 두 수는 모두 우리 동방의 풍속을 읊은 것으로 중국에서는 모르는 일이므로, 뒷날 중국의 친구가 나의 이 시를 읽으면 마땅히 한바탕 웃음에 부칠 것이다.(右二首 皆詠東方風俗 非中國所知也 異日中原故人讀吾此詩 當付一笑耳)"라는 후기(後記)를 달아 놓았다. 약밥과 달맞이는 우리나라의 고유한 풍속으로 중국과는 다른 의의가 있음을 분명히 하고 있다.

2) 단오(端午) 풍속

목은의 시에서 가장 다양하게 다루고 있는 날은 단오이다. 단오는 중국에서 시작된 민속일로 중국에서는 그네타기[鞦韆] 외에도 이 날 멱라수(汨羅水)에 빠져죽은 굴원(屈原)의 혼령을 위로하려고 강물에 '粽子(쭝쯔)'를 던지는 풍습이 전승되고 있다. 물고기가 굴원의 시신을 먹지 말라는 뜻에서 던진 쭝쯔는 찹쌀밥을 쑥이나 댓잎으로 싸서 오색실로 묶은 것이다. 이 음식은 우리나라에도 각서(角黍)라는 명칭으로 단옷날의 제물(祭物)과 음식으로 쓰였음이 08-21-099 〈또 읊다(又吟)〉에서 확인된다.

> 해마다 단오가 되면 각서(角黍)를 빚어서
> 옛날의 현인께 제사를 드린다는 속담을 들었네.
> 年年端午吹角黍　祭祀古賢聞俗語

여기서 언급한 '각서'는 찹쌀가루에 대추를 이겨 섞어서 꿀에 반죽하여 팥소·깨소를 넣고 송편처럼 빚어서 기름에 지진 떡으로, 제사에 쓰이는 웃기의 한 가지이며 우리말로는 주악이라 부른다.

그네뛰기는 한중 양국에서 전성된 여성의 단오 풍속이다. 목은은 그네뛰기 풍속을 한중 양국에서 등가적(等價的)으로 이해하려는 점이 눈의 띈다.

03-08-058 〈그네뛰기(鞦韆)〉(3수)
중원(中原)의 한식날에는 동풍이 좋은데
사람은 그네와 함께 반공에 있었네.
모름지기 삼한의 단옷날을 기억해야 하리니.
말소리 속에서 모시적삼이 가볍게 드날리네.
中原寒食好東風　人與鞦韆在半空
須記三韓端午日　紵衫輕擧語聲中

비단 그넷줄이 날아오르니 저절로 바람이 이는데
다만 붉은 치마가 푸른 하늘로 들어갈까 걱정스럽네.
저녁에 사람이 흩어지면 매우 적막하여
석양 속에 덩그렇게 걸려 있네.
綵絲飛颺自生風　直恐紅裙入碧空
人散晚來殊寂寞　依依掛在夕陽中

높은 가래나무는 멀리 바람결에 서 있는데
붉은 실 그넷줄로 허공을 차고 오르려 하네.
당겼다 밀었다 하는 소년은
굳센 의지가 눈웃음에 흔들리네.
堂堂楸樹逈臨風　紅線鞦韆欲蹴空
挽去推來少年在　鐵腸搖蕩眼波中

이 시는 1378년(우왕 4)의 단오에 지은 작품이다.

첫째 수는 그네뛰기가 중국에서는 봄철 한식(寒食)의 풍속이고 고려에서는 여름철 단오의 풍속이라는 점을 말하고 있다. 그네 타는 사람의 모습은 마찬가지이지만 고려에서는 여름의 모시적삼을 입고 '얼씨구!' 또는 '영차!' 정도의 고함을 지르며 탔다는 사실을 증언하고 있다. 목은은 그네뛰기가 양국 공존의 풍속이지만 즐기는 그 시기가 다름을 밝히고 있다.

둘째 수는 붉은 치마 차림으로 하늘 높이 날아오르는 여인의 그네뛰기를 묘사한 뒤에 저녁이 되면 놀이가 끝나서 그네만 덩그렇게 나무에 걸려 있음을 말하고 있다. 그네뛰기는 낮에만 진행되는 풍속임을 알게 해 준다.

셋째 수는 그네를 매는 나무가 대체로 가래나무이고, 줄은 붉은 실을 꼬아 만들었음을 증언하고 있다. 여자가 그네를 탈 때는 남자가 당겼다 밀었다 하면서 추진력을 얻는 도우미가 되는데, 이런 것은 청춘남녀가 어울려서 사랑을 나누는 기회가 됨도 아울러 밝히고 있다. 이 시가 「한림별곡(翰林別曲)」의 8연[14]의 내용을 수용하고 있음은 이미 알려진 사실이다.[15]

「한림별곡」에서는 그네를 타는 여인이 정씨 소년에게 그네를 당기고 밀라고 하면서 그네가 남보다 높게 오르지 못할까 걱정하고 있음에 반해, 목은의 시에서는 그네를 타는 아가씨와 그네를 미는 총각 사이에 벌어지는 사랑의 감정을 드러내고 있다. 이것은 「한림별곡」이 갖는 교술성(敎述性)과 한시가 갖는 서정성(抒情性)에 기인하는 것으로 설명할 수 있다.

단오의 행사 중에 역동성을 드러내는 것으로는 남성의 행사인 격구(擊毬)와 석전(石戰)이 있었다. 『고려사』에 의하면 918년(태조 1)에 상주적수(尙州賊帥)인 아자개(阿字蓋)가 투항 의사를 표시해왔을 때, 그를 맞이한 환영식 연습을 격구장에서 하였다는 기록으로 보아 삼국시대에 이미 받아들였을 것으로 생각된다. 고려 의종 이후에는 국가적인 오락 행사가 되었으며, 특히 궁중에서는 단오절에 이를 성대하게 벌였다.

이런 점을 고려할 때 격구는 이미 고려시대에 단오의 주요한 국가행사였음이 분명하다. 그러나 『고려사』에 의하면 격구가 단오일에 한정하여 개최된 것은 아니었다. 격구는 군사를 시켜서 흔히 개최하는 경기로서 왕이 관전하는 경우도 흔하였고 고려의 제왕 중 의종(毅宗)과 충혜왕(忠惠王), 우왕(禑王)은 직접 격구에 참가하기도 하였다.[16]

---

14) 唐唐唐(당당당) 唐楸子(당추자) 皂莢(조협)남긔/ 紅(홍)실로 紅(홍)글위 ᄆᆡ요이다/ 혀고시라 밀오시라 鄭小年(정소년)하/ 위 내 가논 ᄃᆡ 눔 갈셰라(「翰林別曲」 제8연)

15) 呂運弼, 앞의 논문 참조.

16) 『고려사』 의종 원년(1147) 5월 정해일, 2년(1148) 12월 임술일, 5년(1151) 8월 병술일의 기록과, 충혜왕 3년(1342) 여름 4월 무진일, 4년(1343) 5월 무진일의 기록, 우왕 12년(1386) 5월 계해일의 기록 참조.

03-08-059 〈격구를 보다(觀擊毬)〉

푸른 하늘 밝은 해에 화려한 거리가 넓은데
손바닥처럼 평평하고 닦은 듯이 환하네.
끌고 온 준마들이 서로 빛이 뛰어남을 뽐내고
금 안장과 옥 굴레는 다투어 제멋대로 뛰네.
패를 나눈 젊은이들이 비로소 싸우러 나가는데
명을 받은 大官은 재주가 더욱 뛰어나네.
주렴과 수막(綉幕)이 좌우에서 빛나고
붉은 꽃과 푸른 잎에서 풍기는 향기는 끊임없이 불어오네.
가운데 높은 장막에서 관현이 울리는데
양부(兩府)에서는 잔치를 차려 몸소 고열(考閱)하네.
삼대에는 장병들을 잘 다스림을 귀하게 여겼는데
하물며 근교에도 좀도둑이 많음에랴?
강가의 푸른 풀에는 아직도 핏자국이 있으니
의로운 쓸개와 충성스런 간이 바야흐로 찢어지려 하네.
궁호(宮壺)를 청둥오리의 목처럼 푸르게 하는 까닭은
무재(武才)를 총애하더라도 반열이 다르기 때문이네.
빛나는 유성처럼 공이 아주 빨라서
번개처럼 펄펄 나니 말발굽이 갈라질 듯하네.
바람이 일고 불이 솟아 자세히 보기 어려운데
거리를 가득 채운 사람들은 모두 기뻐 날뛰네.
노년의 묵은 병으로 고각(高閣)에 묶였다가
겨우 시장 다락에 오르니 작은 술자리가 열렸네.
반쯤 취해 말을 타니 해는 장차 지려 하는데
돌아가는 기개는 호탕하여 곤궁함을 잊네.

靑天白日綺陌闊　平如掌中明如刮
牽來駿馬色相奪　金鞍玉勒爭挑撻
分曺年少始出擊　拜命大官才更傑
珠簾綉幕暎左右　朱翠生香吹不絶
中央高幙管絃咽　兩府開筵親考閱
戎兵三代貴克詰　矧是近郊多鼠竊

江頭靑草尙帶血　義膽忠肝方欲裂
所以宮壺鴨頭綠　寵異武才異班列
飛星瑩瑩毬最疾　逐電翩翩蹄欲決
風生火迸未及矚　街溢巷塡皆踊躍
殘年宿疾束高閣　亦上市樓開小酌
半酣乘馬日將落　歸來氣豪忘窮約

이 시는 1378년(우왕 4) 단오에 지은 것으로 보이는데, 격구의 전반적 진행 과정과 주변의 모습뿐 아니라 시인의 감회를 담고 있어서, 격구 경기의 과정이 후세에 온전히 전해지기를 바라는 목은의 소신을 반영하고 있다.

먼저 넓고 화려한 도성 거리의 모습을 제시한 다음 참가자들이 타고 온 말들의 모습과 패를 나눈 젊은이와 그들을 이끄는 배명대관(拜命大官)의 늠름한 모습을 그려내고 있다. 이어서 관람석에는 주렴과 수막(綉幕)이 좌우에서 빛나고 사방에서 향기가 풍겨오며, 가운데 장막에서는 풍악이 일고 추밀원과 중서문하성의 양부에서는 잔치를 마련하여 살핀다고 하였다. 이런 행사의 목적은 정비된 장병의 공을 귀하게 여기던 삼대(三代)의 정신을 이어받는 것일 테지만, 아울러 근교에 밀어닥친 왜구의 침략 때문에 더 의미를 지닌다는 뜻을 드러내고 있다. 그래서 반열의 빛깔과는 다른 푸른 술병을 내림으로써 총애하는 뜻을 드러낸다고 하였다. 격구 경기의 모습을 보면, 공은 유성처럼 빨라서 그것을 쫓은 말발굽은 갈라질 듯하고, 바람 속의 먼지와 튀기는 불빛 속에 자세히 보기 어렵지만 사람들은 환호성을 터뜨리고 있음을 증언하고 있다. 끝에서 목은은 숙환으로 오랜만에 시장의 다락에 올라 술을 마신 뒤에 말을 타고 돌아가노라니 기개가 호탕해진다고 하여 경기를 관람한 뒤의 후련한 느낌을 드러내고 있다.

이 작품은 매우 조직적으로 구성되어 있고, 현장에서 벌어진 모습을 생생하게 표현하고 있어서 경기장 모습을 그대로 보는 듯한 생동감이 있다. 또 왜구의 침입이 끊이지 않았던 고려 말기의 사회적 분위기를 반영하고 있다.

08-23-034 〈단오일에 재추들이 격구를 구경하였다. 넓은 거리에 채붕(綵棚)을 설치하였는데, 무릇 격구하는 이들은 모두 상께서 낙점한 사람이고, 이런 사람이 아니면 아무도 감히 참여할 수 없으므로, 이런 까닭에 재상도 격구를 하러 나갔다(하략)(端午日 宰樞觀擊毬 結棚臨廣陌 凡擊毬者 皆上所落點 非此莫敢與 是以宰相亦出擊〉

성상이 왕위에 오른 지 벌써 일곱 해이지만
앞에서 공이 날리는 것을 두 번 구경하였네.
공을 날림은 다만 월장(月杖)의 힘에 따르지만
친 공의 느리기와 빠르기는 공연한 것이 아니라네.
처음에는 유성이 푸른 하늘을 지나가는 듯하다가
점점 번쩍이는 번갯불이 자줏빛 안개를 뛰어넘는 듯하네.
재주가 높은 노련한 장수는 절로 무리를 압도하고
기세가 날랜 후생은 모두 앞을 다투네.
…(중략)…
'말굽을 씻는다'는 말이 오늘날까지 전해지니
밝으신 태조(太祖)께서 우리나라를 내려보시리.
이제 신은 기뻐 춤추며 성스러운 덕을 찬송하는데
악부(樂府)로 퍼져서 무궁히 드리웠으면.

聖上龍飛今七年　二度寓目飛毬前
飛毬只從月杖力　所擊緩急非徒然
初如流星度碧落　漸似閃電超紫烟
老將才高自壓衆　後生氣銳皆爭先
…(중략)…
洗蹄有語至今日　明明太祖臨天東
臣今蹈舞頌聖德　播之樂府垂無窮

1380년(우왕 6)에 지은 이 시의 제목에 따르면, 이 해에는 격구장에 경기 관람용 채붕이 설치되고 격구에 참가하는 사람은 임금이 지목하였으므로 무장(武將) 출신의 재상도 출전한 사람이 있었다. 이 시는 우왕이 즉위 후 7년 사이에 두 번째로 직접 경기를 관전하였다는 사실을 밝히고 있다. 목은은 이 시에서 격구의 전통이 고려 태조로부터 시작된 것으로 믿고 있음을 보여주고 있다. 경기를 끝낸 뒤 말굽을 씻는다는 말이 전해지는 것처럼, 태조께서 고려를 보우(保佑)하리라고 믿고 있다. 목은은 태조로부터 이어진 임금의 덕이 후대에 노래로 전승되기를 바라는 뜻을 드러내고 있다. 이처럼 목은은 격구가 오랜 전통의 무술 단련 과정 겸 결과이므로 후세에 전승되기를 바라고 있었음을 알 수 있다. 석전(石戰)도 대표적인 단오의 민속이었다. 『고려사』 우왕 6년(1380) 5월의 기록에 따르면 우왕은 격구와 석전을 열심히 구경하였음을 알 수 있다.

10-29-077 〈단오의 석전(端午石戰)〉
해마다 단오에 뭇 억센 이들이 모여서
두 편으로 나뉘어 돌을 날리며 서로 공격한다네.
마시천(馬市川) 가에서 아침에 이미 모였다가
승재사(僧齋寺) 북쪽에서 저녁에 바야흐로 돌아가네.
몰릴 때에는 화약처럼 날렵하고
우뚝이 맞부딪칠 때에는 산처럼 무겁네.
다만 조정에서 날랜 군사를 구하기 위함이라지만
다친 얼굴은 또한 오랑캐 얼굴이네.
年年端午聚群頑　飛石相攻兩陣間
馬市川邊朝已集　僧齋寺北暮方還
忽然被逐輕如藥　屹爾當衝重似山
只爲朝廷求勇士　殘傷面目亦胡顔

이 시는 1381년(우왕 7) 단오의 석전놀이를 명쾌하게 그린 것이다. 단오에는 개경의 억센 이들이 아침에 마시천(馬市川) 가에 모여서 패를 둘로 나눈 다음 서로 돌이나 기왓조각을 던지며 종일토록 싸우다가 저녁에 승재사(僧齋寺)의 북쪽에서 흩어진다는 것이다. 몰려서 도망갈 때는 터지는 화약처럼 날렵하고 돌아서서 맞설 때는 태산처럼 우뚝하다는 점을 지적하고서, 조정에서 날랜 용사를 구함에 목적이 있다고는 하지만 다친 얼굴은 오랑캐의 얼굴처럼 끔찍하다는 점을 지적하고 있다.

한 가지 짚고 넘어갈 것은 석전이 민간 주도의 행사였느냐의 문제이다. 이 시에서 석전의 목적은 조정에서 용사를 구하는 것이라고 하였고, 또 그 행사가 아침에 마시천에서 시작하여 저녁에 승재사의 북쪽에서 끝났다고 하면 자발적 민간 행사라고 보기 어려운 점이 있다. 더욱이 1374년(공민왕 23) 5월 5일 단오에 격구와 석전놀이를 금지하였다는 기록[17]으로 보면 격구뿐 아니라 석전도 조정의 관리와 감독을 받았음을 알 수 있다.

> 10-29-079 〈…… 도성으로 들어와서 석전을 구경하려고 하였으나, 마시천(馬市川) 가가 비고 사람이 없었다. …… 성(省)의 문에 이르러 석전을 만나 길이 막혔기에 돌아오노라니 선죽(善竹)의 큰길에서 또 석전을 하는 이들이 있었다. 남산의 동쪽 기슭으로 올라가서 보려고 하였더니 마침 그들이 모이지 않았다. …… 마침내 올라가서 보았다. …… 이에 선죽의 물가에 가서 작은 누대에 올라가니 …… 석전이 누대 아래에서 한 차례 벌어졌다. 석전을 구경하는 것이 이미 만족스러웠고 해가 또 저물어서 각각 흩어져서 돌아갔다(……入城欲觀石戰 馬市川邊則空無人 ……至省門 遇石戰 道阻而回 善竹大道 又有石戰者 將登南山東麓以觀 方其未集也 ……遂登而觀之 ……於是至善竹水邊 登小樓 李商議松軒文班主又至 石戰一交於樓下 觀戰 於是足矣 日且暮 各散而歸)〉

이 인용문은 1381년의 단오 석전이 벌어진 날의 기록이다. 석전에 참여한 인원이 얼마가 되었는지 모르지만, 그 행로는 마시천에서 시작하여 중서성 문 앞, 선죽교 근처의 큰길을 거쳐, 다른 어디엔가 갔다가 다시 선죽교 근처의 큰길을 거쳐 결국 승재사 북쪽으로 돌아가는 여정이었다.

이처럼 목은의 석전을 다룬 작품도 그네뛰기나 격구를 다룬 것과 마찬가지로 그 놀이의 정확한 정황과 과정을 후대에 전달하기 위해 객관적 입장에서 기술하고 있다고 하겠다.

---

17) "오월 경오일에 격구와 석전놀이를 금지하였다.(五月庚午 禁擊毬石戰戲)"(『高麗史』, 恭愍王 23년 甲寅五月)

3) 유두(流頭) 풍속

유두는 음력 6월 보름으로 우리나라 고유의 명절로서 삼복(三伏)의 불볕더위를 피하기 위한 피서(避暑) 풍속이다. 유두가 경주 지방의 풍속 중 동쪽으로 흐르는 물에 머리를 감아 불길한 것을 씻어낸 데서 유래했다는 김극기(金克己)의 증언으로 보아[18] 신라 때부터 있던 것이다. 이 날은 동류수(東流水)에 머리 감고 수단(水團)이나 건단(乾團)을 만들어 먹었다.

09-24-053 〈유월 보름날에는 우리나라 사람들이 동쪽으로 흐르는 물에 가서 모임을 가지는데, 이를 유두일이라고 부른다. 젊었을 때에는 서로 초대하는 이가 많아서, 심지어 거취를 정하기 어려운 날도 있었다. 중년에는 벼슬이 높아져서 대관과 오랜 벗의 모임이 아니면 나가지 않았다. 병이 든 뒤에는 몸이 비록 꽤 건강해졌는데도 초대하는 이가 없으므로, 홀로 앉아서 읊는다(六月十五日 鄕人就東流水頭作會 名曰流頭日 少之時 相邀者多 至有難於去就之日 中年官高 非大官舊故則不出 自病以來 身雖稍健 無相邀者 獨坐發詠)〉

유월이라 보름이 되어 더위가 뼛속까지 태우니
술을 마시지 않아도 취한 듯이 얼얼하네.
평소에 지기(志氣)만은 속세의 구속을 벗어나서
봉우리 꼭대기에서 사나운 매를 좇음을 자부하였다네.
몸을 단속하지 못하여 사지가 느슨해지더니
오늘날에는 어찌하여 마음마저 흐릿한가?
소년시절에 서로 부른 이들은 모두 영웅호걸이라서
하늘에 닿는 높은 의기가 괜히 얻은 것이 아니었네.
물가의 자리에서는 솔바람이 옷깃에 가득하였거니와
자하동의 깊은 곳은 얼마나 험준하였던가?
달빛을 밟으며 돌아오노라면 신선이 된 듯하여
어찌 조그만 침울함인들 남아 있었으랴?
지금은 앓느라고 마음으로만 날아오를 뿐
날개를 한 번 다쳐 다시 펴기 어려움과 같다네.

---

18) 洪錫謨, 앞의 책, '流頭'.

높이 노래하며 회포를 열어 귀신을 놀라게 하는데
모두 취한 가운데 홀로 맑음은 누구와 우열을 다툴까?
六月十五熱熏骨　不飮猶如醉兀兀
平生志氣謝□籠　自負峯尖逐霜鶻
筋骸不束支體緩　今日胡爲心忽忽
少年相喚盡英豪　薄雲高義非乾沒
松風滿衣水流席　紫霞深處何硉矹
歸來踏月似登仙　豈有一點餘沉鬱
卽今病中心奮飛　如翅一傷難再拂
高歌放懷驚鬼神　群醉獨醒誰甲乙

이 시의 제목을 통해서, 목은은 젊은 날에 선택하기 어려울 정도로 많은 모임에서 초청받았고 중년에는 대관(大官)과 오랜 벗의 모임에만 참여하였으나, 늘그막에는 아무 데도 초대 받지 못하여 유두를 보내는 사정을 확인할 수 있다. 이 시에서 우리는 우거진 솔숲의 송악산 자하동이 모임의 주요한 장소였으며, 음주와 시가를 즐기며 하루를 보내다가 보름달을 보며 귀가하였다는 사실을 확인할 수 있다.

07-18-006 〈유두일에 세 수를 읊다(流頭日三詠)〉(3수 중 첫째와 셋째 수)
상당(上黨, 韓脩)의 집에서 굽고 지진 것이라 맛이 더욱 참된데
살결은 눈과 같고 달고 쓴 맛이 섞여 있네.
다만 둥그런 떡이 어금니에 붙을까 두렵지만
잘게 씹노라니 맑고 찬 기운이 절로 온몸에 퍼지네.
上黨烹煎味更眞　雪爲膚理雜甘辛
團團祇恐粘牙齒　細嚼淸寒自遍身

맑은 피리소리가 바람을 따라 들려오니
어느 곳에서 좋은 잔치가 종일토록 열리는가?
귀를 막고 세상의 일을 잊지 못함을 한탄하면서도
소년과 같은 미친 흥취를 스스로 억누르기 어렵네.

笛聲淸亮逐風來　何處華筵盡日開
恨不塞聰忘世事　少年狂興自難裁

이 시는 1379년(우왕 5)의 유두에 지은 것으로 유두일의 몇 가지 면모를 제시하고 있다.

앞의 작품은 유두의 대표 음식인 수단(水團)을 대상으로 한 것이다. 수단은 "맵쌀가루를 쪄서 둥그렇게 긴 정강이 같이 만들어서 잘게 쓴 다음 둥근 구슬처럼 만든다. 그것을 꿀물에 넣고 얼음에 채운 것이다.(蒸粳米粉 打成長股團餠 細切如珠 澆以蜜水 照氷食之)"[19] 이 때 새알심 같은 것을 물에 넣지 않으면 건단(乾團)이 되는데, 시의 내용으로 보아 상당군 한수(韓脩)의 집에서 만든 것은 찬 기운이 온몸에 퍼질 정도로 찬 얼음에 채운 수단임을 알 수 있다.

뒤의 작품은 결사(結詞)로서 유두의 좋은 의미를 보전하기 위한 유두회(流頭會)의 개최에 대한 희망과 그것의 의미를 드러내고 있다. 앞에서 언급한 유두의 풍속을 보전할 뿐 아니라 늙은 지금이라도 적극 참여하고 싶은 심사를 숨기지 못하고 있다.

09-24-056 〈유두일의 모임을 읊다(詠流頭會)〉
오늘은 상쾌하여 절로 사악한 기운이 없어지고
찬 기운이 뱃속까지 뚫고 들어오니 찌꺼기가 전혀 없네.
옥술잔에 넘실거리는 죽엽청(竹葉靑)을 기울이고
은사발에 가득한 경화차(瓊花茶)를 들이마시네.
밝은 달빛은 완연히 두 개울의 물과 같고
맑은 바람은 일곱째 잔의 차보다 아주 빼어나네.
물어 보노라, 채소밭에 양(羊)이 있는지 없는지를.[20]

---

19) 洪錫謨, 앞의 책, '流頭'. 멥쌀가루 이외에 찹쌀가루로 만들기도 한다고 하였다.
20) 이 구절은 삼국시대 魏나라 邯鄲淳의 『笑林』의 "어떤 사람이 늘 채소만 먹다가 갑자기 양고기를 먹었더니, 꿈에 五藏神이 나타나서 '양이 채소밭을 밟았다.(洋踏破菜園)'라고 했다."는 고사를 가리킨다. 곧 채소를 먹는 데 익숙한 사람이 우연히 기름진 음식을 먹는 것을 비유한다.

얼음물과 흰 떡이 어지럽게 함께 있으리.
爽然今日自無邪　冷徹肝腸絶滓査
灩灩玉杯傾竹葉　深深銀鉢吸瓊花
宛如明月雙溪水　絶勝淸風七椀茶
爲問菜園羊在否　氷漿雪餠亂交加

이 시는 1380년(우왕 6)의 유두회의 빼어난 풍취와 피서의 소감을 담고 있다. 그러나 목은은 09-24-053에서 본 것처럼, 이 모임에 참석하지는 못하였으므로 이 시는 이전의 추억에 기초하여 상상력을 발휘한 작품임이 분명하다.

유두는 모두에게 상쾌한 날이므로 사악한 기운이 없어지고 시원한 기운이 온몸에 퍼지게 되어 앙금이 남지 않는다는 것을 전제로, 모임에서는 죽엽청주와 경화차를 마시리라고 짐작하고 있다. 저녁에 떠오르는 달빛은 두 개울이 합치는 물처럼 환하고, 계곡의 바람은 노동(盧仝)의 〈다가(茶歌)〉에서 말한 "일곱째 잔은 마실 것도 없이, 또한 오로지 두 겨드랑이에서 맑은 바람이 솔솔 일어남이 느껴진다네.(七碗喫不得 也唯覺兩腋習習生淸風)"라는 대목에서 나오는 것보다 더욱 시원하리라는 짐작과 부러움을 드러내고 있다. 마지막 연은 채소 반찬만 먹는 목은이 양고기를 먹을 수 있는 기회를 놓친 데 대한 아쉬움과, 얼음물과 흰 떡이 넘쳐나는 자리에 참석하지 못한 데 대한 애석함을 드러낸 부분이다.

4) 기타 풍속

목은의 한시 중에는 특정한 세시의 풍속은 아니지만 민생과 관련된 것으로는 민속 음식이 대표적이라 할 수 있다.

일상의 밥과 국 등을 제외하면, 특이한 음식으로는 널빤지처럼 생긴 팽개떡[平桂],[21] 기장밥에 찬 물을 부은 수반(水飯),[22] 중국에서 유래했을 것으로

21) 12-33-112 〈謝西京李少尹送平桂〉.

보이는 당반(唐飯),[23] 생선회와 두죽(豆粥) 등을 들 수 있다. 이 중 생선회는 현재의 생선회와는 조리법이 조금 다르게 나타나고 있다.

> 푸른 물결에서 낚시로 쏘가리를 잡아내는데
> 흰 파가 날리는 명주실 같은 붉은 회와 잘 어울렸네.
> 碧波釣出錦鱗魚　葱白細和飛縷紅[24]

> 미인이 자다가 일어나서 점심을 찾는데
> 실과 같은 순채와 생선회는 날아갈 듯이 가볍네.
> 美人睡起索午膳　蓴絲膾縷輕如飛[25]

이 인용에 의하면 당시의 생선회 및 곁들여 먹는 파의 밑동이나 순채는 모두 실처럼 가늘게 썰었다는 사실을 알 수 있다. 이것은 오늘날의 생선회와는 그 써는 방법이 다름을 말해준다. 생선회를 실처럼 가늘게 썰어야 한다는 사실은 목은의 좌주(座主)였던 이제현(李齊賢)의 "회를 치니 은실처럼 가는데, 술통을 여니 푸른 술구더기가 향기롭네.(斫膾銀絲細 開樽綠蟻香)"[26]라는 대목에서 확인된다.

두죽(豆粥)은 일반적으로 동짓날 벽사(辟邪)를 위해 먹는 팥죽만을 생각하기 쉬우나 그것에 국한되지는 않는다. 두죽은 절후에 상관없이 틈틈이 쑤어 먹었던 음식임을 알 수 있다.

---

22) 10-29-041 〈昨同韓柳巷 歷謁新除宰樞 旣訖則謁耆老諸令公 不遇 獨尹鈴平不出 設酒食 又至鷄林李政堂宅 水飯而歸〉, 10-29-051 〈昨同韓淸城歷謁 廣平侍中不遇 鐵城侍中水飯 入宮洞朴思愼開城宅又水飯 至尹政堂宅啜茶 又至林四宰宅有盛饌 至上黨君宅小酌 禁前法釀也 同辭止三爵 茗飮而歸〉, 11-30-053 〈監進色請坐 至則都堂又來招 水飯而歸〉.

23) 12-33-085 〈李匡那衍 來賜唐飯酒食〉.

24) 04-10-064-01 〈岩串吟〉.

25) 10-29-106 〈五月〉.

26) 李齊賢, 『益齋亂藁』 권10, 「松都八景」 중 〈西江風雪〉.

06-17-068 〈콩죽(豆粥)〉(둘째 수)
깊숙한 궁궐에는 더위 기운이 약하지만
여러 신하들이 모시고 서면 땀이 옷을 적셨네.
푸른 사발에 콩죽과 석밀(石蜜)을 섞으니
문득 찬 얼음이 살갗을 지나가는 듯함을 느끼네.
禁宇沉沉暑氣微　群臣侍立汗霑衣
豆湯翠鉢調崖蜜　便覺氷寒欲透肌

07-20-082 〈팥죽(豆粥)〉(3수)(첫째 수)
우리 풍속에는 동지에 진한 팥죽을 먹는데
가득한 푸른 사발에 콩죽 빛깔이 공중에 넘치네.
석청(石淸)과 섞으니 목구멍에 미끌미끌하여
음사(陰邪)를 씻고 뱃속을 적시네.
冬至鄉風豆粥濃　盈盈翠鉢色浮空
調來崖蜜流喉吻　洗塵陰邪潤腹中

앞의 시는 여름철에 대궐에서 대신들에게 나누어 준 꿀과 얼음을 넣은 콩죽(또는 콩국, 팥죽)의 시원한 맛을 말하고 있고, 뒤의 시는 동짓날 끓여서 팥죽에 꿀을 탄 것이 부드럽게 목구멍을 넘어가서 음사(陰邪)를 씻고 뱃속을 윤택하게 함을 이야기하고 있다. 콩죽(혹은 팥죽)은 일반적으로 여름에는 오늘날의 팥빙수 같은 용도로 활용되고, 겨울에는 따끈한 팥죽으로 이용되었던 것으로 짐작된다.

한편, 고려의 고유한 미풍(美風)으로 음식 베풀기 풍속을 다룬 작품이 있어서 주목된다.

07-18-046 〈유동 남쪽의 큰 거리에서 미음과 오이를 베풀어 주고 음악으로 흥을 돋우고 있다고 집의 아이종이 달려와서 알려 주기에 노래하여 기록하다(柳洞南大街 施漿水苽果 侑以音樂 家童走報 歌以紀之)〉
더위 기운이 큰 화로처럼 온 세상을 찌니

길을 나서면 땀이 흘러 바야흐로 답답해지네.
얼음을 넣은 미음을 시원하게 한 번 들이키면
오장(五臟)이 문득 맑아지고 바람이 살랑거리리.
뜨고 잠긴 오이는 파란 옥처럼 서늘하여
보기만 해도 이미 얼음이 창자에 쌓인 듯하리.
또 현악기와 관악기를 빠른 소리로 번갈아 연주하니
지나가는 이들은 귀를 기울이느라고 한창 북적거리네.
해가 기울려 할 때에 아이종이 뛰어와서 알려 주니
아내는 이를 듣고 기쁜 빛을 나타내네.
곳간에서 벼를 꺼내어 찧어서 익히고
저자에서 반드시 오이를 사야 한다고 타일렀으리.
굶주림을 없애고 더위를 풀어 줌은 어진 사람의 마음이거니와
곤경에서 구제받은 사람은 감동이 깊으리.
우리의 풍속에 이런 일이 있기 때문에
인수(仁壽)하여 불사국(不死國)이라는 말이 이제까지 전해지네.
나는 병으로 여러 해 동안 약물을 가까이 하느라고
사악함을 치고 허약함을 보충하는 일이 서로 앞을 다투네.
한 여름에 얼음을 넣은 미음은 그 자리에서 효과가 있으니
마땅히 비급방(備急方)에 이어서 기록해야 하리.
暑氣洪爐蒸六合　行路汗流方雜沓
爽然一吸白雪漿　五內頓淸風颯颯
苽果浮沈碧玉凉　目視已似氷堆膓
繁絃急管又迭奏　過者傾耳方洋洋
蠻童走報日欲昃　孟光聞之喜形色
出米于廩擣以烹　買苽于市戒必得
除飢解熱仁者心　在困遇救感也深
所以我俗有此擧　仁壽不死傳至今
我病多年近藥物　攻邪補虛相甲乙
炎天氷漿立有效　備急方中當續筆

이 시는 1379년(우왕 5) 여름 어느 날에 개경의 대로에서 베푸는 음료 제공

봉사활동과 악기 연주를 보고 감탄해서 쓴 것이다. 찌는 듯 더운 날 길가에서 어떤 이들이 시원한 미음과 오이냉국을 나누어주면서 악기를 연주한다는 소식을 듣고 목은 부부가 기꺼워하는 마음을 드러내고 있다. 이 시혜를 베푸는 이들은 곳간의 벼를 찧고 저자의 오이를 사와서 굶주리고 목마른 이를 구제하는 마음은 곧 어진 마음일 것이고, 그 혜택을 입은 사람은 감동하리라는 것이다.

이 시에도 목은의 사족이 달려 있다. 이런 풍속 때문에 '인수불사(仁壽不死)'라는 칭예(稱譽)가 당시까지 전해짐을 언급하고 있다. 목은은 여러 해 쇠병에 시달린 만큼 원기 보충이 필요한 처지인데, 거리에서 베푸는 미음이 즉효를 볼 수 있는 음식이므로 구급방(救急方)에 기록하여 후세에 전해야 한다는 뜻을 드러내고 있다. 이 풍속은 서긍(徐兢)의 『고려도경(高麗圖經)』의 다음 항목과 관련이 있다.

> 무료급식[施水]
>
> 왕성(王城)의 장랑(長廊)에는 10칸마다 장막을 치고 불상을 설치하며 큰 항아리에 흰 쌀죽을 담아두고 대접과 국자[杓] 등도 놓아둔다. 왕래하는 사람이 마음대로 먹게 하되 귀천을 가리지 않는다. 승려들이 그 일을 맡는다.(施水 王城長廊每十間 張帟幕 設佛像 置大甕 貯白米漿 復有杯杓之屬 恣往來之人飲之 無間貴賤而以僧徒主其事)[27]

송(宋)의 서긍이 휘종(徽宗)의 명으로 사신 노윤적(盧允迪)을 따라 고려에 온 것이 1123년이니 목은이 시를 지은 때와는 250여 년의 거리가 있다. 서긍이 개경에서 목격한 것은 승려들의 상시적 보시(普施) 풍속이었으나 목은이 견문한 한 것은 일시적 보시와 봉사라고 할 수 있다. 봉사자의 신원은 드러나지 않으나 그 주체는 승려였을 것으로 보이고, 시혜의 정도는 그 이전보다 훨씬 약해졌다. 그럼에도 불구하고 목은은 나눔 풍속의 의미를 긍정적으로 평

---

27) 徐兢, 조동원 외 4인 공역, 『고려도경』(황소자리, 2005), 292~293면.

가하고 있다. 이것은 우리나라에 전승되어 온 상부상조(相扶相助), 환난구휼(患難救恤)의 정신에 바탕을 둔 것이다.

4. 맺음말

이상에서 목은 이색의 풍속 관련 한시를 살펴보았다. 총괄적으로 볼 때 목은의 풍속에 대한 관심은 착실한 기록자, 곧 후대에 그것을 온전히 전해지기를 바라는 사관(史官) 같은 역할에 충실하고자 한 면이 강한 것으로 나타난다. 이런 측면은 목은이 가진 우리 문화, 또는 풍속에 대한 자부심에 기초한 것으로 보인다. 즉 목은은 중원의 풍속에 비해 우리의 풍속이 결코 뒤처지거나 후진적이라고 판단하지 않은 것이다.

중원문화에 대한 이해가 부족한 경우에는 혹여 맹목적인 국수주의(國粹意識)나 심각한 모화사상(慕華思想)에 빠질 수 있으나, 목은은 양국 문화의 중심부에서 생활하였던 경험을 바탕으로 객관적이고 포괄적인 시각으로 대상을 바라볼 수 있었다.

목은은 우리의 풍속을 중국의 그것에 비해 결코 뒤처지거나 가치 없다고 여기지 않고, 양국의 풍속은 상호간에 서로 부족하거나 결여된 것을 보완하는 자세를 견지하는 모습을 여러 작품에서 읽을 수 있다. 가령 단오 풍속 중 그네뛰기는 중국과 고려에 공존하고 있지만 그것을 즐기는 시기가 달라서 중국에서는 한식의 풍속이지만 고려에서는 단오의 풍속이라는 차이를 파악하고서도, 그 날은 하늘 높이 몸을 날리는 기회일 뿐 아니라 고려에서는 처녀·총각이 함께 어울려 노는 멋진 날임을 부각시키고 있다. 또 나례에 등장하는 다양한 외래인물에 대한 묘사나 기술에서도 그러한 자세를 읽을 수 있다. 인물의 생김새나 행동에 褒貶을 가하기보다 있는 그대로의 실상을 그려내는 데 치중하고 있기 때문이다.

이런 점을 더욱 확실히 보여주는 것은 05-13-086 〈찰밥(粘飯)〉(2수) 시 끝에 붙은 後記이다. 목은은 정월 대보름의 풍속으로 찰밥(또는 약밥) 먹는 풍속과 달맞이[迎月]을 제재로 한 시를 지은 뒤에, "위 두 수는 모두 우리 동방의 풍속을 읊은 것으로 중국에서는 모르는 일이므로, 뒷날 중국의 친구가 나의 이 시를 읽으면 마땅히 한바탕 웃음에 부칠 것이다.(右二首 皆詠東方風俗 非中國所知也 異日中原故人讀吾此詩 當付一笑耳)"라는 설명을 남기고 있다. 약밥과 달맞이는 우리나라의 고유한 풍속이기 때문에 그 의미를 몰라 한바탕 웃음으로 얼버무려 넘기려고 하는 중국인 친구에게 설명할 기회가 있기를 바라는 마음을 드러내고 있다. 이것은 우리 풍속에 대한 자부심이라 할 만하다.

목은은 우리의 풍속 관련 한시에서 사족이라고 보이는 부분, 즉 자기의 입장을 분명하게 드러내는 진술을 포함시킨 경우가 많다. 이것은 풍속에 대한 분명한 입장을 작품에 반영하고 있는데, 이것은 작품의 전체 구성에는 제대로 어울리지 않더라도 작시의 의도를 분명히 드러내고자 한 작가의식에 기인한 것이다.

① (03-06-116: 경신수야 풍속)
병중이라 마음은 편안한 잠 이루기를 바랄 뿐인데
화와 복을 다 잊으니 도리어 거리낌이 없네.
홀로 앉아 시 몇 수를 읊어내니
짙고 옅은 먹 자국이 꽃무늬 종이에 가득하네.
病夭心願得安眠　禍福都忘却自然
獨坐吟成詩數首　墨痕濃淡滿花牋

② (08-21-039: 〈구나행〉)
해동천자(海東天子)의 고악부(古樂府)에
한 章을 이어서 역사에 전해지기를 바라네.
앓은 끝에 힘이 없어 반열에 나아가지 못했는데
찢어진 창에는 하루 종일 바람이 차갑네.
海東天子古樂府　願繼一章傳汗靑
病餘無力阻趁班　破窓盡日風冷冷

③ (07-18-006: 유두회 풍속)
맑은 피리소리가 바람을 따라 들려오니
어느 곳에서 좋은 잔치가 종일토록 열리는가?
귀를 막고 세상의 일을 잊지 못함을 한탄하면서도
소년과 같은 미친 흥취를 스스로 억누르기 어렵네.
笛聲淸亮逐風來　何處華筵盡日開
恨不塞聰忘世事　少年狂興自難裁

④ (07-18-046: 음식 베풀기 풍속)
우리의 풍속에 이런 일이 있기 때문에
인수(仁壽)하여 불사국(不死國)이라는 말이 이제까지 전해지네.
나는 병으로 여러 해 동안 약물을 가까이 하느라고
사악함을 치고 허약함을 보충하는 일이 서로 앞을 다투네.
한 여름에 얼음을 넣은 미음은 그 자리에서 효과가 있으니
마땅히 비급방(備急方)에 이어서 기록해야 하리.
所以我俗有此擧　仁壽不死傳至今
我病多年近藥物　攻邪補虛相甲乙
炎天氷漿立有效　備急方中當續筆

①은 경신수야의 풍속이 후대에 전해지기를 바라는 의도에서 그 시를 정성스럽게 기록하는 모습이고, ②는 나례의 과정과 의미가 역사에 길이 남기를 바라는 마음을 드러낸 부분이다. ③은 유두회의 아름다운 전통이 계속 이어지기를 바라는 마음의 표백이고, ④는 음식을 베풀어 이웃에게 혜택을 주는 미풍양속이 존속되어야 한다는 당위와 함께, 그 음식이 기력을 회복시키는 비방(秘方)이므로 현재의 구급방에 보태지기를 바라는 마음을 드러내고 있다.

이처럼 목은은 우리의 풍속과 의례가 중국의 그것과 비교하더라도 결코 뒤지지 않는 가치와 의미를 지니고 있으며, 그것을 충실히 기록하여 후대에 전승할 필요가 있다는 의식을 가지고 작시하였다고 하겠다.

참고문헌

『高麗史』.
郭稹, 「牧隱 李穡의 風俗詩 小考」, 『民族文化』 13(民族文化推進會, 1993).
閔周冕, 『東京雜記』.
徐兢, 조동원 외 4인 공역, 『고려도경』(황소자리, 2005).
李齊賢, 『益齋亂藁』.
洪錫謨, 『東國歲時記』.

여운필·성범중·최재남, 『譯註 牧隱詩藁』 1~12(월인, 2000~2007).
呂運弼, 「牧隱詩의 民風과 그 의미」, 『韓國漢詩硏究』 1집(韓國漢詩學會, 1993).
林孝貞, 「李穡 漢詩에 나타난 歲時風俗의 樣相 硏究」, 울산대학교 교육대학원논문, 2008.

〈성범중, 『한국한시연구』 21집(한국한시학회, 2013) 수록,
원제 「목은 이색의 풍속 관련 한시 일고」〉

목은의 일상시

1. 일상의 수용으로 인한 다작

목은(牧隱) 이색(李穡; 1328~1396)은 한국 한시의 역사상 최대의 분량인 4,254제 6,078수의 시를 남긴 시인이다. 21부터 68세까지의 시작을 한 기간 중 20년쯤의 작품이 거의 전해지지 않는데도 불구하고, 한중한시사상(韓中漢詩史上) 최대의 작품수를 기록한 남송(南宋)의 육유(陸游)의 6,629제 9,136수 다음 자리를 차지한 것이다. 이는 주로 51~55세에 3,409제, 특히 52세 때 989제 1,626여 수라는 기록적 다작을 한 데 말미암는데, 그 시기에 유별나게 시를 많이 지은 원인은 이렇게 추정해 볼 수 있다.

우선 〈견흥(遣興)〉(권9)에서 "죽도록 그치지 않고 심간을 쏟아내려고, 근년에 다시 중선루에 오르네.(嘔出心肝死不休, 年來更上仲宣樓.)"라 토로한 시벽(詩癖)을 지닌 데다 신병 및 집권층과의 불화로 실직을 지니지 못한 채 한거한 데 따라 부쩍 증가된 창작욕을 들 수 있다. 여기에 『목은시고(牧隱詩藁)』 권2의 마지막 작품 〈장난삼아 짓다(戱題)〉에서 "목은은 시를 한 권 채웠는데, 읊어 보니 글자마다 엉성하네.(牧隱詩盈卷, 吟來字字疎.)"라 한 데서 짐작되는 규모가 큰 시집을 마련하고자 한 의욕이 보태졌을 것이다. 또 대가들인 스승 이제현(李齊賢; 1287~1367)과 부친 이곡(李穀; 1298~1351)의 후계자였던 탓에 이인복(李仁復; 1308~1374)이 타계한 후 자연스럽게 문신의 수장이자 학계·문단의 영수로 자리잡음으로써, 〈즉석에서 짓다(卽事)〉(권32)에서 "날마다 빚쟁이가 문에 와서 재촉하니, 늙은이는 끝내 읊조림을 회피하기 어려우리.(債主臨門日日催, 老翁吟嘯竟難廻.)"라고 토로할 정도로 시문 청탁이 급증

한 점도 무관하지 않겠다.

이때의 다작은 433자에 이르는 긴 시제(詩題)의 일부에서 "드디어 동배가 시를 좋아한다고 기롱하고 웃기에 이르렀지만, 나는 시를 좋아하는 자가 아니다. 애오라지 나의 회포를 펼쳤을 뿐이다.(遂致同輩譏笑以爲嗜詩. 予非嗜詩者也. 聊以舒吾懷耳.)"라 하고, 〈독시견흥(讀詩遣興)〉(권7)에서 "문득 차마 늙은 할미도 알게 하지 않음은, '백속'을 보탠다는 기평 때문이라네.(不忍便敎老嫗解, 爲是譏評增白俗.)"라고 한 것처럼, 시인을 '기시자'나 '백속'[1]으로 조롱받게 하기도 했던 듯하다.

목은이 52세 때에 매일 4수가 넘는 시를 지은 일은 성리학도(性理學徒)인 그로서는 '완물상지(玩物喪志)'로 성토당해도 좋을 무절제한 처사라 하겠거니와, 백거이(白居易)가 노파도 이해할 수 있도록 시를 지었다고 해서 붙은 '백속'으로 기평받은 점은 좀 더 생각할 점이 있다. 목은은 시문의 형식보다는 내용을 중시한 재도론자(載道論者)인 데다, "나는 동파의 시를 애호한다(我愛東坡詩; 〈술회(述懷)〉, 권33)고 한 대로 소황(蘇黃)으로 대표되는 송시풍(宋詩風)을 추종한 시인이었으므로, 송시가 개인적 일상을 두드러지게 다룬 경향을 지녔다. 그래서 그는 정종(正宗)으로 존숭한 이두(李杜)와 달리, '기사(紀事)·유감(有感)·즉사(卽事)·잡영(雜詠)' 등을 시제로 하여 흔히 신변의 쇄사(瑣事)를 읊음으로써, '일상에 대한 개안'/'잡박(雜駁)한 일상의 노정'으로 엇갈리게 평가될 수 있는 경향을 보였다. 일상의 모든 국면을 다루었다고 해도 지나치지 않을 이런 시편들은 격조상으로는 문제삼을 수 있지만, 함유된 교훈·재미·진실성이 불러일으키는 감동은 예사롭지 않다. 여기에서는 그런 감흥을 실용성·예지·애정으로 말미암은 재미라는 데 초점을 맞추어 감상해 보기로 한다.

---

1) 蘇軾이 〈祭柳子玉文〉에서 "元稹의 시는 가볍고 白居易의 시는 속되다.(元輕白俗.)"라고 평한 데서 비롯된 말인데, 南宋 釋惠洪의 『冷齋夜話』에 "백거이는 시를 지을 때마다 노파한 사람에게 시를 해독시켰다. 노파가 알 만하다고 하면 이를 기록하고, 잘 모르겠다고 하면 글자를 없앴다. 그러므로 그의 시는 통속에 가깝다."라는 글이 있다.

2. 일상사에 대한 실용적 관심

이색은 1374년에 공민왕이 급서한 뒤에 신병이 더욱 악화되어 7, 8년 동안 칩거하다시피 하였는데, 시를 특별히 많이 지은 것은 바로 이 시기이다. 이때 그는 신변의 잡사를 두루 제재로 삼았는데, 〈팔의 통증(臂痛)〉(권12), 〈뼈가 시려서(骨酸)〉, 〈허리가 시려서(腰酸)〉(이상 권23), 〈치통(齒痛)〉(이상 권27) 등 질병의 고통이나 와병 속의 정회를 읊은 작품들이 가장 비근한 예이다. 신병 때문에 기거좌와(起居坐臥)마저 어려운 고통을 열거하거나, 거기서 인생의 교훈을 찾으려는 경향을 흔히 볼 수 있거니와, 8연으로 이루어진 고시 〈병을 기록하다(錄病)〉(권12)의 마지막 연에서는 "어찌 알리요? 이런 간난과 신고가, 수역에 빨리 갈 원인이 될지를. 편안하게 지극히 고요함을 지킴을, 상제께서 환하게 내려다보시리.(安知此艱辛, 所以趍壽域., 湛然守至靜, 上帝臨有赫.)"라고 술회하여, 신병이라는 액운을 원망하기보다는 운명으로 받아들여 편안한 마음을 가지고자 하는 자세를 드러내었다. 〈기심을 없애고자(息機)〉(권6)의 결련에서 "한 번 병든 지 벌써 몇 년인가? 기심을 끊음이 약물보다 나으리.(一病今幾年? 息機勝藥餌.)"라 한 것과 마찬가지로 신변사에서 취하고자 한 교훈이 잔잔한 감동을 주는 바가 있다.

목은은 한거하던 때에 신병·기거·접빈과 같은 잡사 외에도 기후·세시(歲時)·음식·선물(膳物) 등의 자질구레한 일을 흔히 시로 읊었는데, 여기에서는 식물(食物)에 대한 실용적 눈길을 담은 작품을 살펴보기로 한다. 다음 시는 〈설기떡을 읊다(詠雪糕)〉(권7)이다.

> 근래에 늙은 목은은 비린내를 싫어하여
> 다만 맑고 차가운 것으로 성령을 기르네.
> 이미 구슬 같은 살이 흰 달처럼 둥근 것을 기꺼워하였는데
> 문득 옥가루가 푸른 하늘에서 떨어진 것으로 여기네.
> 버들개지보다 가벼운 바람이 자리에서 생겨나고
> 매화처럼 차가운 물이 병에 가득하네.

> 손때를 묻히지 않고 절로 이루어진 것임을 가장 아끼면서
> 실컷 먹고 졸음에 겨워 창문에 기대어 있네.
> 年來老牧厭羶腥　但把淸寒養性靈
> 已喜瓊膏團素月　却疑玉屑落靑冥
> 輕於柳絮風生座　冷似梅花水滿瓶
> 最愛天成無手澤　飽餘和睡倚窓欞

'설고(雪餻)'는 고유어 '설기'의 어원으로 오늘날 시루떡 또는 설기떡이라고 하는 쌀가루로 켜를 지어 만든 떡이다. 시인은 수련에서 비리지 않고 맑고 차가운 시루떡을 먹어야 할 이유로 '성령', 즉 성정(性情)・정신(精神)의 도야(陶冶)를 들고서, 함련에서는 그 외양을 시각적 비유를 들어 섬세하게 묘사한 뒤, 경련에서는 먹은 느낌을 시각・촉각이 어우러진 공감각적(共感覺的) 비유로 그렸다. 그리고 미련에서는 시루떡이 송편처럼 손으로 빚은 게 아니기에 사랑한다고 함으로써, 식후의 포만감을 언외(言外)의 흥취가 감돌도록 마무리했다. 노경의 대시인이 별것이 아니라 할 수도 있는 음식을 소홀히 넘기지 않고, 정성이 깃든 실용적 안목으로 응대하는 자세를 통하여, 삶의 진실성과 시의 재미를 함께 맛볼 수 있다.

다음은 "그 줄기는 매우 신데, 승아는 우리말 이름이다(其莖甚酸, 僧莪鄕名.)"라 한 제주(題註)에서 이미 실용적 관심을 엿볼 수 있는 〈승아를 읊다(詠僧莪)〉(권11)이다.

> 푸르고 하얗게 길고도 연한데
> 산의 벼랑에서는 푸른 잎이 싸늘하다네.
> 언뜻 보아도 미간이 벌써 찡그려지고
> 씹으려 하면 이가 먼저 시리네.
> 취객에 특히 즐기는 이가 많거니와
> 잠귀신이 어찌 감히 침범하랴?
> 시편에 거두어들이기가 쉽지 않아서
> 한편으로 읊으면서 한편으로는 길게 탄식하네.

碧玉長仍嫩　山崖翠葉寒
乍看眉已蹙　欲嚼齒先酸
醉客偏多嗜　眠魔詎敢干
詩篇容不載　一詠一長歎

승아는 현대어로 싱아·수영·산모라고도 하는 마디풀과에 속하는 다년초로 우리나라 각지의 산과 들에서 자라며, 줄기가 1m가 넘고, 잎은 원추형으로 어긋맞게 나며, 6~8월에 흰 꽃이 줄기 끝에 핀다. 신맛이 나는 어린잎과 줄기는 식용으로, 뿌리의 즙액은 피부병에 바르는 약재로 쓰인다. 개성 부근에 이 풀이 흔했음은 , 박완서(朴婉緖)의 장편소설 『그 많던 싱아는 누가 다 먹었을까』에서 "우리 시골에선 싱아도 달개비풀 만큼이나 흔한 풀이었다. 산기슭이나 길가 아무 데나 있었다."고 한데서도 짐작되거니와, 시인은 거처 부근에 싱아가 자라고 있었던 탓인지, 먹거리로도 약재로도 그리 요긴하다 하기 어려운 풀을 제재로 취하고서 자세한 식견을 드러내었다. 수련에서 생김새·빛깔·촉감 등을 사실적으로 묘사하고, 함련에서는 시고 차가운 맛을 감각적으로 서술했으며, 경련에서는 효능을 실감나게 풀이한 데 이어, 결련에서는 길지 않은 시형이라 나머지 장점을 다 말할 수 없어 유감이라는 말로 여운을 지니도록 끝맺었다. 시적 기교를 거의 쓰지 않은 채 평담한 표현을 통해 대상을 설득력 있게 묘사·설명한 데서 맛볼 수 있는 재미가 돋보이며, 비근한 사물에 실용적으로 다가간 시인식 또한 간과하기 어렵다.

3. 심상사에서 찾아낸 예지

다음 작품은 53세 때에 지어진 〈아이들의 놀이(兒戱)〉(권25)이다.

죽마를 뽐내면서 타고 대청으로 올라오려 하다가
또 뜰로 돌아가서 다시 오락가락하네.

갑자기 동산을 향해 달려가더니
남에게 배와 밤을 달라고 하여 맛보네.
아름다운 바탕을 타고나도 물욕을 아우르게 마련인데
양지가 발휘되는 곳이 바로 강상이라네.
어른과 어린아이가 처음부터 둘은 아니건만
근년에는 병을 안고 사는 데다 살쩍마저 서리와 같다네.
竹馬驕騰欲上堂　又還庭際更彷徨
忽然馳向東山去　梨栗從他乞得嘗
美質稟來幷物欲　良知發處卽綱常
大人赤子初非二　抱病年來鬢似霜

선경후정(先景後情)의 전형적 예이거니와, 전반부에서는 아이들이 죽마를 타고 분주하게 놀다가 동산에 가서 과일을 얻어먹은 대수롭지 않은 주변사를 사실적으로 묘사하였다. 경련에 이르러서 갑자기 전환이 일어났는데, 아이들의 그런 행위에서 이(理)와 기(氣), 달리 말하면 본연지성(本然之性)과 기질지성(氣質之性)의 차이를 찾아내고서, 그것이 사람이 타고나는 인식능력인 '양지'가 강상, 즉 윤리로 발현된 것이라는 교훈을 이끌어내었다. 시적 자아가 이런 생각에 이른 것은 아이들이 동산으로 간 게 놀다가 지쳐서 배가 고파진 데 따른 물욕 때문이기는 하지만, 남의 과일을 함부로 따먹지 않고 주인에게 달라고 하여 먹은 데서 사욕(私慾)이 아닌 천리(天理)의 발현을 발견했기 때문일 것이다. 그래서 결련에서는 아이들조차 천성을 잘 유지하여 사욕을 막을 줄 알건만, 자신은 오히려 늘그막에 이르러 존심양성(存心養性)을 게을리 하는 게 아닌가 하는 반성의 뜻을 발했다. 귀거래(歸去來)를 입에 달고 살면서도 실행을 미루는 데 대한 자성(自省)의 발로일 것이다. 아이들의 장난과 같은 사소한 일에서 유학의 이치에 근거한 교훈을 이끌어내고, 거기에서 성리학적 수양·탐구에 소홀한 자신의 삶에 대한 성찰의 계기를 찾은 셈이다. 작은 주변사에서 삶의 교훈을 이끌어낸 시인의 예지를 보는 기쁨을 맛볼 수 있는 시라 할 것이다. 손자들이 종일 모래성 쌓기 놀이를 한 뒤의 행위에서

'사무사(思無邪)'를 발견한 기쁨을 읊은 〈읽을 적다(紀事)〉(권22)도 유사한 예이다.

다음 작품은 당시의 소일거리이던 시작(詩作)을 읊은 〈낮닭(午鷄)〉(권16)이다.

> 낮닭의 울음소리 속에 앉아서 시를 짓다가
> 떨어뜨린 붓이 나의 옷을 더럽혔다고 매우 성내네.
> 어찌 샘물을 길어다 씻기를 꾀할 겨를이 있으랴?
> 바로 시구를 단련(鍛鍊)하여 정미한 데로 들어감이 마땅하리.
> 통술로 저녁구름 아래에서 논의해 보면 자세할 텐데
> 못둑의 봄풀은 꿈결에도 희미하네.
> 교묘한 곳은 본래 주고받기가 어렵거니와
> 생각에 사특함이 없어진 뒤에도 기심을 잊어야 한다네.
> 午雞聲裏坐題詩　筆墜深嗔汚我衣
> 豈暇汲泉謀洗滌　政當鍊句入精微
> 暮雲樽酒論應細　春草池塘夢亦稀
> 妙處由來難授受　思無邪後要忘機

52세에 지은 상평성미운(上平聲微韻)의 율시로 수구에 방운(傍韻)인 지운(支韻)의 '시(詩)'를 쓴 점이 눈에 띄는데, 왕력(王力)의 『한어시율학(漢語詩律學)』에서는 일부러 수구에 방운을 씀이 송인(宋人)의 유행이라고 한 바 있다. 수구입운에 함·경련을 모두 대장으로 한 정격율시로 수련의 신의(新意)와 경련 출구의 점화(點化)의 기교가 돋보인다.

수련에서는 한낮에 홀로 앉아 시작에 골몰하다가 낮닭의 울음소리에 놀랐는지, 아니면 실수로 그랬는지, 붓을 떨어뜨려 옷을 더럽힌 일에 화가 난 우스꽝스런 체험을 직서하였다. '오계성'은 왕안석(王安石)의 〈자정림과서암(自定林過西庵)〉[2] 이래로 흔히 쓰인 말이지만, 이를 시를 짓다가 붓을 떨어뜨린

---

2) 왕안석이 재상에서 물러나 金陵에 은거하면서 鍾山의 定林寺를 즐겨 찾던 대에 지은 시인데, "낮닭의 울음소리는 절에 이르지 않는데, 잣나무는 안개 속에서 고요히 이불을 끌어안네.(午鷄聲不到禪林, 柏子煙中靜擁衾.)"라는 구절이 있다.

일에 연결시킨 의경은 전인에게서 볼 수 없는 새로운 것이다. 경련에서는 좀 더 생각해 보니 화낼 일이 아니라 시를 지을 만한 감이라고 여기게 되어 묘구를 얻고자 애쓰기로 했다는 뜻을 기술했다. 출구는 두보(杜甫)의 〈춘일억이백(春日憶李白)〉의 경・미련을 압축적으로 점화한 표현이고, 하구의 '춘초지당'은 남조(南朝) 송(宋)의 사영운(謝靈運)이 족제 혜련(惠連)을 꿈에서 만나 얻었다는 묘구인 '池塘生春草'를 도습(蹈襲)한 것이다. 경련을 거의 용사(用事)에 의존한 것은 일부러 묘구를 얻으려 애써도 쉬 얻지 못하여 선인들의 묘구를 빌릴 수밖에 없었다는 간접적 고백으로 이해할 수 있다. 그래서 미련에서 묘처를 얻는 수법은 남에게서 빌릴 수 없을 뿐만 아니라, 공자(孔子)가 말한 '사무사'에 이르더라도, 억지로 좋은 시를 짓겠다고 집착하는 작위성이 없어야 가능한 일이라고 깨닫게 된 기쁨을 얻기에 이르렀다는 깨달음을 토로하였다. 결국 바람직한 시의 지향(志向)인 '사무사'와 '망기', 즉 시를 잘 짓겠다는 교사한 마음을 잊는 것이 시작의 묘리라는 뜻을 말하고자 한 시로 이해할 수 있다. 〈우제이수(偶題二首)〉(권7)에서 "우연히 얻으면 참된 맛이 많지만, 깊이 생각하면 본정을 잃네.(偶得多眞趣, 沉吟失本情.)"라고 했던 체험적 시론(詩論)을 재확인할 수 있거니와, 시를 짓다가 낮닭의 울음소리 때문에 붓을 떨어뜨려 옷을 더럽힌 심상한 일에서 시작의 묘리를 얻은 시인의 예지를 발견하는 기쁨뿐만 아니라, 시작의 이치를 시작체험을 통하여 알았다고 토로한 시라는 데서 찾는 재미가 만만치 않은 시라 할 것이다.

4. 권속에 대한 애정

목은은 다작하던 시기에 흔히 〈아내의 꿈을 기록하다(紀婦夢)〉, 〈종선이 글 읽는 소리를 들으며(聞種善讀書聲)〉(이상 권22)와 같은 시를 통해 처자(妻子)에 대한 은근한 애정을 표출한 바 있는데, 이런 경향은 『석보상절(釋譜詳節)』에서 "가시며 자식이며 종이며 집ᄉᆞᄅᆞᆷ 다 권속이라 ᄒᆞᄂᆞ니라"라 한 '권속'

에 두루 미쳤다. 다음은 그런 예의 하나로 53세이던 1380년 3월에 지어진 〈경노가 오다(敬奴來)〉(권21)이다.

> 경이놈은 삼사(三舍)나 물러났다가도
> 앉아서 웃을 때에는 마치 알아보는듯하네.
> 붙잡고 세워 보니 다리 힘이 아직 약한데
> 끌어당겨 오게 하니 얼굴빛이 매우 기뻐지네.
> 잠깐 사이에 젖을 달라고 우니
> 늙고 병든 이는 장난삼아 시를 짓네.
> 뒷날에 둘째에게서 난 손자들이
> 읽어 보면 마땅히 턱뼈가 빠지리.
> 敬奴三舍也　坐笑似相知
> 扶立脚猶弱　牽來顏甚怡
> 須臾啼索乳　老病戱題詩
> 他日仲孫輩　讀之應脫頤

1380년 11월에 지어진 〈새벽에 일어나다(晨興)〉에서 "맑은 새벽에 경복(敬僕)이 밥을 달라고 칭얼거리니, 유모는 급박하여 동분서주하네.(敬僕淸晨索飯啼, 蒼黃乳母走東西.)"라 하였고, '노(奴)'와 '복(僕)'이 같은 뜻의 글자일 뿐 아니라 중자(仲子) 종학(種學; 1361~1392)의 아들들을 가리키는 '중손배'라는 말을 쓴 점으로 보아, '경노'는 종학의 둘째 아들 숙(叔畦)을 가리키는 듯하다.[3] 수련에서 할아비를 처음 볼 때에는 '삼사', 즉 90리나 물러났다고 과장할 만큼 얼굴을 가리던 손자가 조금 뒤에는 얼굴이 익다는 듯이 웃는 모습을 묘사하여 파제하고서, 함련에서는 일으켜 세우거나 끌어안아 보고서 얻은 시인의 정회로 시상을 이었다. 경련에서는 아이와 자신의 행위를 대조시킨 경물을 제시하여 이를 전환시키고 나서, 이런 시를 뒷날에 다른 손자들이 읽는

3) 1378년에 지어진 남리에 사는 경복을 불러도 오지 않다(敬僕在南里, 招之不來)〉에서도 "둘째 아들에게서 난 두 어린 손자가 남리에 사는데, 할머니는 이레 동안 생각을 그치지 않네.(仲孫二雛在南里, 祖母七日思不已.)"라고 하였다.

다면 턱뼈가 빠지도록 웃을 것이라는 소회로 마무리하였다. 모처럼 손자를 만난 기쁨에 나이를 잊은 채 그 일거일동에 따라 기뻐하거나 안타까워하는 조부의 자정(慈情), 특히 아이처럼 천진한 마음의 온기가 읽는 이마저 즐겁게 한다. 장난스레 지은 시라서 후손들이 웃으면서 읽게 하고 싶을 뿐이라고 한 본인의 말과는 달리, 범부와 다를 바 없는 노시인의 애정어린 시선에서 재미와 감동을 아울러 맛볼 수 있는 시라 할 것이다. 독자(獨子)인 데다 24세에 부친을 여윈 시인이 하나씩 늘어 성장하는 손자에게서 얻은 기쁨만으로도 만족하였던 탓에, 비유와 함축 같은 시적 장치를 버리고 평담하게 묘사·서술하는 데 그친 점도 눈여겨볼 만하다.

다음 작품도 같은 해에 지어진 〈낙엽을 쓸다(掃葉)〉(권26)이다.

> 어린 계집종이 떨어진 잎을 쓸어서
> 부서진 키에 채우네.
> 머리에 이고 부엌으로 들어가니
> 아내는 저녁밥 짓기를 재촉하네.
> '저녁밥을 짓는 것은 반드시 급한 게 아니지만
> 아침밥 짓기만은 늦어질까 두렵습니다.
> 손님이 오면 저를 오라고 하시는데
> 가지 않으면 의심을 받으니까요.
> 이른 식사 뒤에 부르시기를 기다려야 하니
> 마땅히 놀 수 있을 때에 놀겠습니다.'
> 小婢掃落葉　盛之以破箕
> 頂戴入廚去　主婦催暮炊
> 暮炊不必急　祇怕朝炊遲
> 客來要我去　不去遭猜疑
> 蓐食待招呼　行樂當及時

상평성지운(上平聲支韻)의 일운도저격(一韻到底格)이다. 시인은 〈칠월 스무날에 난산하는 하녀가 있어 적다(七月二十日, 婢有難産者, 記之)〉(권8), 〈혜민국의 여러 관리들에게 약을 달라고 하였는데, 종의 병을 위함이었다(從惠民局衆官索藥, 爲奴病也)〉(권30)와 같은 시를 통해서도 솔거노비(率居奴婢)를 권속으로 아끼는 애틋한 정을 더러 표한 바 있는데, 이 작품은 이런 시편들이 함유한 진부한 윤리의식을 멀리 벗어난 예이다.

그리 늦은 시간도 아닌 데다 저녁밥을 지을 준비로 땔감을 들여가던 중이었음에도 불구하고, 주부인 시인의 아내가 어린 하녀에게 밥을 지으라고 재촉했다가 가벼운 반발에 부딪힌 일을 흘려보지 않고 제재로 거두어들였다. 억지로 꾸미지 않고 목전에 벌어진 정경을 있는 그대로 묘사하고 나서, 하녀의 말에 의지한 소품적(小品的) 서사(敍事)를 펼쳤다. 시인은 그런 하찮은 일에서 주인과 하인의 처지의 차이를 깨닫고서 완곡하게 하녀를 편들게 되었고, 결국 이것이 시의 주지(主旨)라고 할 수 있다. 그러나 이런 심층적 의미는 언표하지 않은 채 그 표면적 언동만을 거두어들인 탓에 재미와 여운의 맛이 두드러지고, 특히 하녀를 자식과 다름없는 권속으로 포용하여 감싸는 온정적 시선이 작지 않은 감동을 불러일으킨다. 마지막 구절 "행락당급시(行樂當及時)"는 〈고시십구수(古詩十九首)〉 제15수의 "위락당급시(爲樂當及時)"를 차용한 표현이다.

5. 일상시 다작의 의의

일상성 내지 즉생활성(卽生活性)이 두드러진 목은의 시편들은 전대의 비평가·선시자(選詩者)로부터 별로 주목받지 못하였다. 서거정(徐居正)이 〈목은시정선서(牧隱詩精選序)〉에서 찬양하여 열거한 열 개가 넘는 풍격(風格)에서는 이에 대한 배려를 찾기 어렵고, 71제 76수나 선발한 『동문선(東文選)』에도 이런 시편은 거의 들어 있지 않다. 그러나 전대에 높이 평가받은 명편들과 이 글에서 감상한 작품들 가운데 어느 쪽이 더 감동을 주는가 하는 물음에는 쉽게 답하기 어려운 점이 있다. 게다가 조선 후기의 한시와 근대의 자유시에서 일상적 제재가 차지하는 비중이 현저히 높아진 현상을 감안한다면, 목은의 이러한 작품들은 이른 시기에 꿈틀거린 탈중세적 몸짓으로 볼 수도 있을 것이다.

참고문헌

徐居正 외 편, 『東文選』.
釋惠洪, 『冷齋夜話』.
李 穡, 『牧隱文藁』.
——, 『牧隱詩藁』.

박완서, 『그 많던 싱아는 누가 다 먹었을까』(웅진지식하우스, 1992).
呂運弼, 『李穡의 詩文學 硏究』(태학사, 1995).
송용준 역, 王力, 『중국시율학』 1(소명출판, 2005).

〈여운필, 『내가 좋아하는 한시』(태학사, 2013) 수록〉

목은의 〈고풍〉 연작시

1. 머리말

『목은시고』에는 17제(題) 41수(首)의 〈고풍(古風)〉 시가 수록되어 있다. 이 작품들은 모두 1377년(우왕 3) 50세 되던 겨울부터 1382년 55세 때까지 6년 사이에 제작된 것으로, 목은이 특정 시기에 집중적으로 이 시들을 제작한 데는 일정한 까닭이 있는 것으로 판단된다.

일반적으로 동양에서는 현재보다 과거, 그 중에서도 삼황오제 시기의 정치를 이상적인 상태로 여겼고, 그 시대가 지나서는 문왕(文王), 무왕(武王)과 주공(周公)이 정비한 주(周)나라의 정치와 제도를 이상으로 상정하기에 이르렀다. 그 결과 생성된 풍조가 상고(尙古)이고 법고(法古)였다고 할 수 있다. 목은이 50대 초중반의 시기에 창작한 고풍 시도 이러한 풍조에 기반을 둔 것이라고 생각할 수 있다.

그렇다면 목은의 〈고풍〉 시는 어디에 연원을 두고 제작된 것일까? 필자는 목은이 성당 시인 이백(李白)의 「고풍(古風)」 59수를 효방한 것으로 판단하고 있다.[1] 그것은 '고풍'이라는 제목이 일치하고 있을 뿐 아니라 다 같이 오언고시의 형태를 취하고 있으며, 각각의 작품이 추구하고 있는 시의식도 유사하다는 사실을 확인할 수 있기 때문이다.

이 글에서는 먼저 목은이 제작한 〈고풍〉 시의 연원을 밝히고, 다음에 고풍에 대한 인식 및 〈고풍〉 연작시의 내용을 살펴보기로 하겠다.

---

1) 이백의 「古風」 59수에 대해서는 申夏閏, 「詠懷詩 傳統 속의 李白 〈古風〉 五十九首 硏究」(『中國語文學誌』 5, 中國語文學會, 1998) 참조.

2. 〈고풍〉 연작시의 연원과 의미

여러 가지 정황으로 보아 목은의 〈고풍〉 연작시는 이백의 「고풍(古風)」 59수의 영향이 절대적이었다고 판단된다. 그 까닭은 이 두 시인의 작품 사이에 존재하는 다양한 공통점에서 찾을 수 있다.

우선 이 두 작품은 모두 오언고시 형식을 취하고 있는데, 길이에는 제한이 없이 자유로운 형식을 취하고 있다. 양자 모두 하은주(夏殷周) 삼대의 제도와 풍속에 대한 그리움을 깔고 있고, 또 삼대의 제도와 풍상(風尙)을 지향하는 정조를 바탕에 깔고 있다. 어떤 작품은 이백의 〈고풍〉에서 직접 영향을 받은 것이 드러나고 있다.

> 「대아(大雅)」[2)]는 얼마나 넓은가?
> 「왕풍(王風)」[3)]은 참으로 크네.
> 뜬 구름이 변방 모퉁이에서 일어나는데
> 오랜 달은 여전히 둥그네.
> 슬프게도 난봉(鸞鳳)은 날아가 버리고
> 탱자나무와 가시나무가 떨기 풀에 이어졌네.
> 주공(周公)과 공자(孔子)가 세상에 나오지 않으니
> 어지럽게 이단(異端)이 많아졌네.
> 대의(大義)가 날로 어두워지고
> 서리와 눈은 의관(衣冠)을 적시네.
> 나의 뼈에는 또 병이 많아서
> 날이 흐리면 더욱 쑤시고 시리네.
> 大雅何寥闊　王風政漫瀾
> 浮雲興塞隅　古月仍團團

---

2) 「大雅」는 『詩經』의 風·雅·頌 중 正樂인 雅의 일부분으로 대부분 西周 왕실과 귀족의 연회음악이며 32편으로 이루어져 있다.

3) 「王風」은 『詩經』 「國風」의 하나로, 周나라가 도읍을 鎬에서 洛邑[洛陽]으로 옮긴 뒤에 낙읍에서 채록된 노래들이다.

哀哉鸞鳳翔　枳棘連榛菅
周孔不世出　雜然多異端
大義日以晦　霜雪沾衣冠
我骨又多病　天陰彌辛酸4)

이 시는 이단(異端)의 흥기(興起)에 대한 반응을 노래하고 있다. 역사적으로 보아 넓은 「대아」와 큰 「왕풍」의 유산이 사라지고 난 다음에 그것을 가리는 뜬 구름이 변방에서 일어나지만 오랜 달은 여전히 둥글다고 하여 과거 유산의 지속과 변화가 공존함을 말하고 있다. 그러나 난봉(鸞鳳)은 날아가 버리고 탱자나무와 가시나무가 떨기 풀에 이어지는 상황이 벌어지고, 주공과 공자 같은 성인이 세상에 나오지 않으니 이단이 많아지고, 대의는 어두워져서 서리와 눈이 의관을 적시고 있는 상황임을 적시하고 있다. 문화적 상황이 이러한데도 정작 전통을 계승하는 주역을 감당해야 할 목은 자신은 날이 흐리면 온몸이 쑤시고 시린 병든 상태임을 드러냄으로써 그 일을 진행하기가 쉽지 않음을 보여주고 있다.

그런데 이 작품은 이백의 「고풍」 첫째 수와 매우 유사한 모습을 보여주고 있어서, 목은의 작품이 이백의 「고풍」을 염두에 두고 제작되었음을 짐작케 한다.

「대아(大雅)」가 오래 지어지지 않고
내가 노쇠하였거늘 마침내 누구에게 말하랴?
「왕풍(王風)」이 넝쿨 숲에 버려진 뒤
전국시대(戰國時代)에는 가시덤불이 많았네.
용과 호랑이가 서로 잡아먹듯이
전쟁 속에 광폭한 진(秦)나라에 이르렀네.
바른 노래는 얼마나 아득해졌는가?

---

4) 06-15-017 고풍. 3수(古風三首), 제1수. * 앞으로 목은 〈고풍〉의 인용은 이와 같은 방식으로 표기하기로 하겠다. '06-15-017'은 '여운필 · 성범중 · 최재남, 『역주 목은시고』 6, 권15의 17째 작품'임을 나타낸다. (이하 같음.)

슬픔과 원망의 소리가 시인 굴원(屈原)에 의해 일어났네.
양웅(揚雄)과 사마상여(司馬相如)가 쇠퇴한 물결을 일으켜서
물길을 열어 끝없는 곳으로 흐르게 하였네.
피폐와 흥성이 비록 만 번이나 바뀌어서
전범(典範)은 이미 사라져버렸네.
건안(建安) 이후부터는
기려(綺麗)하지만 진귀하지 못하였네.
성대(聖代)에 상고(上古)의 기풍을 회복하여
옷을 드리우고 맑고 참됨을 귀하게 여겼네.
여러 인재가 아름답고 밝은 시대에 속하여
시운(時運)을 타고 함께 물고기처럼 뛰었네.
문채와 바탕이 서로 빛나서
뭇 별들이 가을 하늘에 늘어서 있는 듯하네.
나의 뜻은 산정(刪定)하고 진술(陳述)에 있으니
빛을 드리워 천년 동안 비추리라.
바라건대 성인(聖人)처럼 입언(立言)하여
기린을 잡는 데서 절필(絶筆)하고 싶네.
大雅久不作　吾衰竟誰陳
王風委蔓草　戰國多荊榛
龍虎相啖食　兵戈逮狂秦
正聲何微茫　哀怨起騷人
揚馬激頹波　開流蕩無垠
廢興雖萬變　憲章亦已淪
自從建安來　綺麗不足珍
聖代復元古　垂衣貴淸眞
群才屬休明　乘運共躍鱗
文質相炳煥　衆星羅秋旻
我志在刪述　垂輝映千春
希聖如有立　絶筆于獲麟[5]

5) 李白,〈古風〉其一,『李白詩全集』권1,「古風」五十九首.

이 시는 이백의 〈고풍〉 59수의 첫째 작품이다. 이백은 이 시에서 『시경』의 「대아」와 「왕풍」의 전통이 끊어지고 시대에 따라 많은 변화가 일어났으며, 당대(唐代)에 들어서 훌륭한 시인이 뭇 별처럼 출현하여 빛나는 상황임을 말하고 있다. 그러면서 자기의 과업은 산정(刪定)과 진술(陳述)을 통하여 후대에 그 광휘를 전하고, 공자처럼 획린(獲麟)에서 절필하고 싶다는 바람을 제시하고 있다.

이백의 이 시는 현재를 바라보는 시각이 매우 긍정적이며 희망적인 데 비하여, 목은은 자기 시대의 문화적 상황을 매우 부정적이고 비관적으로 전망하고 있음을 보여주고 있다. 이것은 목은이 처한 상황이 중국의 원명 교체기에다, 자기가 그처럼 믿고 따르던 공민왕이 사망하고 난 뒤에 어린 우왕(禑王)을 보좌하여 문풍(文風)을 일으키는 일이 결코 녹록치 않은 과제임을 인식하고 있었기 때문이라고 하겠다.

3. 목은의 고풍 인식과 〈고풍〉 연작시

『목은시고』에 남아 있는 〈고풍〉 시는 제작 시기가 1377년(우왕 3) 그의 나이 50세이던 겨울부터 1382년(우왕 8) 그의 나이 55세 때까지로 한정되어 있다. 이 시기는 목은의 삶에서 나름의 전환기를 맞은 것으로 보이는데, 그는 자기가 온 힘을 다해 보좌하던 공민왕(恭愍王)이 시해되고 그 아들 우왕(禑王)이 어린 나이로 즉위한 뒤에 부딪친 국정의 난맥상을 보면서 그 타개책을 역사적 사례를 통해 모색하려 한 것으로 보인다. 이런 정황은 목은의 연보에서도 알 수 있는데, 그가 〈고풍〉 연작시 제작 무렵의 연보를 제시하면 대략 다음과 같다.

홍무 8년 을묘 우왕 원년(1375) [48세] : 8월에 추충보절동덕찬화공신[6] 삼중대광 한산군 영예문춘추관사 겸 성균관대사성으로 승진하다.(洪武八年乙卯八月 進

封推忠保節同德贊化功臣三重大匡韓山君領藝文春秋館事兼成均大司成)

우왕 4년 무오 [51세] : 서연(書筵)을 맡아 진강(進講)하다.[7]『목은시고』 권22 〈兩朝文學歌幷序〉)

홍무 12년 기미 우왕 5년(1379) [52세] : 10월에 중대광 정당문학[8] 우문관대제학 영예문춘추관사 겸 성균관대사성 상호군을 배수하다. 공신호는 전과 같다.(洪武十二年己未 十月 拜重大匡政堂文學右文館大提學領藝文春秋館事兼成均大司成上護軍 功臣號如故)

홍무 14년 신유 우왕 7년(1381) [54세] : 9월에 삼중대광 영예문춘추관사 한산군을 배수하다. 공신호는 전과 같다.(洪武十四年辛酉 九月 拜三重大匡領藝文春秋館事韓山君 功臣號如故)

홍무 15년 임술 우왕 8년(1382) [55세] : 11월에 삼중대광 판삼사사(종1품) 영예문춘추관사 상호군을 배수하다.[9] 공신호는 전과 같다.(洪武十五年壬戌十一月 拜三重大匡判三司事領藝文春秋館事上護軍 功臣號如故)[10]

여기에서 보듯이 목은이 〈고풍〉 연작시를 제작한 시기는 공민왕의 시해 뒤 3, 4년이 경과한 때로서 개인적으로 심란한 기간이었을 것이다. 품계와 관직은 삼중대광으로 우문관대제학 및 영예문춘추관사를 맡고 성균관대사성으로 문한과 역사를 관장하는 최고의 지위에 있었다. 또 새로 즉위한 우왕과는 지근의 거리에 있으면서 서연(書筵)을 맡아 그를 지도하던 시기와 대략 겹치고 있다. 한편 이 시기에는 방방곡곡에서 왜구로 인한 백성의 생명과 재산 피해

---

6) 「列傳」에서는 우왕 3년에 이런 功臣號를 더하고 왕의 師傅로 삼았다고 하였다.

7) 〈兩朝文學歌〉의 序에서 "至戊午 始得上馬召 入內侍講書筵"이라 하였고, 『목은시고』 권16~17에는 우왕 5년 여름의 書筵進講과 관련된 시 10여 제가 실려 있다.

8) 『목은시고』 권20의 詩題 〈江南進獻使李宰相加官 故有宰批 穡與韓簽書以玄陵碑故 皆復舊職明當謝恩 有感發詠〉으로 보아 공민왕릉의 비문 때문에 제수된 듯하다.

9) 禑王 8년 9월부터 9년 2월까지 왕이 南京行宮에 移御하였는데(『고려사』 권134), 처음에는 관직이 없어 호종하지 않았다가(〈伏聞來日駕幸南京 臣穡無官守 未由扈從之列 悵然吟成一首〉, 『목은시고』 권33), 10월에 남경에 도착하여(〈到得務浦下岸 宿南京東村往尋民舍 明日詣行宮肅拜 歸途有詠 十月十二日也〉, 권33) 이 관직을 제수받았다. 그러나 〈乞退書〉(『목은문고』 권11) 및 「열전」에 의하면 병으로 곧 사직하였다.

10) 여운필·성범중·최재남, 『역주목은시고』 1, 68~69면.

가 속출하고 최영과 이성계 등의 무장이 전공을 세워서 그들의 입지를 공고히 하고 있었다.

그러다가 그의 신변에 큰 변화를 나타나는 것은 우왕 11년(1385)[58세] 9월에 "판삼사가 되어 명사(明使)를 맞이하고[11](『고려사』 「열전」), 명 태조에게 올리는 〈수명지송(受命之頌)〉을 지었다(〈受命之頌〉, 『목은문고』 권11)라는 내용과 10월에 병으로 관직을 사퇴하였다.(〈乞退書〉, 『목은문고』 권11)라는 내용이 나타남으로써 결국 그가 원명교체기에 명과의 외교적 관계 개선을 위한 길로 접어들고 마침내 관직을 사퇴하는 지경에 이름을 알 수 있다.[12]

그렇다면 목은은 어떤 생각에서 〈고풍〉 시를 다수 창작하게 되었을까? 여러 요인이 있겠으나 그 시발은 자기가 처한 시대 상황에 기인한다고 봄이 타당할 것이다. 자기의 진면목을 알아준다고 여기던 공민왕의 급서 이후 목은은 후계자인 우왕을 받들어 선왕의 치세를 지속하고자 했을 것이다. 그래서 중국의 역사를 돌이켜보면서 과거의 이상적 인물과 제도의 장점과 타당성을 본받고자 했다고 하겠다.

*『목은시고』 수록 〈고풍〉 연작시의 현황

일련번호	수수(首數)	제작년도	비 고
1	3	1377년(우왕 3), 목은 50세	1제 3수
2	5	1378년(우왕 4), 목은 51세	4제 9수
3	1		
4	1		
5	2		
6	3	1379년(우왕 5), 목은 52세	8제 19수
7	3		
8	3		
9	3		

11) 禑王의 冊封誥命을 가져왔던 國子學錄 張溥, 國子典簿 周倬이 국경에 이르러 목은의 안부를 물었기 때문에 이런 조치를 취하였다고 하였다. 『고려사』에는 이들이 8월에 이른 것으로 기술되어 있다. 한편, 목은·포은·삼봉·도은·양촌 등이 모두 이들과 창화한 바 있으며, 周倬은 『陶隱集』의 서, 張溥는 발을 짓기도 하였다.

12) 여운필·성범중·최재남, 앞의 책, 70면.

10	3		
11	1		
12	3		
13	3	1380년(우왕 6), 목은 53세	2제 7수
14	3		
15	1		
16	2	1381년(우왕 7), 목은 54세	1제 2수
17	1	1382년(우왕 8), 목은 55세	1제 1수
소계	41		

그러면 목은은 고풍을 어떻게 생각하고 있었을까? 여기에 대한 단서는 그가 〈고풍〉 연작시를 제작 중이던 1380년(우왕 6년), 목은 53세 때 지은 〈나는 장차(我將)〉(3수)에서 시에서 찾을 수 있다.

> 나는 장차 고풍(古風)을 좇으려고
> 주(周)나라 초기에 대하여 깊이 생각하네.
> 빈(豳)[13]에서는 뽕나무가 농원(農園)에 섞여 있었는데
> 충성과 친애가 얼마나 여유로웠던가? (하략)
> 我將追古風 潛心向周初 豳桑雜農圃 忠愛何有餘[14]
>
> 고풍이 이미 일어나지 않으니
> 나는 장차 어디로 돌아가랴?
> 「주남(周南)」[15]은 문왕(文王)의 교화인데
> 칡넝쿨 위로 꾀꼬리가 날았다네.
> 그 근원은 빈(豳)에서 나오고
> 낙양(洛陽)에 도읍을 정하니 다 경기(京畿)가 되었네.
> 주공(周公)[16]께서 예악을 제정하셨는데

13) 豳은 陝西省 서북쪽에 있는 周의 發祥地이다.
14) 08-23-117 나는 장차(我將)(3수), 제1수.
15) 「周南」은 『詩經』 「國風」의 맨 앞에 있는 篇名이다.
16) 周公은 周 武王의 아우로 성은 姬, 이름은 旦이다. 武王을 도와 殷을 멸망시켰고, 어린 조카 成王이 즉위하자 攝政으로 武康 등의 반란을 평정하였으며, 나라의 典章과 제도를 정하여 잘 다스려지게 하였다.

후대의 왕들에게는 드문 일이라네.
노(魯)나라로 돌아옴[17]이 또한 오래 되었지만
우리 도는 어찌하여 그릇되어 갔는가?
古風已不作　我將安所歸
周南文王化　葛覃黃鳥飛
其源出于豳　卜洛皆京畿
周公制禮樂　後王之所希
返魯亦久矣　吾道何其非[18]

나는 장차 동해(東海)에 몸을 던지려[19] 하는데
하늘을 두려워하면 이 도가 없어지지 않으리.[20]
나는 장차 조정으로 달려가려 하지만
임금을 바로잡을 수 있는 방법이 없네. (하략)
我將蹈東海　畏天未喪文
我將趍中朝　無術可格君[21]

이 시를 통하여 보면 목은은 자기가 처한 상황을 극복하지 못하는 자신에 대해 심각한 고민을 한 것으로 보인다. 첫째 수에서 목은은 고풍을 좇으려고 주(周)나라 초기의 정치와 제도를 노래한 「빈풍(豳風)」에서 여유로운 충성과 친애를 느낌을 말하고 있고, 둘째 수에서는 문왕(文王)의 교화를 노래한 「주

17) 返魯는 孔子가 魯나라로 돌아온 것으로, 공자가 『論語』 「子罕」에서 "내가 위나라에서 돌아온 다음에야 음악이 바르게 되어, 아와 송이 각각 제자리를 얻었다.(吾自衛反魯 樂正 雅頌各得其所)"라고 한 글에서 유래한다.
18) 08-23-117 나는 장차(我將)(3수), 제2수.
19) 蹈海는 『史記』 〈魯仲連傳〉에 나오는 말로, 衛나라의 新垣衍이 秦을 받들어 帝稱하려 하니 戰國시대 齊나라의 義士인 魯仲連이 분개하여 동해에 몸을 던져 죽으려 한 일을 가리킨다.
20) '畏天未喪文'은 孔子가 匡에서 橫暴를 부린 陽虎로 오인받아 어려움에 처했을 때에, "문왕이 이미 돌아가셨으나 글이 여기에 있지 않느냐? 하늘이 장차 이 도를 망칠 작정이면, 뒤에 죽을 사람이 이 도에 참여하지 못하겠지만, 하늘이 이 도를 망치려 하지 않으시니, 匡人이 나를 어찌하겠는가?(文王旣沒 文不在玆乎 天之將喪斯文也 後死者不得與於斯文也 天之未喪斯文也 匡人其如予何)"라고 한 『論語』 「子罕」의 글을 변용한 것이다.
21) 08-23-117 나는 장차(我將)(3수), 제3수.

남(周南)」이 전승되고 있을 뿐 아니라, 노(魯)나라에는 주공(周公)의 예악을 계승한 공자가 있었음에도 불구하고 유학이 그릇되어 갔음을 탄식하고 있다. 마지막 수에서 목은은 불의에 대항하여 동해에 빠져 죽으려 한 노중련(魯仲連)과 도(道)의 전승을 확신한 공자의 사례를 거울삼아 조정으로 달려가려 하지만 임금을 바로잡을 방법이 없음을 탄식하고 있다.

목은은 불확실한 미래에 대비하기 위해 과거의 역사와 인물을 통한 교훈 중에서 자기가 숭상하여 따르고 싶은 상태를 고풍으로 설정하여 따르고자 하였던 것이다.

4. 〈고풍〉 연작시의 주요 내용

목은의 〈고풍〉 연작시는 17제 41수에 이르는 만큼 그 내용을 한 마디로 규정하기 어렵다. 그러나 그 지향은 한 가지라고 할 수 있으니, 곧 역사와 성현의 언행을 바탕으로 현실 문제의 해결책을 찾아보려는 것이었다. 이 작품 중에는 다양한 고사(故事)와 고전(古典)이 동원되고 있는 만큼 그것에 대한 이해가 선행되어야 본의를 파악할 수 있다.

1) 새 국왕에 대한 기대와 희망

먼저 살펴볼 것은 새로 등극한 우왕에 대한 목은의 기대와 관심, 그에 대한 교육 등의 포부를 드러낸 것이다.

> (전략) 주공(周公)은 문왕(文王)을 스승으로 삼았으니
> 어찌 공명의(公明儀[22])를 속였으랴?

22) 公明儀는 春秋時代 魯 南武城人으로 子張의 문인인데, 『孟子』「滕文公 上」에서는 "公明儀曰 文王我師也 周公豈欺我哉"라고 하였다.

재삼 생각하며 앉아 새벽을 기다렸으니
예악이 한 시절에 성하였네.
어찌하여 천년 뒤에도
아직 〈치효(鴟鴞)〉 시를 읊는가?
이에 알겠노라, 군자의 마음이
험을 만나도 평온함을 만난 듯하였음을.
周公師文王　豈欺公明儀
思三坐待旦　禮樂盛一時
如何千載下　尙詠鴟鴞詩
乃知君子心　遇險如遇夷[23)]

이 시는 1377년(우왕 3), 목은 50세 때인 겨울에 지은 작품으로 그가 지은 최초의 〈고풍〉이다. 목은은 주공(周公)이 아버지 문왕(文王)을 스승으로 삼아 주나라의 제도를 정비한 고사를 되새기면서 그 시대에 흥성하였던 예악(禮樂)을 부러워하는 모습을 보이면서, 천년이 지난 지금도 〈치효(鴟鴞)〉 시를 읊어야 하는 상황임을 탄식하고 있다. 〈치효〉는 『시경』 「빈풍(豳風)」의 첫머리에 수록된 작품으로 주공이 자기의 뜻을 알아주지 않는 조카 성왕(成王)에게 보낸 것으로 전해지기 때문이다. 곧 목은은 주공처럼 어린 왕을 도와서 국가의 기틀을 이루고 싶은 자기의 참뜻을 알아주지 않는 어린 우왕에 대한 안타까운 마음을 드러내고 있다. 그래서 목은은 이런 상황을 군자의 마음이란 험(險)을 만나도 오히려 평온함을 만난 듯이 하여야 함을 깨닫는다고 하고 있다. 이어진 작품을 보자.

높은 소나무가 푸른 하늘에 솟았는데
'너는 어느 해에 태어났는가?'라고 묻노라.
산신령이 옆에서 대답하기를
'아마 나보다 먼저 태어났으리.

---

23) 03-06-113 고풍. 3수(古風三首), 제1수.

내가 태어날 때에 이미 형체가 갖추어졌지만
뿌리가 맺힘은 나의 어깨에 달렸지.
뭇 초목이 저절로 번성하고 시들어도
색깔이 변하지 않았네.'라 하네.
식물도 이와 같으니
군자는 마땅히 노력해야 하리.
長松參靑天　問渠生何年
山靈從旁對　恐是在我前
我生形旣具　結根在我肩
衆卉自榮悴　顔色無變遷
植物亦如此　君子當勉旃[24]

먼저 소나무와 산신령의 우의(寓意)를 제시하고 있다. 소나무가 산신령보다 먼저 태어났지만 그 뿌리가 온전하게 자리 잡아 성장하는 데는 산신령의 도움이 있음으로써, 절로 번성하다가 시드는 뭇 초목과는 달리 변하지 않는 늘 푸른 나무로 성장할 수 있다는 것이다. 식물도 이와 같거늘 하물며 왕권이야 어떻겠느냐는 것이다. 기왕에 존속되어 온 왕권이고 덕화(德化)이지만 그것이 앞으로 지속하기 위해서는 학식과 도덕을 갖춘 신하의 도움이 있어야 한다는 당위성을 표현하고 있다. 목은은 이 시를 통하여 어린 우왕에게 맞는 제왕학 교육을 통하여 그를 성군으로 성장시키려는 뜻이 있음을 드러내고 있다.

(전략) 누구인가? 천 년 뒤에
다시 〈권아(卷阿)〉[25]시를 짓는 이는.
誰與千載下　更賦卷阿詩[26]

미옥(美玉)은 다듬지 않는 것이 마땅하고

24) 03-06-113 고풍. 3수(古風三首), 제2수.
25) 〈卷阿〉는 『詩經』 「大雅」의 篇名으로 宮外에서 잔치하는 왕을 칭송한 노래이다.
26) 06-17-058 고풍(古風)(3수), 제1수.

지극히 존경하는 것에는 꾸미지 않은 것이 마땅하네.
이륜(彝倫)에는 본래 차례가 있고
강기(綱紀)는 명철한 군주에게서 말미암네.
솔개가 날고 물고기가 뛰는데
인재 양성을 어찌 다시 말하랴?
미루어 행하면 곧 먼 곳에 이르고
상서(庠序)[27]에서 삼분오전(三墳五典)[28]을 토론하네.
천 년이 하루와 같아
나로 하여금 방훈(放勳)[29]을 생각하게 하네.
美玉當不琢　至敬當無文
彝倫自有序　綱紀由明君
鳶飛與魚躍　作人何更云
推行迺及遠　庠序討典墳
千秋如一日　使我思放勳[30]

(전략) 근본을 힘씀은 농사에 있으니
임금과 신하가 함께 밭을 가네.
이 뜻이 마침내 옳지 않다고 하셨으니[31]
성현의 계책이 매우 분명하네. (후략)

---

27) 庠序는 학교를 말한다.

28) 典墳은 三墳五典의 준말이다. 三墳과 五典은 三皇五帝의 書로서 聖賢이 저술한 책을 뜻한다. 이것들은 모두 옛 책의 이름인데, 뜻이 바뀌어 古書, 또는 古典의 뜻으로 쓰인다. 三墳五典이라는 말은『春秋左傳』昭公 12년 條의 기록에, 영왕이 子革을 평한 말 가운데, “저 사람은 훌륭한 史官. 자네는 잘 봐주게. 그는 三墳·五典·八索·九丘를 모두 읽을 수 있네.”라고 한 대목에서 유래한다.

29) 放勳(勛)은 堯의 이름이다.

30) 06-17-058 고풍(古風)(3수), 제2수.

31) 이 구절은『孟子』「滕文公 上」에서 許行의 학설을 따르는 陳相의 並耕을 비판하면서 마음을 쓰는 사람과 힘을 쓰는 사람은 하는 일이 달라야 한다고 한 내용을 가리키는데, 孟子는 “마음을 쓰는 사람은 남을 다스리고, 힘을 쓰는 사람은 다른 사람에게 다스림을 받는다. 다른 사람에게서 다스림을 받는 사람은 다른 사람을 먹여 살리고, 다른 사람을 다스리는 사람은 다른 사람에게서 부양을 받게 되는 것이 천하의 통행되는 원칙이다.(勞心者治人 勞力者治於人 治於人者食人 治人者食於人 天下之通義也)”라고 했다.

務本在農畝　君臣將並耕
此義竟不可　聖賢謨甚明[32)]

이 작품은 1379년(우왕 5), 목은 52세 때에 제작된 것으로 국왕에 대한 기대감의 변화를 읽을 수 있다. 제1수는 왕의 덕을 찬미하고 있고, 제2수는 훌륭한 왕에 대한 기대와 희망을 드러내고 있으며, 제3수는 왕과 신하가 불가분의 관계에 있음을 밝히고 있다.

이때는 목은이 왕의 사부로서 서연(書筵) 교육을 담당하던 시기였다. 이 해 5월부터 8월까지 서연에서 『논어』「태백」 편을 진강하면서 다룬 내용과 관련한 작품이 『목은시고』에 수록되어 있다.[33)] 이런 과정을 거치면서 목은은 임금에 대한 기대와 성군이 되리라는 희망을 버리지 않고 있음을 알 수 있다.

바람은 반드시 범을 따르고
구름은 반드시 용을 따르네.
만물이 함께 보게 되니
성인은 그것 때문에 으뜸이 되네.
모든 선(善)은 순일(純一)한 데에서 화합하고
모든 물은 동쪽으로 흐르네.
이치와 형세가 절로 그렇게 만든 것이니
찬란함은 고금이 마찬가지이네.
有風必從虎　有雲必從龍
萬物所共覩　聖人爲之宗
衆善恊于一　衆水流于東
理勢所自然　粲爛今古同[34)]

---

32) 06-17-058 고풍(古風)(3수), 제3수.
33) 성범중, 「목은 이색의 書筵 進講詩 연구」(『석당논총』 50집, 동아대학교 석당학술원, 2011. 07.31) 참조.
34) 08-22-059 고풍(古風)(3수), 제1수.

이 시는 1380년(우왕 6), 목은 53세 때의 작품이다. 첫째 수는 훌륭한 임금과 함께 태평성세를 이루고자 하는 희망과 꿈을 드러내고 있다. 『주역』「건괘(乾卦)」 '문언(文言)'의 "같은 소리는 서로 응하고 같은 기운은 서로 구하니, 물은 습한 곳으로 흐르고 불은 건조한 곳으로 나아간다. 구름은 용을 따르고 바람은 범을 따르니, 성인이 일어나면 만물이 본다.(同聲相應 同氣相求 水流濕 火就燥 雲從龍 風從虎 聖人作 而萬物覩)"라는 대목을 변용하여, 성군(聖君)이 출현하면 반드시 현신(賢臣)이 나와 함께 훌륭한 정사를 펴게 됨을 말하고 있다. 목은은 바로 이 시기가 군왕과 현신이 함께할 시기이고, 그 신하의 역할을 자신이 맡을 수 있을 것으로 여기고 있다.

그러나 어린 국왕을 도와 새 정치를 펼치는 데는 많은 장애물이 있을 수밖에 없었다. 1381년(우왕 7), 목은 54세 때에 지은 다음 시는 그런 걱정스러운 마음을 표현하고 있다.

> 봉황(鳳凰)이 서로 좇으며 날 때에
> 높은 언덕에는 아침 해가 비추었다네.
> 한 번 울면 또 한 번 화답하였다고 하는데
> 쓸쓸하게도 아는 이가 드무네.
> 오동나무에서는 꽃이 이미 떨어지고
> 함초롬한 이슬도 말라 버렸네.
> 〈권아(卷阿)〉[35]에 남아 있는 노래가 있으니
> 천년이 지나도 아직 아련하네.
> 뜻은 있어도 이을 수 없으니
> 나는 장차 누구와 함께 돌아가리요?
> 鳳凰相追飛　高岡被朝暉
> 一鳴復一和　寥寥知者稀
> 梧桐花已落　湛露亦云晞

35) 〈卷阿〉는 『詩經』「大雅」의 篇名이다. 召康公이 成王을 훈계한 시로 求賢하여 훌륭한 선비를 쓸 것을 요망한 것이다.

卷阿有遺音　千載猶依依
有志不得繼　吾將誰與歸[36)]

이 시에서 목은은 『시경』「대아」〈권아〉의 뜻을 이은 현신의 역할을 기대하고 있으나 천년이 지난 지금까지 그것을 실현할 여건은 제대로 갖추지 못하고 있음을 드러내고 있다. 뜻은 있지만 그것을 계승할 방법이 없으니 장차 어떻게 하여야 할지 모르겠다는 실망감을 보여주고 있다. 이어진 작품은 다음과 같다.

주공(周公)이 소공(召公)을 머물게 하셨기에
충성과 의리가 이제까지 보존된다네.
'소자(小子)는 왕위에 오르지 않음과 같소.'[37)]라고 하였는데
이 말을 토해내는 것이 괴로웠으리.
'나는 봉황의 울음소리를 듣지 못한다.'[38)]라고 하며
이끌어 달래심이 참으로 지극한 논설이었네.
이에 알겠노라, 주공과 소공의 마음이
그 근원을 사령(四靈)과 함께 하고 있었음을.
그래서 우리 부자(夫子)께서는
크게 탄식하며 저절로 존귀한 분을 슬퍼하셨네.
周公留召公　忠義至今存
小子同未位　苦哉吐此言
鳴鳥我不聞　引誘誠至論
乃知周召心　四靈同其源

---

36) 10-28-058 고풍. 2수(古風二首), 제1수.
37) 小子同未位는 어린 임금인 周 成王이 즉위하였지만 아무런 역할을 하지 못하고 있어서 왕위에 오르지 않은 것과 같으므로, 叔輩인 周公과 召公이 합심하여 국정을 보좌해야 한다는 의미를 담고 있는 말인데, 『書經』「君奭」의 "小子同未在位"라는 말을 축약한 것이다.
38) 鳴鳥我不聞은 周公이 召公을 설득하면서 자기는 聖賢이 아니기 때문에 봉황의 울음소리를 듣지 못한다고 한 말로서, 그렇기 때문에 자기보다 현명한 召公이 조정에 남아서 成王을 도와야 한다고 설득한 것인데, 『書經』「君奭」의 '我則鳴鳥不聞'이라는 말을 축약한 것이다.

所以我夫子　浩嘆悲自尊[39)]

이 시는 주(周)나라 초기에 어린 조카 성왕(成王)을 도우려 애쓴 숙부 주공(周公)과 소공(召公)의 충성심과, 두 숙부의 충언을 사심 없이 받아들인 성왕의 관계를 제시하고 있다. 이렇게 함으로써 목은도 어린 우왕에게 훌륭한 조언자로 활약하고 싶은 뜻을 은연중에 드러내고 있는 것이다.

2) 현실인식과 미래 전망

목은은 우선 고려 왕조의 건국과 지속이 천명에 의해 굳건함을 믿어 의심치 않았다. 그의 확고한 믿음은 1378년(우왕 4), 목은 51세 때에 지은 작품에서 분명히 드러나고 있다.

포희(庖犧, 복희씨)는 지리를 살피고
선성(宣聖, 공자)은 『주역(周易)』의 말을 풀이하였네.
동북쪽의 산이 대지에 가득하여
동쪽으로 달려 고려(高麗)를 이루었네.
광대(廣大)한 이천 리에
종묘사직의 기반이 무궁하네.
하늘이 태조(太祖)를 낳으시니
밀봉한 글[40)]이 나오던 때였네.

---

39) 10-28-058 고풍. 2수(古風二首), 제2수.

40) 密封書는 祖師 道詵이 태조 王建의 부친인 世祖[龍建, 또는 隆]에게 건네준 封書를 가리키는데, 『高麗史』「世系」에 나온다. 도선이 세조와 함께 鵠嶺에 올라가 산수의 맥을 추려 보며, 위로는 天文을 보고 아래로는 時數를 살펴 말하기를, "이 地脈이 壬方의 백두산의 水母木幹으로부터 와서 馬頭明堂에 떨어졌는데 그대는 또한 水命이니까 마땅히 水의 大數를 알아 六六으로 지어 三十六區로 하면 천지의 大數에 부응하여 明年에는 반드시 聖子를 낳을 것이니 마땅히 王建이라고 이름하라." 하면서 實封을 만들어 그 겉에 쓰기를, '삼가 글월을 받들어 百拜하고 미래에 三韓을 통합할 임금이신 大原君子 足下께 올리나이다.'라고 하였다고 한다.

만대(萬代)에도 반드시 끊어지지 않을 것이니
명백한 증거가 여기에 있네.
庖犧察地理　宣聖繫易辭
艮山滿坤地　東走成高麗
磅礴二千里　宗祉無窮基
上天生大祖　密封書出時
萬代必不絶　明徵乃在玆
司天衆君子　博考仍覃思
精微可到底　幸有猊禪師 (하략)[41)]

이 시에서 목은은 복희씨가 만들고 공자가 풀이한 주역의 원리에 기초해 보면 고려는 그 무궁한 기반이 확실히 갖춘 나라임이 분명하다는 결론을 내리고 있다. 게다가 태조 왕건의 출현과 관련한 밀봉서(密封書)까지 동원하여 그 명운이 만대에까지 미칠 것이란 것을 확고히 하고 있다. 이런 고려 왕조이므로 비록 나이 어린 신왕이 등극하였더라도 앞으로 장구히 발전하리라는 것을 확신하고 있다. 그러나 새 국왕의 즉위에 따른 혼란과 난맥상 등의 세세한 정황에 대해서는 나름의 비판을 가하고 있다.

그윽한 거처에 해가 아직 지지 않는데
허물어진 집에서도 노래를 들었네.
그대는 보았는가? 옛날의 선비가
야광주를 보고 칼을 어루만진 것을.
스스로 진중하게 하는 것이 귀한 까닭에
흰 망아지가 나의 마당에서 풀을 뜯네.
고풍(古風)이 또한 멀리 있다고 하나
노래를 이으면서 당요(唐堯)와 우순(虞舜)을 생각하네.
깊은 근심이 사람을 늙게 만드는데
소나무와 잣나무가 높은 언덕에 있네.

---

41) 04-10-028 고풍. 1수(古風一首).

處幽日未暮　居蔽聞乃章
君看古來士　按劍投夜光
所以貴自重　白駒食我場
古風亦云遠　賡歌想虞唐
沉憂令人老　松栢在高岡[42)]

이 시는 1378년(우왕 4), 목은 51세 때의 작품이다. 새 국왕이 즉위한 지 다섯 해가 되었으나 여전히 혼란과 소요가 존재하는 것은 확고한 통치제제의 정비가 이루어지지 않은 것이고, 이것은 주인 없는 재물과 권력 때문이라는 논리를 내세우고 있다. 여기에 동원된 것이 이른바 야광주(夜光珠) 고사이다. 『사기』 〈노중련추양열전(魯仲連鄒陽列傳)〉에 한나라 때 추양(鄒陽)이 옥중에서 양왕(梁王)에게 억울함을 소명하기 위해 쓴 글 〈옥중상서자명(獄中上書自明)〉에 있는 "명월주나 야광벽을 몰래 길 가는 사람 앞에 던질 경우, 칼을 어루만지며 노려보지 않을 사람이 없는 것은 무슨 까닭인가? 그것은 아무런 이유 없이 (보배가) 앞에 이르렀기 때문이다.(明月之珠 夜光之璧 以闇投人於道路 人無不按劍相眄者 何則 無因而至前也)"라는 대목을 인용하여 자기의 논리를 전개하고 있다. 목은은 이런 혼란과 난맥상이 어느 정도 시간이 지나면 정리될 것이라는 긍정적 전망을 바탕에 깔고 있다.

옛 사람은 되살아날 수 없으니
이제는 국풍(國風)이 아득하다네.
공자(孔子)는 한결같이 불우하고
일흔 제자는 어질기만 하였네.
제(齊)나라와 노(魯)나라[43)]는 도(道)에서 멀고
교외의 빈터에는 연기가 쓸쓸하네.

---

42) 03-07-118 고풍. 5수(古風五首), 제1수.

43) 齊魯는 齊나라와 魯나라를 가리키는데, 『論語』 「雍也」에 나오는 "齊나라의 습속이 한 번 변하면 魯나라에 이를 것이요, 魯나라의 습속이 한 번 변하면 道에 이를 것이다.(子曰 齊一變 至於魯 魯一變 至於道)"라고 한 孔子의 말에서 유래한 말이다.

이미 천년이 지났는데도
해와 달처럼 하늘에서 빛난다네.
아, 나의 마음속의 벗들이
영원히 전해지기를 바라네.
사람의 삶에는 본래 운수가 있으니
도의에 얽매이지는 않는다네.
다만 내가 힘쓰기만 한다면
반드시 이치가 일상에 가까워지리.
古人不可作　國風今杳然
孔子一不遇　七十徒爾賢
齊魯遠於道　寂寞郊墟煙
至今千載下　日月明在天
嗟嗟我心友　庶以永厥傳
人生自有數　道義無所牽
但當努吾力　□至理常然[44)]

이 시는 1382년(우왕 8), 목은 55세 때 지은 것으로 목은의 〈고풍〉 중 마지막 작품이다. 비록 현실적으로 부정적 상황이 존재하고 있으나 극복에 대한 희망을 저버리지 않고 있음을 분명히 보여주고 있다. 목은은 이처럼 역사 속의 경험과 인물의 경험을 바탕으로 고려의 지속과 부활을 굳건히 믿고 있었다고 하겠다. 그의 믿음이 실제 역사의 전개과정과 일치하였는지의 여부는 또 다른 문제라고 할 것이다.

3) 자기와 역사에 대한 인식

목은은 〈고풍〉 시를 통하여 자기 생애에 대한 회고와 전망을 드러내기도 하였다. 그는 많은 시편 속에서 자기의 경력과 행적을 자주 자랑삼아 기술하

---

44) 12-33-086 고풍(古風).

고 있지만 〈고풍〉에서도 자기의 삶과 행적을 언급하고 있다. 이것은 그의 행적이 선현의 행적과 비견할 수 있다는 자긍심의 표현이라고 할 것이다.

열다섯 살에 『대학(大學)』에 입문하여
덕을 밝혀 우리 백성을 새롭게 하려 하였네.
격물(格物)하여 체용(體用)에 이르니
천지가 일신(一身)에 충만하네.
천자(天子)를 보좌하는 방법은
조화(造化)가 두루 다스리는 것과 같게 함이네.
공자(孔子)도 쉬지 않고 힘쓴 바인데
누가 다시 큰 띠에다 적으랴?
중년(中年)에는 과목(科目)의 바탕을 삼고
등제(登第)한 뒤에는 요로(要路)의 나루로 삼았네.
높다란 등잔불이 호화로운 집에 비치는데
아첨(牙籤)[45]에는 흰 먼지가 쌓였네.
나의 여러 자손들에게 경계하나니
도리(桃李)처럼 봄을 다투지 말라.
十五入大學　明德新吾民
格物達體用　天地充一身
所以佐天子　造化同彌綸
孔氏所汲汲　誰復書諸紳
中爲科目資　立登要路津
長檠照華屋　牙籤棲素塵
吝我諸子孫　勿競桃李春[46]

이 시는 1378년(우왕 4), 목은 51세 때의 작품이다. 먼저 15살 때 『대학』에 입문하여 명덕(明德)과 신민(新民)을 실천하려 하고, 격물(格物)과 체용(體用)

45) 牙籤은 상아로 만든 서적의 標題 牌札로서, 책을 분류하기 위해 쓰는 것이다.
46) 04-10-033 고풍(古風).

에 이른 과정을 진술함으로써 스스로 학문을 닦은 과정을 보여주고 있다. 이어서 중년에는 과목(科目)의 바탕을 삼아 등제하고 난 뒤에는 요로의 나루로 삼았으나 그것이 부질없는 일이었음을 반성하고 있다. 그런 만큼 후손들은 자기와 같은 과정을 거치지 말도록 경계하고 있다.

> 뜻 있는 선비는 짧은 날을 아끼기에
> 깎이지 않는 공명을 남기네.
> 공명은 기필(期必)하기 어려운데
> 순식간에 두 살쩍이 희어졌네.
> 가장 높은 것은 덕을 세우는 것인데
> 부끄럽게도 나는 지금 틀려 버렸네.
> 중도에 그만두지 말고 힘써야 함을
> 〈기욱(淇澳)〉[47]의 노래에서 펼쳐 내었네.
> 志士惜日短　功名垂不劘
> 功名未可必　倏忽雙鬢皤
> 太上有立德　愧我今蹉跎
> 勉哉勿中輟　申之淇澳歌[48]

이 시는 1379년(우왕 5), 목은 52세 때의 작품으로 자기 처신에 대한 고민의 흔적을 담고 있다. 공명을 기필하기 어려운 상황에 벌써 나이는 반백이 넘어선 상황을 직시하면서 입덕(立德), 입공(立功), 입언(立言)의 삼불후(三不朽)의 업적을 쌓기에는 늦은 나이이기는 하지만 계속 스스로 노력해야 한다는 당위를 확인하고 있다.

또 목은은 성현의 여러 덕목 중에서 바른 명분의 중요성을 강조하기도 하였으니, 다음 시가 그 예이다.

---

47) 〈淇澳〉은 『詩經』 「衛風」의 편명으로, 衛나라 사람이 衛 武功의 덕을 바른 대나무가 처음으로 무성한 데 비유하여 찬미한 것이다.

48) 07-19-126 고풍. 3수(古風三首), 제3수.

목이 말라도 도천(盜泉)의 물은 마시지 않고
더워도 악목(惡木)의 그늘에서는 쉬지 않았네.
위태한 나라와 어지러운 나라에는
성인의 수레가 머물지 않았다네.
나를 써 준다면 동주(東周)로 하겠다고 하셨으니
하신 말씀이 얼마나 구슬픈가?
안자(顔子)는 누추한 거리에 살았지만
하늘이 준 덕에 은밀하게 부합하였다네.
'천하가 인으로 돌아간다'고 한 말이
이제까지도 밝게 빛나네.
어찌하여 스스로 길을 잃고서
저물녘에 가시밭길에 빠지는가?
어느 때에나 솟아오른 별을 바라보랴?
사방의 하늘은 깜깜하기만 하네.
盜泉渴不飮　惡木熱不息
危邦與亂邦　聖轍留不得
用我爲東周　出語何惻惻
顔子居陋巷　黙契天生德
天下歸其仁　至今猶煥赫
奈何自迷路　落日沉荊棘
何時望星出　四方天正黑49)

이 시는 1380년(우왕 6), 목은 53세 때의 때의 작품이다. 도천(盜泉)의 물을 마시지 않고, 악목(惡木)의 그늘에서 쉬지 않으며, 위태로운 나라와 어지러운 나라에 들어가지 않는 등의 옛 성현의 사례를 들어 바른 명분이 없는 일을 추진해서는 아니 됨을 역설하고 있다. 자기를 써 주는 군주가 있다면 동주(東周)의 제도를 쓰겠다고 한 공자(孔子)와, 누추한 거리에 살면서도 걱정하지 않고 극기복례(克己復禮)하면 천하가 인(仁)으로 돌아갈 수 있다고 한 안회(顔

49) 10-27-042 고풍(古風).

回)의 말씀이 아직도 환히 빛나고 있지만, 지금의 사람들은 스스로 길을 잃고 방황하면서 고통의 가시밭길에 빠져들고 있는 형국에 있다고 판단하고 있다. 그러면서 이 어두운 세상을 환하게 밝혀줄 별이 솟아오르기를 갈구하고 있음을 보여주고 있다.

4) 역사적 인물과 제도 인식

목은의 〈고풍〉 연작시에는 많은 역사적 인물이 등장하고 있다. 기산(箕山)·영수(潁水)에 은거한 소보(巢父)와 허유(許由), 진(晉)의 도연명, 당(唐)의 백거이, 『주역』의 성립과 발전에 관련한 복희씨·문왕·주공·공자 등의 인물, 또 공자의 법통을 계승한 안회·증자 등이 대표적인 인물이다. 이 밖에도 노중련(魯仲連)·관녕(管寧) 등이 등장하고 있으며 문물제도의 측면에서는 주(周)와 은(殷)의 그것을 긍정적으로 평가하고 있다. 이런 인물과 제도를 다룬 작품을 일일이 거론하는 것은 번거로우므로 그 중 몇몇 사례만을 살펴보기로 하겠다.

연명(淵明)은 천 년 전의 사람인데
통달한 도에 참으로 필적할 사람이 없었네.
어찌하여 마음을 괴롭혀
추졸(醜拙)함을 붓에 기대는가?
이런 까닭에 두릉(杜陵)의 늙은이가
한마디 말로 감히 힐책했네.
淵明千載人　達道諒無匹
奈何苦心思　醜拙寄於筆
所以杜陵翁　一語敢相詰[50)]

진(晋)나라의 신하는 숫자가 매우 많았지만

50) 05-14-046 고풍(古風)(2수), 제2수.

송(宋)나라의 종묘에서 관향(祼享)[51]을 도왔네.
가문과 제후국은
일체라서 달라서는 안 된다네.
그래서 팽택(彭澤)의 현령(縣令)은
날아가는 기러기처럼 벗어났네.
아득히 천년 뒤에도
북쪽 창으로 맑은 바람이 불어오네.
晋臣麗不億　祼將宋廟中
家世與宗國　一體無異同
所以彭澤令　脫去如飛鴻
悠悠千載下 北牖來淸風[52]

앞의 시는 1378년(우왕 4), 목은 51세 때의 작품이고, 뒤의 시는 그 이듬해에 지은 것으로 다 같이 도연명에 대한 평가를 담고 있다. 앞의 시에서는 천년 전의 통달한 인물로 평가받는 도연명을 두보(杜甫)가 〈견흥(遣興)〉 시에서 “도잠은 세속을 피한 늙은이로, 반드시 도리에 통달한 것은 아닐세.(陶潛避俗翁 未必能達道)”라고 한 질책을 끌어와서 그의 피속(避俗)을 달도(達道)와 동일시하기는 어렵다는 견해를 보이고 있다. 그러나 뒤의 시에서는 팽택현령을 팽개치고 전원으로 돌아간 빼어난 풍도를 『진서(晉書)』「은일(隱逸)」〈도잠전(陶潛傳)〉의 “일찍이 ‘여름 달밤에 한가하게 북쪽 창 아래에 높이 누워서 맑은 바람이 불어오면 스스로 희황 시대의 사람이라고 이른다.’라 말하였다.(嘗言夏月虛閑 高臥北窓之下 淸風颯至 自謂羲皇上人)”라는 기록을 변용하여 매우 긍정적인 시각에서 평가하고 있다.

한편 목은은 임금의 교화가 쓸쓸해진 시대에 자기의 양심을 지키려고 노력한 인물의 행동을 강조하기도 하였다.

---

51) 祼은 임금이 太室에 들어가서 향기로운 술을 땅에 부어 先祖의 靈을 맞이하는 제사이다.
52) 07-18-036 고풍. 3수(古風三首), 제3수.

임금의 교화는 얼마나 쓸쓸하였던가?
선비의 풍습은 얼마나 어지러웠던가?
전국시대(戰國時代)에는 서로 삼키고 뱉느라고
슬프게도 형세가 도도하였네.
물이 아래로 흐르듯이 이익을 좇고
병기를 부딪히기를 달갑게 여겼네.
노중련(魯仲連)이 동해(東海)에 빠지려 했다는 것은
천 년 뒤에 소(韶)[53]를 들으신 것과 같네.
王風何寥寥 士習何膠膠
戰國互呑吐 哀哉勢滔滔
趍利水就下 甘心兵刃交
仲連蹈東海 千載如聞韶[54]

(전략) 관녕(管寧)은 요동(遼東)에서 살았는데
검은 모자를 썼던 일이 이제까지 전해진다네.
管寧在遼東 皁帽傳至今[55]

이 시는 1379년(우왕 5), 목은 52세 때의 작품으로 자기의 시대 상황에 어울리게 처신한 두 인물의 모습을 보여주고 있다. 앞의 작품은 전국시대의 복잡한 외교상황 속에서 조나라에서 있으면서 진(晉)의 위협에 굴복하느니 차라리 동해에 빠져 죽겠다고 하면서 외교적 노력으로 위기를 극복하는 데 공을 세우고는 보답을 받지 않고 떠나버린 제(齊)의 의사(義士) 노중련을 칭송하고 있고, 뒤의 작품은 후한 말기에 황건적의 난을 피하여 요동에 가서 20여 년 동안 시서(詩書)를 강론하여 사람들을 많이 감화시키고 고향에 돌아가서는 위제(魏帝)에게 여러 차례 부름을 받았으나 검은 모자와 베로 된 옷을 입고 검소하게 살았던 관녕의 행적을 기리고 있다. 이들은 모두 자기의 행적을

53) 韶는 舜임금 시대의 악곡 이름이다.
54) 07-18-036 고풍. 3수(古風三首), 제1수.
55) 07-18-036 고풍. 3수(古風三首), 제2수.

남에게 드러내지 않으면서도 선비의 도리를 다한 인물들이었다. 목은은 이들에 대한 그리움을 반복적으로 드러내기도 하였는데 다음 작품이 그 예이다.

가을기운이 날로 쌀쌀해질 때에
중니(仲尼, 공자)는 날마다 분주하였네.
분주하여 마침내 어떻게 되었는가?
'봉이여, 봉이여'[56]라는 말을 들었네.
유안(幼安, 관녕)은 발해(渤海)를 건너고
정절(靖節, 도잠)은 풍진을 떠났네.
홀로 서 있노라니 매우 아득하여
천 년 전의 사람들을 그리워하네.
秋氣日凄凄　仲尼日栖栖
栖栖竟何爲　鳳兮仍鳳兮
幼安超渤海　靖節離風塵
獨立悠悠甚　懷哉千載人[57]

이 시는 1379년(우왕 5), 목은 52세 때의 작품으로 그가 공경해 온 역사적 인물인 공자 · 관녕 · 도잠의 행적을 한꺼번에 칭송하면서, 시대가 어지러운 만큼 홀로 그들을 그리워하는 마음을 진솔하게 드러내고 있다.

목은의 역사와 인물에 대한 숭상의 정신은 거기에 그치지 않고 있다. 그는 역사적으로 이상적인 제도와 덕치를 펼쳤던 삼대(三代)의 문물을 그리워하는 마음을 드러내기도 하였다.

(전략) 누가 알랴? 주(周)나라의 문채가

---

56) 鳳兮鳳兮는 孔子 當代에 楚人이 부른 노래에 나오는 말로 鳳은 군자 · 성인을 가리키는데, 『論語』「微子」에 "초나라의 미치광이 접여가 노래를 부르며 공자의 수레 앞을 지나가면서 말하기를, '봉이여, 봉이여! 어찌하여 덕이 그리 쇠하였는가?'라고 하였다.(楚狂接輿 歌而過孔子曰 鳳兮鳳兮 何德之衰)"라는 글이 있다.

57) 07-18-124 고풍(古風).

찬란하여 더욱 여유가 있었음을.
은하(銀河)는 절로 빛나는데
초목은 얼마나 무성한가?
강상(綱常)을 펴서 백성의 준칙(准則)을 세우고
멀리 초기의 황제를 생각하네.
誰知周之文　粲然還有餘
星河自耿耿　草木何與與
陳常立民極　緬想皇王初[58)]

(전략) 누가 알랴? 은(殷)의 질박(質樸)이
분명히 조금의 잘못도 없음을.
좋은 옥은 마땅히 다듬지 말아야 하고
현주(玄酒)[59)]는 진실로 아름답게 여길 만하네.
그림 그리는 일은 반드시 흰 바탕이 있은 뒤에 되는데[60)]
내 이제 다시 무엇을 탄식하는가?
誰知殷之質　宛然無少訛
美玉當不琢　玄酒誠可嘉
繪事必後素　吾今復何嗟[61)]

이 시는 1379년(우왕 5), 목은 52세 때 지은 것으로 주(周)나라의 찬란한 문채와 은(殷)나라 문물의 질박함을 칭송하고 있다. 이 시를 통해서 목은은 겉과 속, 문채와 바탕이 함께 갖추어진 완전한 상태를 희원하고 있음을 알 수 있다.

---

58) 06-17-003 고풍(古風)(3수), 제1수.
59) 玄酒는 옛날에 술이 없을 때 술을 대신하여 제사와 예식에 쓰던 검은 빛의 물이다.
60) 繪事後素는 『論語』 「八佾」에 나오는 말로 그림 그리는 일[繪事]은 흰 바탕이 있은 뒤에 이루어지는 것이므로, 본연의 質朴이 먼저이고 文彩는 그 다음이라는 뜻이다.
61) 06-17-003 고풍(古風)(3수), 제2수.

5. 맺음말

이상에서 목은의 〈고풍〉 연작시의 연원과 내용에 대해 간략히 살펴보았다. 모두 17제(題) 41수(首)로 이루어져 있는 목은의 〈고풍〉 연작시는 1377년(우왕 3), 목은이 50세 되던 겨울부터 1382년(55세)까지 6년 사이에 지은 것이다.

목은의 〈고풍〉은 이백(李白)의 「고풍」 59수를 효방한 것이다. 목은은 온 힘을 다해 보좌하던 공민왕이 시해되고 그 아들 우왕이 어린 나이로 즉위한 뒤에 부딪친 국정의 난맥상을 보면서 그 타개책을 역사적 사례를 통해 모색하려 한 것으로 보인다. 그래서 목은은 불확실한 미래에 대비하기 방법으로 역사적 사례와 인물을 통하여 교훈을 얻고자 하였던 것이다.

목은의 〈고풍〉 연작시의 내용은 크게 새 국왕에 대한 기대와 희망, 현실인식과 미래 전망, 자기와 역사에 대한 인식, 역사적 인물과 제도 인식으로 범주화할 수 있다. 이런 내용을 담은 〈고풍〉 시를 통하여 목은은 순후한 풍속을 회복하고 진정한 선비의 도리를 다하고자 하였다고 할 것이다.

참고문헌

『高麗史』.
李白, 『李白詩全集』.

성범중, 「목은 이색의 서연 진강시 연구」, 『석당논총』 50집(동아대학교 석당학술원, 2011).
申夏閏, 「詠懷詩 傳統 속의 李白 〈古風〉 五十九首 硏究」, 『中國語文學誌』 5(中國語文學會, 1998).
여운필 · 성범중 · 최재남, 『역주 목은시고』 1~12(월인, 2000~2007).

〈성범중〉

다작기의 목은시

1. 목은의 기록적 다작

목은(牧隱) 이색(李穡; 1328~1396)의 시집 『목은시고(牧隱詩藁)』는 한국 한시의 역사상 최대의 작품량인 4,254제 6,078수[1])가 실린 점뿐만 아니라, 우왕 5년(1379) 한 해에 지어진 시편(詩篇)이 13-044[2]) 〈기미년 정월 초이튿날에 궁궐에 가서 숙배하고 다음 날에 짓다(己未正月初二日, 詣內肅拜, 明日有作)〉부터 21-040 〈제야 한 편. 봄이 가까워짐을 기뻐한 것이다(終夜一篇. 喜春近也)〉까지 989제 1,626수[3])나 실려 있기도 한 그릇이라는 점에서 특기할 만하다. 윤년이라 384일 동안의 소산이기는 하지만, 일대(一代)의 종장(宗匠)으로 평가받았던 동명(東溟) 정두경(鄭斗卿; 1597~1673)이 평생 지은 780제 1,216수보다 훨씬 많은 분량이니, 동양한시사(東洋漢詩史)뿐만 아니라 전인류시사(全人類詩史)를 통틀어서도 전무후무한 가록일 것이다. 한시 쪽에서 찾을 수 있는 유례로는 남송(南宋)의 육유(陸游; 1125~1210)를 떠올릴 수 있지만, 방옹(放翁)의 경우 전생애의 소작은 6,629제 9,136수로 목은을 훨씬 능가하지만, 최다

---

1) 辭·賦 8제는 빼고 操·四言古詩는 포함시킨 수치이다. 이익주, 『이색의 삶과 생각』(일조각, 2013)에서 呂運弼·成範重·崔載南, 『역주 목은시고』 1~12(도서출판 월인, 2000~2007)의 통계를 수용하면서도 권5의 〈奉和座主陽坡先生北山途中所作〉(3수)가 〈奉和益齋先生詩韻九首〉와 무관한 別題詩인데도 포함시켜 처리한 탓에 題數가 하나 덜 잡혔다고 지적한 것을 포함한 몇몇 결점을 수정한 결과이다.

2) 여운필·성범중·최재남, 『역주 목은시고』 1~12에 붙인 작품의 고유번호로 앞의 숫자는 『牧隱詩藁』의 卷數, 뒤의 것은 해당 권 작품의 일련번호이다.

3) 〈陽軒詩, 爲龜城君金公作〉(『牧隱詩藁』 권1)을 1379년 소작으로 보이는 〈陽軒記〉(『牧隱文藁』 권2)와 같은 때에 지어진 작품으로 보아 포함시켰다.

작년인 84세 때에도 378제 599수[4]를 지었을 뿐이었다. 게다가 만년의 방옹시는 산음(山陰)에 은거하던 때의 일상·절후·경물을 주로 읊었던 탓에 사회적 관계는 거의 배제되어 있어, 공사(公私)를 막론한 거의 모든 대상을 시로 형상화하였던 목은시와는 성격적 차이가 크다.

목은이 초로의 나이인 52세에 엄청난 다작을 한 까닭은 무엇이었을까? 먼저 작가의 문학적 성향이나 현실상황과 관련시켜 생각해 볼 수 있다. 우선 시인이 성리학도답게 작문(作文) 또한 '완물상지(玩物喪志)'에 해당한다는 정이천(程伊川)의 경계를 유념하면서도 기시취향(嗜詩趣向)을 버리지 않은 점을 들 수 있다. 〈기일이라 읊지 않았더니 오늘은 벌써 입에 가시가 돋기에 붓을 잡아 즉석에서 이루다(忌日不吟, 今已棘口矣, 援筆卽成)〉(권19)라는 시제나 "죽도록 그치지 않고 심간을 쏟아내느라고, 근년에는 다시 중선루에 오르네."[5] 라는 술회에서 확인되는 바와 같은 시벽(詩癖)을 지녔던 것이다. 집권층과의 불화로 오래 산직(散職)에 머물렀던 데서 생긴 한가로움과 불평스러운 심기 또한 그것을 부추겼을 것이다.

다음으로는 청탁이라는 타의에 의한 창작을 많이 하였던 점이다. 목은은 특출한 재사이자 뛰어난 창작능력을 지녔던 데다 일대의 대가인 스승 이제현(李齊賢; 1287~67)과 부친 이곡(李穀; 1298~1351)의 후계자였던 탓에 이인복(李仁復; 1308~74)의 사후에는 문신·학계·문단의 영수로 인정받다시피 하였던 인물이다. 그리하여 〈즉사(卽事)〉(권32)에서 "빚쟁이가 문에 와서 날마다 재촉하니, 늙은이는 끝내 읊조림을 회피하기 어려우리.(債主臨門日日催, 老翁吟嘯竟難廻.)"라고 한탄하였을 만큼 청탁에 시달리지 않을 수 없었다.

셋째로는 규모가 큰 시집의 편찬을 50세 무렵부터 준비하고 있었다는 점이다. 시고 한 권의 마지막 작품인 〈희제(戱題)〉(권12)에서 "목은은 시를 한 권 채웠는데, 읊어 보니 글자마다 엉성하네.(牧隱詩盈卷, 吟來字字疎.)"라 한 말이

4) 주기평, 『육유시가연구』(도서출판 역락, 2010), 25~9면 참조.
5) 李穡, 〈遣興〉, 『牧隱詩藁』 권9. "嘔出心肝死不休, 年來更上仲宣樓." 이하 시의 출처표시는 저자명, 書名 없이 제목 뒤의 괄호 속에 卷數만 표시하기로 한다.

그 증거라 할 텐데, 21세에 지은 시부터 수습해 놓은 가운데 34세부터 49세 가을까지의 작품이 무슨 까닭인지 전부 일실된 데 따른 조바심이 그런 욕구를 더욱 부추겼을 것이다.

넷째로는 송시풍(宋詩風)을 추구한 데 따라 일상에 대한 관심과 자기술회의 욕구가 컸던 점이다. 일상의 신변잡사를 시제에 그대로 수용하거나 '즉사(卽事)', '유감(有感)', '자영(自詠)', '잡영(雜詠)' 등을 시제로 한 사례가 보통의 시인보다 엄청나게 많은 점이 이를 극명하게 뒷받침한다.

목은의 엄청난 다작의 원인은 문학창작의 근본원리와 현전 목은시의 실상이라는 관계에서도 설명할 수 있다. 문학작품의 창작은 마음·현실·사상·경험이 서로 부딪히는 관계의 구조화이며, 이 네 가지 요건은 대립과 우열의 관계를 가지는 것이 원칙이다.[6] 이렇게 볼 때 목은시의 현실은 군왕·성현·사대부·노복·불구자 따위의 개별적 인물, 국가·정부·외국·관료·유가·백성·가족·친지 등의 사회적 집단, 우주·산천·동식물 등의 자연물, 학문·시문·서화·궁실·교량·기물과 같은 인공물을 다 포괄하고 있는 매우 폭넓은 것이다. 또 그 사상은 유학의 도덕·이치·지식을 중심으로 하면서도, 불교·도가·민속신앙 같은 이단적인 것에 대해서도 포용적이다. 한편, 경험 또한 사문(斯文)·가장·신하·사승(師承)·친지·이웃과의 공적·사적인 것에 걸친 것이다. 이런 세 영역의 구체적 사상(事象)들이 시인의 뛰어난 사유·재능·지식·상상력을 포유한 마음과 접촉하여 산출된 것이 개별작품인 셈이다. 그러니 그 개별작품의 면면은 일일이 매거할 수 없을 만큼 다양(多樣)하고 다기(多岐)로운 것이 아닐 수 없다. 게다가 시인의 마음이라는 것 역시 단일한 의식과 동기에 머물러 있는 것이 아니라 훌륭한 예술품을 산출하고자 하는 창조적 의식, 개인적·가족적·사문적·국가적 필요성을 고려한 기록의식, 지적 욕구·정서적 충동·자기만족·타자와의 관계 등과 연관된 충동·감정·지식의 표출의식, 수창(酬唱)·경조(慶弔)·송별(送別)·간기(簡

6) 조동일, 『문학연구방법』(지식산업사, 1980), 197~8면 참조.

寄)・훈계(訓戒)・권유(勸誘)・위무(慰撫) 등 다양한 의례・효용에 대한 배려 등 실로 한도가 없는 층위와 연관되어 있다. 자아와 세계의 상호교류[transaction)에 의한 천태만상을 시세계로 하였던 것이다.

이런 요인들에 말미암은 목은의 다작은 50세에 시작되어 52세를 정점으로 하였다가 56세부터 약화되었다.[7] 한 시제의 일부에서 "드디어 동배들이 시를 좋아한다고 기롱하고 조소하는 데 이르렀지만, 나는 시를 좋아하는 자가 아니다. 애오라지 나의 회포를 펼칠 뿐이다.(遂致同輩譏笑以爲嗜詩. 予非嗜詩者也. 聊以舒吾懷耳.)"[8]라 하거나, 〈독시견흥(讀詩遣興)〉(권7)에서 "차마 곧 늙은 할미도 해독하게 하지 않음은, '백속'을 보탠다는 기평 때문이라네.(不忍便教老嫗解, 爲是譏評增白俗.)"라 한 변명이 도리어 '기시자(嗜詩者)'와 '백낙천(白樂天)의 천속(淺俗)'으로 조롱받았음을 증명한다고 할 것이다. 접박(雜駁)한 데 떨어진 시가 큰 문제라는 것을 자타가 다 시인했다는 증좌일 것이다. 그럼에도 그렇게 지은 시의 대부분이 태작(駄作)이라거나 타시기와 견주어 수준이 떨어진다고 보기는 어렵다. 『동문선(東文選)』에 선입된 72제 76수[9] 중 그 해의 작품이 11제 11수[10]나 되는 점이 그 방증일 것이다.

2. 우왕 5년의 시인의 삶의 개황

고려인들은 우왕(禑王) 5년인 기미년(己未年)에도 천재지변과 내우외환(內憂外患)으로 신음하였다. 『고려사』에 흉년・한재・지진・우박 등에 대한 기

7) 6년을 제외하고는 절제된 시작을 보였다고 볼 수 있으므로, 한 동안만 詩鬼에 홀리다시피(possessed) 다작한 시인이라고 이해하는 시각도 있을 수 있을 것이다.

8) 〈靜坐偶記九齋都會, 刻燭賦詩, (중략), 追錄少作數聯, 以示子孫, 因題一首〉(권19).

9) 70제 76수로 편차되어 있지만, 〈自京師東歸途中作〉(2수)의 제2수가 〈省中〉(권3)이고, 〈卽事〉(2수)가 〈卽事〉(권13) 제2수와 〈卽事〉(권16)를 합쳐놓은 착오를 수정한 결과이다.

10) 7언고시 〈中秋玩月上黨樓上〉(권19), 5언율시 〈夜吟〉(권19), 7언율시 〈卽事〉(권13), 〈卽事〉(권16), 〈有感〉・〈夜詠〉(권19), 〈有感〉・〈卽事〉(권21), 5언절구 〈漢浦弄月〉(권16), 7언절구 〈田家〉(권16), 〈獨坐〉(권18) 등이다.

사가 15회나 나올 만큼 재변(災變)이 많았던 데다, 명(明)과의 알력(軋轢)을 빼더라도 70여 건의 기사 중 1/3 이상이 왜구침범(倭寇侵犯)과 연관된 것일 만큼 외환에 크게 시달렸다. 후소(後蘇)・좌소(右蘇)로 천도(遷都)하기 위한 토목공사, 재상 홍중선(洪仲宣)・양백연(楊伯淵)의 주살과 국왕의 유온(乳媪) 장씨(張氏)의 축출 같은 정권다툼, 오재칠추(五宰七樞)라야 할 재추가 60여 인에 이른 인사난맥 등 그 해에 근비(謹妃)를 맞은 15세의 암주(暗主) 우왕을 등에 업은 이인임(李仁任)・임견미(林堅味) 등 집권무신(執權武臣)의 전횡에 말미암은 허다한 내우에도 강직한 수상 경복흥(慶復興)조차 술잔이나 기울일 수밖에 없었다.

이색은 그 해에도 〈호불귀행(胡不歸行)〉(권14)・〈귀여(歸歟)〉(권15) 등의 시를 통해 귀거래(歸去來)를 갈망하면서도 떠나지 못한 가운데, 일시적인 질병인 이질[11]을 비롯하여, 요통[12]과 폐병[13] 등 여러 고질의 고통을 계속 호소했으며, 특히 〈즉사(卽事)〉(권18)에서 "뼈가 매우 시려서 밤에 잠을 이루지 못하였거늘, 일찍 일어나니 날씨가 좀 쌀쌀한들 무슨 상관이랴?("夜眠不着骨多酸, 早起何傷氣稍寒?)"[14]라 하거나, 〈신 색은 뼈가 시려 말을 타기 어려워서, 엎드려 행차가 돌아올 것을 상상하며 길 옆에서 맞이할 길이 없으므로, 탄식하며 읊어 1수를 이루다(臣穡骨酸, 艱於騎馬 伏想行幸將旋 無由迎謁道左 悵然吟成一首)〉(권20)라고 한탄한 것처럼 관절통으로 시달렸다. 그럼에도 일상의 기거는 물론이고, 예궐・조문・유람 등을 위한 출타에는 특별한 어려움이 없었던 것으로 보인다.

목은은 한 시대의 명유(名儒)인 익재(益齋)・가정(稼亭)의 후광에다 공민왕(恭愍王) 2년(1353)에 고려의 예부시(禮部試)에 장원급제한 데 이어, 이듬해에는 몽고인(蒙古人)・색목인(色目人)・한인(漢人)・남인(南人)・고려인(高麗人)

---

11) 〈權判事鑄, 以理中湯見遺, 知僕泄痢也, 喜而有作〉(권17).
12) 〈腰酸縮坐)〉(권2).
13) 〈醴泉府院君夫人蔡氏忌齋, (중략) 分馬而歸〉(권19). "病肺苦嫌謀飮酒, 寂寥歸讀古人書."
14) 〈卽事〉(권18). "夜眠不着骨多酸, 早起何傷氣稍寒."

을 망라하여 향시를 거친 300인이 응거한 회시에서 100인에 선발된[15] 다음, 전시(殿試)에서 제1갑 제1명은 반드시 몽고인으로 하도록 규정된[16] 불리한 조건의 원(元)의 제과(制科)에서 3등에 해당하는 제이갑(第二甲) 제이명(第二名)으로 선발됨으로써 사실상 장원과 다름이 없는 성적을 거둔 특출한 과적(科蹟)들에 힘입어, 36세에 이미 재추(宰樞)인 밀직제학(密直提學)에 오르고, 44세에는 진재(眞宰)인 정당문학(政堂文學)에 승차하는 등 순탄한 환로를 걸었다. 그러나 그 해 9월에 모친상을 입었고, 이듬해 9월에는 한결같이 신임을 보냈던 공민왕이 급서하는 변고를 당한 데다 신병까지 악화되었을 뿐 아니라, 우왕을 옹립한 이인임 중심의 무인정권으로부터 소외받았다. 그리하여 우왕 3년 이후 계속 삼중대광(三重大匡)이라는 최고관계(最高官階)와 한산군(韓山君)의 봉호를 유지하면서도 관직은 산직(散職)이라 할 영예문춘추관사(領藝文春秋館事) 겸 성균대사성(成均大司成)에 머물렀다. 명목상 문신의 수장(首長)이었을 뿐 녹봉만 지급받았던 셈이다. 그래서 우왕 4년(1378)에는 공무수행이랄 게 2월에 비로소 주상을 알현하려고 입궁한 것을 비롯하여, 공민왕의 원찰 광통보제선사비(廣通普濟禪寺碑)에 대한 협의, 〈당태종백자비(唐太宗百字碑)〉의 주해(註解) 찬진, 천도논의(遷都論議)의 참여 등 제한된 일에 그쳤다.

우왕 5년에도 목은은 신년의 사은숙배를 비롯한 3회의 의례적 입궐과 1회의 도당회의(都堂會議) 참석에 그쳤던 산직재상 신세였다. 그런데 5월에 집권자 이인임·임견미와의 인사권 다툼으로 유배된 찬성사상의(贊成事商議) 홍중선[17]의 후임으로 서연관(書筵官)이 되어 주상의 시부(師傅)가 되었는가 하

---

15) 元史』「選擧」 1에 의하면 蒙古人·色目人은 四書經問五條와 策一道의 二場, 漢人·南人은 四書明經經疑二問과 經義一道, 古賦·詔誥·章表一道, 策一道의 三場을 치르며, 전자는 朱子集註만을 범위로 하고 후자는 古註疏·程子·朱子·蔡沈·胡炳文의 주석이 포함되었다. 300명 중 정동행성에는 몽고인·색목인·한인 각 1명만 할당된 가운데 漢人으로 취급받는 불리한 조건까지 적용된 불리한 공거였다.

16) 吳金成, 「中國의 科擧制와 그 政治·社會的 機能」, 『科擧』(역사학회편, 일조각, 1981), 16면 및 위의 글, "蒙古色目人作一榜, 漢人南人作一榜, 第一名賜進士及第, 從六品, 第二名以下及第二甲, 皆正七品, 第三甲以下, 皆正八品, 兩榜並同."

면, 10월에는 광통보제선사비의 비문을 찬진을 맡기 위한 일시적 직위로나마 7년 만에 정당문학에 복귀하였다.[18] 『목은시고』 권16~21의 서연과 연관된 30여 제의 시편들에서 실직에 복귀한 감격을 엿볼 수 있으며, 5월 26일~8월 23일에 지어진 16제의 시에서는 이례적으로 서연의 정황·진강내용(進講內容)·교육방법·감회 등을 자세히 읊기까지 하였다.[19] 또 권14의 〈효기(曉起)〉부터 권21 〈합좌배음선사주(合坐拜吟宣賜酒)〉까지 10제에서 재추합좌(宰樞合坐)에 참여한 일을 읊은 데서 정당문학이 된 뒤에는 육부판사(六部判事)를 맡지 못한 한계 안에서나마 재상구실을 했음이 드러난다.

우왕 5년 당시에 목은은 도성의 북부(北部)에 속한 마을인 유동(柳洞)에 거주하고 있었다. 1377년 초의 작품인 〈누천자영(屢遷自詠)〉(권6)의 '누천'은 관직을 누차 옮김을 말한 게 아니라 자주 이사함을 가리키는데, 이는 그 전의 언제인가 유동으로 옮긴 일에 말미암은 일로 보인다. 유동 거주에 대한 명시적 언급은 1378년 9월[20]에 처음 나타나지만, 존경하는 국로(國老)인 길창군(吉昌君) 권적(權適; 1307~?)과 그 사위이자 외우(畏友)인 유항(柳巷) 한수(韓脩; 1333~84)의 집이 이웃에 있었던 데 말미암은 '동린(東隣)'·'서린(西隣)'이란 말[21]은 1378년 1월부터 자주 등장한다.[22] 한유항은 공민왕을 시해한 한

---

17) 목은이 장원급제한 공민왕 2년 예부시의 亞元이자 목은의 차남 種學의 좌주이기도 한데, 이 해 2월에는 三司左使로서 정당문학 權仲和와 함께 술을 가지고 목은을 방문하기도 했다. 공교롭게도 목은의 처숙인 權仲和는 같은 榜의 第三名으로 두 사람과 함께 서연관을 지냈다.

18) 〈兩朝文學歌〉(권22)의 序에서 무오년(1378)에 서연관이 된 듯이 기술한 것은 착오이고, 『목은시고』의 실상과 『고려사절요』 우왕 5년의 기사로 보아 이 해가 옳다.

19) 이에 대한 자세한 논의는 성범중, 「목은 이색의 書筵 進講詩 연구」, 『石堂論叢』 50(동아대학교 석당학술원, 2011)에서 이루어진 바 있다.

20) 〈天台判事携酒見訪, 春溪猊公適至, 二首〉(권11)의 "菊花開柳巷, 竹葉出天台."를 가리키는데, 이 작품은 1378년 9월 9일에 지어진 것이다.

21) 〈夜投韓簽書宅小酌三首〉(권8) ; 〈韓柳巷樓上, 與廉政堂小酌, 尹判書虎適至. 及晩, 吉昌君出坐, 語及南遊之樂, 退而誌之〉(권9) ; 〈記中秋玩月柳巷樓下〉(권9).

22) 〈謝韓平齋携酒見過〉(권7). "上黨還朝日, 東隣臥病餘." ; 〈聞西宅經聲〉(권9). "深院經聲過短墻, 東隣病客立虛堂." ; 〈遣興〉(권9), "西隣幸有長松樹, 每送寒聲探借秋." ; 〈卽事〉(권10), "拖杖西隣謁繼亭, 偶逢狂客語丁寧."

안(韓安)의 족당(族黨)이라 하여 죄를 입어1376년 겨울에 경상도 합주(陜州)로 유배되었는데, 해배시기가 목은의 〈한문경공묘지명(韓文敬公墓誌銘)〉에는 나타나지 않지만, 김속명(金續命) 이외의 이죄(二罪) 이하 수인(囚人)을 다 사유(赦宥)했다는 『고려사』 3년 6월조의 기사로 보아, 그때 해배되었을 것으로 추정된다. 〈차운봉답목은선생(次韻奉答牧隱先生)〉의 첫수의 "살아서 유항에 돌아온 것을 나는 만족하는데(生還柳巷吾知足)", 둘째 수의 "공께서 집을 사서 이웃이 됨을 기뻐하고(喜公買宅作比隣)"라는 술회로 보아, 목은이 이사한 시기는 1376년 겨울 한수가 유배된 직후였을 것으로 보인다.

유동은 개성부(開城府) 황성(皇城)의 북성(北城)과 궁성(宮城)[23) 사이의 중간쯤에 있었던 마을인데, 『고려사(高麗史)』「지리지(地理志)」의 북부십방(北部十坊)에 들어 있지 않은 것으로 보아 북부에 속하는 47리(里)의 하나였을 것이다. 이 마을은 송악(松嶽)에서 1킬로 남짓 남쪽에 있던 주거지역으로 좀 외진 산촌이기는 해도 궁성의 북문(北門)인 현무문(玄武門)까지 1킬로미터가 좀 못 되고, 우왕 당시의 궁궐인 수창궁(壽昌宮)까지지도 3킬로미터 정도밖에 떨어지지 않은 곳[24)이었다. 그러므로 "중심부에서 물러나"[25) 머문 마을이라고 볼 수도 있겠지만, 시인이 말을 타고 궁궐에 출입하기에 불편할 만큼 먼 곳이 아니었다. 목은시에 대체로 고적(孤寂)한 곳으로 묘사·서술되는 것은 심리적 소외감 때문으로 보아야 할 것이다. 이름이 버드나무가 많아서[26) 생긴 탓에 유항(柳巷)·유촌(柳村)·유리(柳里)로도 불리었으며, 조선조에는 양온동(良醞洞)[27)으로 개칭되었던 듯하다. 54세에 지은 〈합좌소에서 각사의 논의할 일 때문에 여러 봉군을 불렀는데, 색은 나아가고 물러날 때 따라다니기만 하느라

23) 朴龍雲, 『고려시대 개경 연구』(일지사, 1996), 14면에 따르면 皇城은 外城으로 둘레가 4.7 평방 킬로미터, 宮城은 內城으로 2.17 평방 킬로미터였다.
24) 한국역사연구회, 『고려의 황도 개경』(창작과비평사, 2002), 169면 지도 참조.
25) 김보경, 「목은 이색의 버들골살이와 시」, 『동양고전연구』 27(동양고전학회, 2007), 40면.
26) 〈門前有一株柳, (중략) 略書數句以志之〉, 『牧隱詩藁』 권21. "城南孤柳里之名, 柳樹無數連簷楹."
27) 『新增東國輿地勝覽』 권5 開城府 古蹟條와 許穆의 〈良醞洞古蹟記〉(『記言別集』 권9)에서는 李穡·韓脩의 古家가 良醞洞에 있다고 하였다.

고 비익되는 바가 없음을 스스로 부끄러워하며, 마음속으로 1수를 짓다(合坐所, 招諸君各司議事, 穡隨行進退, 自愧無所裨益, 默稿一首)〉(권28)에서 "유동에는 노란빛이 아직 부드러운데, 송산에는 푸른빛이 본래 두텁다네.(柳洞黃猶嫩, 松山翠自重.)"라 하고, 이듬해 지은 〈즉사(卽事)〉(권32)에서 "앉아서 유항에서 우는 꾀꼬리 소리를 듣고, 또 뜰의 이끼에서 반짝거리는 반딧불이를 보네.(坐聽綿蠻啼柳巷, 行看熠燿照庭苔.)"라고 읊은 것으로 보아, 조선조의 개국세력에게 아주 추방당하기 전에는 쭉 거기에 살았으리라고 짐작할 수 있다. 조선조의 기록들이 '이색의 고가'가 양온동에 있다고 한 것도 그런 탓일 것이다.

그런데 1378년 12월 하순에 묘각동(妙覺洞)에 있던 '권판합(權判閤)의 집'으로 '이우(移寓)'했다는[28] 말이 아주 이사했다는 오해를 낳았다. 권판합은 목은의 둘째 처남인 권계용(權季容)을 가리키는데, 후사가 없었던 졸옹(拙翁) 최해(崔瀣; 1287~1340)의 사위라 그 집을 물려받아 살았던 모양이다. 황성의 서문(西門)인 영평문(永平門) 밖의 묘각사(妙覺寺) 부근에 있었을 묘각동은 유동과는 꽤 떨어졌을 텐데, 그것은 '옮겨서 머문다(移寓)'고 한 대로 일시적인 일이어서, 〈제일(除日)〉 바로 앞의 작품 〈유동(柳洞)〉에서 벌써 "유동에는 하늘빛이 깨끗한데, 띠집처마에는 햇빛이 펴지네.(柳洞天光淨, 茅簷日色舒.)"라 하고, 이듬해 2월의 〈유동의 깊은 길(柳洞深行)〉(권15)에서도 "북성 남쪽의 한 구역인 깊숙한 유동에는, 한 해가 다하도록 쓸쓸히 찾는 사람이 없네.(城南一區柳洞深, 終歲寂寂無人尋.)"라 하였던 것이다. 일주일가량 처남가에 머문 까닭은 옮긴 직후에 지은 시 〈쇄소정제(灑掃庭除)〉(권13)의 "집을 짓는 일이 막 낙성되었는데도, 부절을 나누어받고 가더니 돌아오지 않네(作室成纔落, 分符去未回.)"라는 진술로 보아, 장남 종학(種學)의 가솔이 귀경할 것에 대비하여 집을 수리, 또는 개축한 일 때문이었을 듯하다. 이로써 본다면 "1379년에 이색은 52세의 노년으로 부인 권씨와 개경 묘각동의 집에서 살았"[29]다는 설명

---

28) 〈十二月廿二日庚申, 移寓妙覺洞權判閤家〉(권13).

29) 이익주, 「『牧隱詩藁』를 통해 본 고려 말 李穡의 일상」, 『한국사학보』 32(고려사학회, 2008), 135면.

은 용인하기 어렵다고 할 것이다.

목은은 자신의 동네와 집에 대한 허다한 시적 발언을 남겼고, 그 중에는 한 유항으로 말미암은 것이 압도적이고, 다음으로는 유항의 장인 길창군 권적과 관련된 것이 많다. 그러한 시편 가운데서도 흔히 보기 어려운 특이한 사례는 제목이 〈문 앞에 버드나무 한 그루가 있는데, 날마다 말을 매니 그 껍질이 손상되었고, 벌레가 또 그 줄기 속으로 들어간 지 오래 되었다. 봄이 오자 다른 버드나무와 조금도 다름이 없이 노랗다가 옅은 푸른빛으로 하늘거리자 매우 사랑할 만하였다. 어느 날 바람이 매우 거세지는 않았는데도 잠시 맞더니 문득 쓰러지기에, 내가 비로소 손상됨이 심하였다는 것을 알았다. 사람이 알지 못하여 조금도 보호해 주지 않았기 때문에 이와 같아지기에 이른 것이다. 그래서 생각하기를 '지난해에는 바람이 그 뿌리를 뽑았지만 줄기는 손상되지 않았으므로 지난날처럼 서 있었으니, 대개 그 전체가 온전한 데다 북돋아서 또 조밀해졌기 때문이리라.' 하였다. 오늘의 바람은 전일보다 거센 것이 아니었는데도, 버드나무가 당한 화액이 매우 심하였으니, 이것이 비록 한 미물이지만 그 운수가 있었던 것이다. 그 가지 예닐곱을 심었으니, 만약 그것들이 살아난다면 버드나무 한 그루가 나뉘어 예닐곱 그루가 될 것이다. 사람에 비유한다면 한 몸에 자손이 많아지면, 몸이 비록 없어지더라도 그가 남긴 사람은 더욱 많아지고, 몇 세대를 지나면 그가 어떤 사람에게서 나왔는지도 모르게 되는 것과 같다. 이것이 족보가 없어서는 안 될 까닭이므로, 대략 몇 구절을 지어서 기록한다(門前有一株柳, 日繫馬傷其皮, 虫又入其腹久矣. 春來與他柳無少異, 黃嫩綠搖, 甚可愛. 一日有風不甚狂, 暫觸之便仆, 予始知傷之甚矣, 人不能知, 不少保護, 故致如此. 因念去歲風拔其根而幹不傷, 故植之如前 盖其全體完, 而培之又密故也. 今日之風, 非有暴於前日也, 而柳之厄滋甚, 是雖一物, 有其數在焉. 種其枝凡六七, 若其生則一柳分作六七矣 譬之人, 一身而子孫多, 身雖亡, 其存者益多, 更數世則不知其出於何人矣. 此族譜之不可闕也, 略書數句以志之)〉[30]로

---

30) 시제와 본문의 역문은 呂運弼 외 2인, 앞의 책에서 인용하되, 필요한 경우 부분적 수정을 가하기로 한다.

된 것이다. 엄청나게 긴 서술적 제목부터 매우 이채로울 뿐 아니라, 본문 또한 썩 눈길을 끄는 작품이다.

북성(北城)의 남쪽에 유리라는 이름의 고적한 마을이 있는데
무수한 버드나무가 처마와 기둥에 이어져 있네.
나의 집 문 앞에는 다만 한 그루가 있을 뿐인데
봄바람에 가벼운 허리와 가지로 아리땁게 춤추었네.
노란 꾀꼬리가 날아와서 그 위에 앉아서
때때로 한 번 울어 남쪽창 밑의 꿈을 깨웠다네.
지난해에 바람에 뿌리가 뽑힘이 매우 놀랄 만하거니와
손상이 심하지 않았기 때문인지 그 목숨을 이어 왔네.
올해에는 말이 상처를 입히고 벌레가 줄기로 들어가자
안팎에서 번갈아 공격하여 뭇 독이 모였네.
거죽이 겨우 보존되어도 기맥은 또한 통하여
비와 이슬을 맞으면서도 노란 잎이 또 푸르러졌네.
사람이 겉은 튼실하더라도 안이 먼저 허약해지다가
한 번 병이 침범하매 곧 일찍 죽고 만 것과 같았네.
한 가지씩 심을 수 있고 땅 또한 비옥하지만
번영하거나 고사(枯死)하는 것은 누가 맡은 일인가?
그냥 두고 돌보지 않은 채 제 천성대로 두면
형이 훌륭하고 아우가 나은 때가 마땅히 있으리.
뒷날에 문호의 음덕으로 줄을 지으리니
또 나는 정절(靖節)을 상상하며 시를 읊조리네.
城南孤柳里之名　柳樹無數連簷楹
吾家門前只一株　春風嬌舞腰肢輕
黃鸝飛來止其上　夢破南窓時一聲
去年風拔大可駭　傷不甚故延其生
今年馬傷虫入腹　外內交攻叢衆毒
皮之僅存氣乃行　雨露所霑黃更綠
如人外實內先虛　一病來侵隨不祿
枝枝可種地且肥　或榮或枯誰所司

置之不顧縱其性　昆侖季强當有時
他年成行蔭門戶　更想靖節吟吾詩

거처 앞의 노쇠한 버들이 병들어 죽고 만 심상한 일을 시에 끌어들여 정서적인 차원을 넘어 식물학적인 이치를 자세히 펼친 데 이어, 이를 사람의 삶과 연관시켜 해석하는 사변적이고 의론적인 제목이다. 제목만으로도 기(記)나 설(說) 같은 문체에 속하는 훌륭한 문예적 소품이라 하겠는데, 다시 뜻은 같아도 말은 비유와 함축으로 잘 가다듬은 시로 읊었다. 10운장편 7언고풍으로 하평성경운(下平聲庚韻) 8구절로 시작하여 두 차례 환운하여 입성옥운(入聲沃韻) 6구와 상평성지운(上平聲支韻) 6구로 펼친 전운시이다. 정격을 취하여 수구에 입운함은 물론, 전운할 때마다 기수구(奇數句)에도 입운하면서, 본운이 아닌 인운(隣韻) 입성옥운(入聲屋韻)의 '복(腹)'과 상평성미운(上平聲微韻)의 '비(肥)'를 배치하는 변용을 구사한 점을 주목할 만하다. 변용은 압운에만 적용된 게 아니고, 호방한 기상이나 화려한 문채(文采)를 바탕으로 하는 게 보통인 7언고풍의 풍격보다는 질박(質朴)과 고원(高遠) 같은 5언고풍의 그것에 가깝게 한 풍격에도 미쳐 있다. 자신의 마을과 집에 대한 애정과 사유를 잘 드러낸 가작이라 하겠거니와, 문전의 버들 한 포기에 대해서도 이런 깊은 사유와 끈끈한 애정을 지녔으니, 마을과 집에 대한 사랑과 자부야 어떠했겠는가?

3. 우왕 5년 6월의 인상적 다작양상

기록적 다작의 해인 우왕 5년에 지은 목은시 989제 1,626수는 매일 평균 2.6제 4.23수쯤에 해당하는 수치이므로 말 그대로 일기를 쓰다시피 작시한 소치라 할 수 있다. 이 시편들은 얼핏 살피기만 해도 절서기상(節序氣象)·천지일월(天地日月)·산천원림(山川園林)·담소천석(潭沼泉石)·조수충어(鳥獸蟲魚)·초목화과(草木花果)·의관패식(衣冠佩飾)·기용집물(器用什物)·주식의 약(酒食醫藥) 등 거의 모든 사경영물(寫景詠物)의 대상을 비롯하여 성서영막(省署營幕) · 관직과거(官職科擧) · 공무시사(公務時事) · 경사문한(經史文翰) · 사문사승(斯文師承) · 종족친인(宗族親姻) · 조손부녀(祖孫婦女) · 인우노복(隣友奴僕) · 선도석로(仙道釋老) · 관혼상제(冠婚喪祭) · 기거질병(起居疾病) · 심방혜황(尋訪惠貺) · 훈육경계(訓育警戒) · 포폄책벌(褒貶責罰)과 같은 인사(人事)의 다기로운 영역과 행위가 망라되어 있다. 그리고 이것들은 술회견흥(述懷遣興) · 회고감구(懷古感舊) · 모현회인(慕賢懷人) · 관물영사(觀物詠史) · 논학설리(論學說理)와 같은 감회시(感懷詩)의 모든 방향, 기증수답(寄贈酬答) · 송별간기(送別簡寄) · 경조위무(慶弔慰撫) 등 응수시의 여러 분야와도 일면(一面) 이상의 관계를 맺고 있는 양상이다. 또 자신의 신체 · 질병 · 정신이나 기호 · 취미 같은 자아를 향한 시선과 세태 · 풍속 · 소문 같은 외부를 향한 응시 또한 이런 국면들과 연결되어 있기도 하다. 제재가 참으로 다양할 뿐만 아니라 다른 여러 국면들이 복잡다기하게 얽혀 있어 어떻게 접근해야 할지 아득하게 하는 점이 있다.

그 해의 1,000여 제에 가까운 시편들이 매월 고르게 지어진 결과는 아니다. 시의 제목과 내용만으로는 지어진 날짜는 물론이고 달조차 판별하기 어려운 작품이 대부분이어서 월별분포를 분명히 제시하기 어렵다. 그러나 경계선이 불분명한 경우 필요한 추정을 감행하면 대략적 수치는 말할 수 있다.[31] 13개월 중 과작한 편인 4월은 19제 32수, 11월은 24제 30수로 일반적 척도로 볼 때 다소 많이 지은 정도에 그쳤다. 그러나 다작한 편인 1월은 107제 220수, 2월은 134제 216수, 6월은 157제 269수[32]나 되어, 자세한 일기를 남겼다고 할

---

31) 1월 107제, 2월 134제, 3월 91제, 4월 19제, 5월 34제, 윤5월 65제, 6월 157제, 7월 58제, 8월 90제, 9월 58제, 10월 68제, 11월 24제, 12월 93제로 추산된다.

32) 17-006부터 18-051까지의 수치이다. 권16의 마지막 부분인 윤5월 21일작 16-156 〈廿一日, 中官出言 (후략)〉 다음의 10제와 권17 첫머리의 5제는 어느 달에 속하는지 불분명한데, 17-006 〈遣興〉에 "솔바람은 유월에도 차다(松風六月寒)"라는 구절이 있어, 분권을 유념하여 17-001 〈題宗孫詩卷〉을 6월에 속한다고 보았다. 또 "건조하고 따가운 가을햇볕이 몸을 태우려 하는데(秋陽燥烈欲燒身)"라는 구절이 나오는 18-052 〈熱困〉을 7월 작으로 보고, 18-051 〈昨至九齋坐松下, (중략) 日已高矣〉를 6월의 마지막 작품으로 처리했다.

만큼 시작에 몰두한 양상을 보여 준다. 이 가운데 최다작월인 6월에는 매일 5제 9수쯤 지었으니, "어떤 것은 평담하고 어떤 것은 웅심한데, 아침에 천편을 짓고도 저녁에 또 읊으시네."[33]라 한, 이웃에 살아 실상을 대체로 알았을 것으로 보이는 시인의 영탄이 지나친 과장이라 하기 어렵다.

6월에 지어진 시편들의 시제를 일별하면, 권17에 실린 것과 권18의 전반부에 실린 것 사이에 주목할 만한 차이가 눈에 띈다. 6월 전반부에 지어진 권17의 106제 중에는 장제(長題)가 흔하지 않은 가운데 즉사제(卽事題)가 13제 22수, 자영(自詠)·우음제(偶吟題)가 14제 22수. 유감제(有感題)가 5제 15수, 견흥(遣興)·잡흥제(雜興題)가 6제 20수, 한거(閑居)·유거제(幽居題)가 3제 9수, 효음(曉吟)·우청류제(雨晴類題)가 12제 20수, 고풍(古風)·기사제(紀事題)가 4제 14수로 이를 모두 합하면 67제 122수나 된다. 전통적 단제(短題)로 된 즉사즉경(卽事卽景)·자기술회(自己述懷)의 비중이 엄청나게 높다[34]고 할 것이다. 이와 달리 6월 후반부에 지어진 권18의 51제 중에는 이런 시제가 4제에 불과한 반면, 서술적(敍述的) 장제가 지배적이어서 18-002 〈이날 양부의 연회를 자하동에 하사하셨다는 말을 앓는 가운데 듣고 기뻐서 짓다(是日, 賜兩府宴于紫霞洞, 病中聞之, 喜而有作)〉, 18-003 〈또 공식 연회를 하지 않아 각자 술자리를 열었다는 말을 듣고 한 수를 이루다(又聞無公讌, 各開酒席, 因成一首)〉 등부터 18-046 〈유동 남쪽의 큰 거리에서 미음과 오이를 베풀고 음악으로 흥을 돋우고 있다고 집의 아이종이 달려와서 알려 주기에 노래하여 기록하다(柳洞南大街, 施漿水苽果, 侑以音樂 家童走報, 歌以紀之)〉, 18-050 〈구재를 생각하다(有懷九齋)〉 등까지 23제 29수에 이른다. 이 가운데 후자의 경우는 제목만 보더라도 신변의 공사(公私)에 걸친 사실들에 대한 기록의식이 극단으로 흐른 것이거나, 일상과 신변의 쇄소(瑣小)한 잡사를 적극적으로 시에 수렴한 사례임이

---

33) 韓脩, 〈次韻奉呈牧隱先生〉, 『柳巷詩集』. "或爲平淡或雄深, 朝作千篇暮又吟."

34) 閔丙秀, 「李穡의 詩世界」, 『韓國漢詩作家硏究』 2(태학사, 1996), 123면에서는 이런 현상을 "題名만으로는 도무지 그 主旨를 파악할 수 없게 하는 것들이 너무 많으며, 문집의 후반에 갈수록 일반시인들과는 비교가 되지 않을 정도로 이러한 현상은 두드러지게 나타난다."고 하였다.

드러나서, 제목과 제재 모두 한시에 대한 일반적 통념을 꽤 벗어나거나 비시적(非詩的)인 기궤(奇詭)함을 지닌 것이라고 지적받을 만한 것들이다.[35] 같은 달에 지은 두 권 사이에 보이는 이런 차이가 의도적 소치인지 우연한 결과인지는 알 수 없다. 그러나 권의 구별과 상관없이 6월에 특별한 다작으로 흐른 주된 원인이 전통적 단제에 즉사즉영·자기술회를 담은 시와 서술적 장제로 신변사를 기록하고자 하거나 쇄사일문(瑣事逸聞)을 끌어들인 시 때문이라는 것은 대체로 알 수 있다.

1379년 6월 소작의 시가 보인 이런 면모는 그해 전체뿐 아니라 다작기의 시, 나아가 목은시 전체로 확대해서 적용할 수 있는 단서가 될 수도 있다. 공사간의 모든 것을 기록하고 일상적 신변사를 닥치는 대로 시에 수용하고자 한 의식이 다작의 주된 원인이자 노년기 목은시를 관통하는 큰 흐름으로 볼 수 있기 때문이다. 이로 말미암아 그는 34세 이후 15년과 59~61세의 작품이 일실됐을 뿐 아니라 조선조 개국 이후 시작을 포기하였던 탓에 실질적 시작 기간이 25년에 불과함에도 불구하고, 우리 한시사상 최대량을 생산한 시인의 자리를 차지할 수 있었다.

목은의 기록의식에 말미암은 시편[36]과 일상을 수용한 시편[37]은 이미 일부 검토된 바 있지만, 우왕 5년에 국한하더라도 내포하고 있는 문제점이 적지 않으므로, 이 자리에서 한꺼번에 다 논의할 수는 없다. 그러므로 여기에서는 앞의 추론에 유념하여, 우왕 5년의 최다작월인 6월에 지은 시가 드러낸, 다른 시인과 현저히 구분될 만큼 특이한 면모로 보이는 극단적인 기록의식[38]의 한

---

35) 시제나 제재가 전통적인 것인지, 시적인 것인지 여부는 속단하기 어렵지만, 통념적 경계선이 없지도 않은 문제일 것이다.

36) 呂運弼, 「『牧隱詩藁』의 史料的 價値」, 『신라대학교논문집』 52(신라대출판부, 2003) ; 李益柱, 「『牧隱集』의 간행과 사료적 가치」, 『진단학보』 102(진단학회, 2006).

37) 김보경, 앞의 논문 ; 김동준, 「牧隱 李穡의 漢詩에 나타난 老年의 日常과 詩的 形象」, 『한국한시연구』 21(한국한시학회, 2013).

38) 이로 말미암은 가장 큰 성과는 국가적 史料일 터인데, 우왕 5년의 경우에도 『高麗史』의 기사가 4,000字에 불과한 탓에 외교·科擧·관직·都堂·서연 등에 대한 크고 작은 사료로 볼 수 있는 자료가 있다.

양상과 신변잡사를 시에 수용한 일부의 국면만 검토하기로 한다. 전자의 경우에는 청소년기의 면학을 회억하고 그로 인한 성취에서 맛보는 보람을 기록하고자 한 시편들을 살피고, 후자의 경우에는 음식에 대한 기호(嗜好)와 세상의 소문 및 연꽃에 대한 완상취미(玩賞趣味)를 형상화한 시편들을 검토하기로 한다.

4. 기록의식에 의한 시작의 면모

1) 청소년기의 면학에 대한 회억

〈독서처가(讀書處歌)〉(권17)는 다음과 같은 긴 서문을 따로 붙여 제재와 창작의도에 대하여 자세히 밝혀 놓은 시이다.

> 한산 숭정산은 내가 2세 때 부모님이 고향으로 돌아가신 때부터 8세 이후까지 산 곳이고, 교동 화개산은 14세에 거처한 곳이며, 한양 삼각산은 17세 때 봄에 거처한 곳이고, 견주 감악산은 그해 가을에 거처한 곳이며, 청룡산은 그해 겨울에 거처한 곳이고, 서주 대둔산은 18세에 거처한 곳이며, 평주 모란산은 19세에 거처한 곳이다. 대도(大都; 北京)의 국자감 생활은 무자년(1348)에 시작되어 신묘년(1351)에 끝났는데, 그 사이에 어버이를 뵈러 온 일이 있었다. 먼저 칠산(七山)을 기록하고 나중에 벽옹(辟雍)을 기록한 것은 칠산에서 이룬 공업(功業)을 거두어 태학에 나아갔기 때문이다. 왜 노래하는가? 자손에게 보이기 위함이다. 잠깐 절에 우거(寓居)한 일이 또한 적지 않지만, 언급하지 않음은 잊은 것이 아니라, 학업의 성패에 연관시키기에 부족하기 때문이다. 명산과 승경이 인물을 배양하여 기질을 변화시킬 수 있다는 것을 고금의 사람들이 칭찬을 그치지 않았건만, 내가 일부러 노래함은 장차 악부(樂府)에 전파되어 무궁히 전승되게 하기 위함이다. 당세의 능시자(能詩者)라면 아마 좇아서 감탄함이 있을 것이다.[39]

39) "韓山崇井山, 予生二歲, 父母歸于鄉, 八歲以後所居也, 喬桐華盖山, 十四歲所居也, 漢陽三角

8세부터 19세까지 오늘날의 충청 · 경기 · 황해 3도에 걸쳐 있는 일곱 군데의 산에서 독서하고 21세부터 24세까지 원도(元都)의 국자감에서 수학한 체험과 그것이 뒷날의 사대부적 자아실현의 원천임을 명쾌하게 서술하고, 아울러 자손뿐만 아니라 당세인과 후대인으로 하여금 그런 일을 알게 하고자 시를 짓는다는 편의(篇意)를 서술하였다. 34구의 장편고풍인 이 시의 전문은 아래와 같다.

한산(韓山)의 숭정산에는 솔숲 위에 구름이 떠 있고
교동(喬桐)의 작은 섬에는 진세(塵世)의 시끄러움이 없었네.
하늘에 꽂힌 삼각산 봉우리는 바위골짜기 위에 우뚝하고
감악산은 높다랗게 장단(長湍)의 마을을 눌렀네.
청룡산의 얼음절벽에는 조그만 집이 싸늘하고
서림(西林)의 대둔산에는 연기 낀 창문이 어둑하였네.
모란산에서 탁록(涿鹿)의 들판을 굽어보면
저물녘에 외로운 구름이 시냇가에 흐릿하였지.
함께 놀던 또래들은 모두 호방하고 걸출하였는데
넓디넓은 배움의 바다에서 연원(淵源)을 궁구하였네.
서로 살펴 최선을 다해도 여전히 부족하여
높이 날려는 쇠박새가 겨우 울타리를 넘듯이 하였네.
중조(中朝)의 천자가 학교를 소중히 여기매
벽수(璧水)의 진신(縉紳)들이 한창 토론하였네.
동방의 사람 중에 입학한 이는 또 매우 적었는데
조관(朝官)의 자제는 어찌 그리 드물었던가?
선군(先君)께서 발자취를 봉훈(奉訓)의 반열에 두셨기에
전례에 따라 교문(橋門)에 유학할 수 있었네.

山, 十七歲春所居也, 見州紺嶽山, 其秋所居也, 靑龍山, 其冬所居也, 西州大芚山, 十八歲所居也, 平州牡丹山, 十九歲所居也. 大都國子監, 始於戊子, 終於辛卯, 其間有省親之行. 前書七山, 後書璧雍, 所以收七山之成功, 而進於大學也. 歌之何? 示子孫也. 暫寓僧舍, 亦且不少, 然不及者, 非忘之也, 不足以關學業之成虧也. 名山勝境, 能養人物, 以變氣質, 古今人稱道之不置, 予故謌之, 將以播之樂府, 傳之無窮耳. 當世之能詩者, 其有以從歎之哉."

배추나방의 탈바꿈함이 일년도 안 되어서
글을 지으면 이따금 높이 난다고 칭찬받았네.
동해(東海)로 돌아와 거상(居喪)하는 동안에는
흐르는 세월이 번개처럼 빨랐네.
현릉(玄陵)의 첫 과거 때에 마침 상기(喪期)가 끝났기에
응시하여 우연히 장원의 자리를 욕되게 하였네.
중서당(中書堂)의 녹명(鹿鳴)의 연회[40]에 가서
붉은 관복을 하사받고 옥서(玉署)에 제배되는 특이한 은혜를 입었네.
이어서 차례를 넘어 발탁되어 삼중(三重)에 이르러
한거하면서도 녹봉으로 먹고 살아 자손을 영예롭게 하였네.
당시에 글을 읽던 곳으로 머리를 돌리노라니
푸른 이끼에 나막신 자국이 이제까지도 남아 있는 듯하네.
산신령에게 지각이 있다면 내가 사례 드려야 마땅하리니
인물을 길러낸 은혜가 건곤과 같다네.
향기로운 이름을 남길지 악취 나는 이름을 남길지 따지지 않고서
곧바로 노래함은 자손들에게 남기기 위함이라네.
韓山崇井松浮雲　喬桐小島無塵喧
三峯揷天聳巖壑　紺嶽高壓長湍村
靑龍氷崖小屋冷　西林大芼烟窓昏
牡丹俯視涿鹿野　孤雲落日迷川原
同游儕輩盡豪傑　學海浩瀚窮淵源
相觀而善尙不足　高飛斥鷃才蹤藩
中朝天子重學校　璧水縉紳方討論
東人鼓篋亦甚少　朝官子弟何其尊
先君簉跡奉訓列　援例得以游橋門
螟蛉變化不閱歲　綴文往往稱高騫
歸來東海居憂中　流光飄忽如電奔
玄陵初科服適闋,　射策偶耳叨壯.

40) 鹿鳴宴은 州縣의 長官이 향시의 시관과 급제자에게 베풀었던 잔치인데, 그 자리에서 『詩經』「小雅」〈鹿鳴〉을 읊은 데서 생긴 말이다.

鹿鳴往會中書堂　賜緋玉署承殊恩
因之超擢至三重,　閑居食祿榮子孫
回頭當日讀書處　蒼苔至今留屐痕
山靈有知我當謝　養出人物同乾坤
流芳遺臭且不問　歌之直欲貽後昆

일운도저격(一韻到底格) 상평성원운(上平聲元韻)의 7언고풍인데, 작품의 의미구조는 기단(제1～8구), 승단(제9～22구), 전단(제23구～28구), 합단(제29구～34구)의 4단으로 이루어진 것으로 볼 수 있다. 각 단락의 요지는 기단은 소년기의 독서처였던 한산(숭정산)·교동(화개산)·양주(삼각산)·장단(감악산)·견주(청룡산)·서주(대둔산)·평주(모란산) 등 일곱 군데 산의 풍물의 회억, 승단은 일곱 산과 원나라 태학에서의 독서와 면학의 회억, 전단은 독서에 힘입은 장원급제와 이어진 출사 및 빠른 승차에 대한 감회, 결단은 자신의 오늘이 있도록 길러 준 산천에 대한 감사와 자손이 알기를 바라는 마음의 토로로 볼 수 있다. 전편의 주제는 청소년기의 독서 및 그로 인한 성취에 대한 회억과 그 의미를 자손에게 알리고자 함이라고 규정할 수 있을 것이다. 가깝게는 삼중대광(三重大匡)으로 승차한 4년 전부터 멀게는 44년 전의 독서처의 정경(情景)까지 서술하거나 묘사하고 나서, 그곳에서 공부하던 자세와 시절의 분위기, 그리고 면학에 힘쓴 덕분에 급제와 초승(超陞)을 거쳐 최고관계에 이른 영예를 술회한 데 이어, 그러한 성취에 대한 자부심과 자손이 본받기를 바라는 마음을 드러내었다.

이 작품의 서와 본문을 통해서는 두 가지를 주목할 만하다고 생각할 수 있다. 하나는 시서(詩序)에서 “왜 노래하는가? 자손에게 보이기 위함이다.”, “내가 일부러 노래함은 장차 악부에 전파되어 무궁히 전승되게 하기 위함이다.” 라고 한 진술에서 엿보이는 창작동기의 측면이다. 자손이 알게 하겠다거나 악부에 오르기를 바란다는 말은 자신의 면학이 개인적 행적에 그치지 않는다는 커다란 자부심에 말미암은 기록적 의의를 내세운 것이다. 거들먹거린다고 손가락질할지 모르는 세인을 의식하여 한 말이기는 하지만, 그가 지닌 개인적인 것으로 볼 수 있는 신상의 사실까지 철저히 기록해 두고자 하는 의식이 시작과 밀착된 좋은 사례라 할 것이다. 다른 하나는 그러한 기록의식에서 출발한 시편이면서도 기상(氣象)·정신(精神)·문채(文采)뿐만 아니라 필세·감정의 기복(起伏) 등 여러 측면에서 7언장편에 요구되는 미덕이 두루 발휘되어 있어 범용(凡冗)한 작품으로 보지 못하게 한다는 점이다. 신변사를 끌어들여 무잡(茂雜)스레 문사를 희롱한 것이라고 질타하기는커녕, 합단의 "당시에 글을 읽던 곳으로 머리를 돌리노라니, 푸른 이끼에 나막신 자국이 이제까지도 남아 있는 듯하네. 산신령에게 지각이 있다면 내가 사례 드려야 마땅하리니, 인물을 길러낸 은혜가 건곤과 같다네."라는 대목에서 볼 수 있는 정신의 깊이와 감정적 진실성을 수긍함은 물론이고, 결구 "향기로운 이름을 남길지 악취 나는 이름을 남길지 따지지 않고서, 곧바로 노래함은 자손들에게 남기기 위함이라네."가 내포한 언외의 함의 또한 감흥을 불러일으킬 만한 것이라고 칭찬해야 마땅할 것이다.

〈독서처가〉는 소년기에 독서했던 산들과 원나라 국학에 대한 회억만을 대상으로 하였을 뿐 고려의 태학에 대해서는 언급하지 않았다. 그러나 시인이 14세이던 충혜왕 후2년(1341)에 국자감시에 급제하였으니, 그다지 긴 기간은 아니었을 것으로 보이지만, 거기에서도 수학했을 게 틀림없다. 연보에는 아무런 언급이 없지만, 성균관과 구재도회(九齋都會)의 수학경험을 회상한 시편들이 이를 입증한다. 예컨대 경·미련이 "푸른 솔이 둘러싼 학사(學舍) 위에는 상서로운 기운이 떠 있는데, 푸른 이끼가 가득한 뜰에서는 글 읽는 소리가 끊어져 버렸네. 인세의 일은 잠깐 사이에 참으로 예와 이제로 변하건만, 머리 위에는 무단히 백발만 생기네.(繞舍碧松浮瑞氣, 滿庭蒼蘚絶書聲. 人間俯仰眞今古, 鬢上無端白髮生.)"로 된 7언율시 〈성균관을 회억하다(有懷成均館)〉(권17)는 40세였던 공민왕 16년 이래의 대사성 노릇과 관련된 감회를 읊은 것으로 보아야 하겠지만, 다음에 드는 18-050 〈구재를 회억하다(有懷九齋)〉 3수 중 제2수는 제생(諸生)이던 시절에 대한 절실한 회억을 담고 있다.

하과당(夏課堂) 안은 바람과 이슬이 싸늘하였는데
강운(强韻)으로 애써 읊노라면 창자에 숯이 쌓였네.
선생께서 부르시는 방(榜)에 제생이 응답하노라면
적막한 빈 뜰에는 달빛이 서리와 같았네.
夏課堂中風露凉　苦吟强韻炭堆腸
先生唱榜諸生應　寂寂空庭月似霜

구재는 오경재(五經齋)와 사서재(四書齋)의 합칭이고, 하천도회(夏天都會)로도 불리었던 하과(夏課)는 그곳의 여름철의 특별교육이다. 구재에서 수학하면서 하과의 각촉부시에서 험운(險韻)의 시를 짓느라고 창자가 까맣게 타도록 애쓰고 난 뒤 조바심하면서 스승의 평가를 기다렸던 경험을 읊으면서, 싸늘하고 적료(寂寥)한 경물로 그 긴장감을 생생하게 부각시키고 있다. 성균관이 송악산에 가까이 있었던 데다 밤에 겪었던 일이기는 하지만, 기구에서 '풍로량(風露凉)'이라 한 데 그치지 않고 결구에서도 '월사상(月似霜)'이라 한 것은 당시에 실제로 그렇게 서늘했다거나 가을이 가까워졌음을 말하고자 한 것이라기보다는 한여름 낮의 더위를 강조하고자 한 의도에 말미암은 언술일 것이다. 당시에 지녔던 청년적 활기와 노쇠한 오늘의 무력감의 거리를 언외에다 함축시키고자 한 반어적 이미지를 지닌 어구로 읽힌다는 것이다. 이 대목을 어떻게 읽든 30년이 훨씬 지난 일을 마치 어제의 일인 양 정서적 긴장감을 유지한 채 회억함으로써 근간의 일을 술회한 듯한 현장감을 지니도록 배려된 시편으로 볼 수 있다. 이 작품은 그 본문의 언표를 넘어 다음의 몇 가지 사실을 알게 한다는 점에서 기록적 의식에 닿아 있다. 첫째, 구재가 『고려사』가 밝힌 대로 공민왕 16년에 처음 설치[41]된 것이 아니라 성리학의 영향을 받아 과목(科目)에 사서(四書)를 포함시켰던 충목왕(忠穆王) 즉위년(1345)[42] 이전에

41) 『高麗史』 권74 「選擧」 2. "十六年, 成均祭主林樸, 上言, (중략), 增置生員, 常養一百, 始分五經四書齋."
42) 위의 책 권73 「選擧」 1. "忠穆王卽位之年八月, 改正, 初場試六經義四書疑, 中場古賦, 終場策文."

이미 설치되었으리라는 사실이다. 둘째, 목은이 예부시[43]에 응시하기 위한 준비로 구재에서 수학한 사실이 있음을 분명히 확인시켜 준다는 점이다. 셋째, 목은이 구재의 하과에서 치러진 각촉부시에서 제생들과 시재(詩才)를 겨루었다는 점이다.

시인은 이 작품보다 3개월 뒤에 지은 〈조용히 앉아 우연히 구재도회를 기억해 보니 초에 눈금을 그어놓고 시를 지어 그 높낮이로 차례를 매겨 여러 학생들을 격려한 것도 하나의 학문을 권하는 방편이었다. (후략)(靜坐偶記九齋都會, 刻燭賦詩, 第其高下, 激厲諸生, 亦一勸學方便也. (후략))〉(권19)의 시제 중 생략된 부분에서 하과의 각촉부시에서 16세에는 4~5회, 17세에는 20회 남짓 장원을 차지한 일이 있고, 문장이 음풍농월(吟風弄月)을 넘어서는 중요성을 지닌다는 것을 인정하면서도, 학문에 힘써야지 사장(詞章)에 몰입해서는 안 된다는 점을 더욱 중요하게 인식하여 청년기에는 시작에 그다지 힘쓰지 않았다[44]고 술회함으로써 이 작품과는 다른 방향의 기록의식을 드러낸 바 있다. 그럼에도 이 작품은 청소년기의 시작을 그와는 좀 다른 방향에서 긍정적으로 회억하는 쪽으로 기록하고자 한 것이라고 보아야 할 것이다.

다음은 18-051 〈어제 구재에 가서 소나무 밑에 앉아 있노라니, 소나무 그늘이 엷은 데다 날은 한낮이 가까워 매우 더웠다. 이에 제생에게 '자하동에 들어가서 서늘한 곳에서 시를 짓는 것이 어떻겠는가?'라고 물었더니, 제생이 좋아서 펄쩍 뛰면서 이끌고 갔다. 안심사 앞의 거센 물에 이르러 남쪽언덕에 앉아서, 각촉부시의 제목을 내었더니, 초가 반도 타기 전에 소나기가 쏟아졌다. 제생을 이끌고 절로 달려 들어갔는데, 의건(衣巾)은 다 젖었으나 꽤 훌륭한

43) 〈觀魚臺賦〉(권1) 後序에서 "予年十七歲, 赴東堂賦和氏璧."이라고 술회한 것으로 보아, 1344년 朴忠佐가 知貢擧였던 예부시에 처음 응시하여 낙제했던 듯하다.

44) 26세나 되어 등제한 중요한 원인을 짐작케 하는 진술이다. 목은이 1341년에 監試에 급제하고도 당년·익년의 禮部試에 불참한 것은 주로 科擧·詞章보다는 학문에 힘서야 한다는 의지 때문이었을 터인데, 44년에는 처음 응시하여 낙방하였고, 47년에는 부친이 試官이라 相避로 응시하지 못했을 것이다. 이로 말미암아 탈상한 다음 달에 치러진 공민왕 2년(1353)의 과거에 비로소 급제할 수 있었다.

풍치가 있었다. 세 편의 시를 짓게 하였는데, 〈송풍〉은 내가 명한 것이고, 〈재상행〉은 광양군 이 선생이 명한 것이며, 〈취우〉는 상당 한 선생이 명한 것이다. 처음에 말을 끌고 와서 나에게 알린 이는 지후 민안인이고, 나를 시종한 이는 영(令) 민중리와 나의 아들 종학이며, 상당을 시종한 이는 그 아들 상경과 사위 안경검이고, 우연히 만난 이는 전교령 김가구·전법총랑 임헌·전교부령 염정수였다. 돌아와서 쓰러져 곤하게 누워 자다가, 깨니 참으로 꿈 속의 일과 같기에, 노래를 지어 기록하고 나니 해가 벌써 높이 솟아 있었다(昨至九齋坐松下, 松陰薄, 日將午, 熱尤甚. 於是告諸生曰, '入紫霞洞, 就凉冷處賦詠如何?' 諸生踊躍導行, 至安心寺前亂水, 坐南岸, 刻燭出題, 燭未半, 雨驟至. 引諸生走入寺, 衣巾盡濕, 殊有佳致. 賦三詩, 曰松風, 予所命也, 曰宰相行, 光陽君李先生所命也, 曰驟雨, 上黨韓先生所命也. 初持馬報僕者, 閔祗候安仁也, 從僕者, 閔令中理·豚犬種學也, 從上黨者, 乃子尙敬, 壻安景儉也, 其邂逅者, 典校令金可久·典法摠郎任獻·典校副令廉廷秀也. 旣歸, 頹然困臥, 及覺, 眞如夢中, 歌以錄之, 日已高矣)〉이다.

국가가 문물을 숭상하니 가르침에 술법이 많았고
크게 지은 반궁(泮宮)은 우뚝하게 높았네.
이어서 구재를 열어 각각 생도를 가르치자
푸른 옷을 입고 분주히 오가는 유생이 도성에 가득하였네.
송산(松山)의 기슭에서 연 하천도회에서는
글을 읽고 나서 시를 지을 때에는 반드시 각촉으로 하였네.
전편이 경구(警句)였음은 세인이 알거니와
토론과 강습 또한 부지런히 하였다네.
지난날의 현인의 남긴 자취에 사례하고 찬양할 수 있는데도
풍습과 세도(世道)가 바뀌어 제멋대로 되었네.
당시에 염락(濂洛)의 교화가 처음으로 시행된 때에는
노래를 읊어 곧바로 성정(性情)을 추구하고자 하였네.
바람과 꽃, 달과 이슬을 치지도외하거늘
어찌 다시 산과 바다로 달려갔으랴?

구절과 의경(意境)을 단련할 줄 아는 이가 누구였던가?
고사와 어구를 차용함에는 스승으로 삼는 바가 없었네.
허물이 진실로 나에게 있어 속으로 자신을 부끄러워하거니와
한단(邯鄲)의 걸음을 배움은 지금이 가장 심하네.
성균관에는 뜰에 가득 향기로운 풀이 생장할 뿐이니
흰 머리로 누워 앓노라니 감정을 억제하기 어렵네.
구재에서 시를 지어 읊음이 또 이와 같으니
어찌하면 나의 평소의 뜻이 실현되랴?
다행스럽게도 솔바람이 서늘하게 얼굴에 불어오고
갑작스러운 소나기는 시광(詩狂)을 재촉하네.
함께 간 봉군(封君) 중에서 나는 가장 병들었지만
우연히 만나 풍류를 함께 즐기노라니 옥이 서로 비추는 듯하네.
〈재상행(宰相行)〉 몇 수를 나지막하게 읊조려 보니
임금을 요순(堯舜)이 되게 하여 태평시절을 열고자 하네.
내가 노인임을 믿고 스스로 뻐기는 게 아니라
감히 제생에게 다시 만나기[45]를 청하네.
이번의 놀이가 아주 기절(奇絶)하여 평소보다 빼어나기에
나의 동지들이 나의 시를 읽기를 바라네.
國家崇文敎多術　大作泮宮高硉矹
仍開九齋各授徒　侁侁靑衿盈國都
夏天都會松山麓　讀書賦詩須刻燭
全篇警句世所知　討論講習仍孜孜
昔賢遺跡可對越　風移世變成挑撻
如今濂洛敎初行　謳吟直欲求性情
風花月露置度外　肯復馳山兼走海
煉句煉意知者誰　用事用語無所師
咎實在我內自愧　邯鄲學步今爲最
成均滿庭芳草生　白頭臥病難忘情

45) 傾盖(蓋)는 수레를 탄 채 길에서 만나 수레덮개를 가까이 하고 이야기를 나눔으로, 처음 만나거나 사귐을 비유한다.

九齋賦詠又如此　何以償吾平昔志
幸哉松風吹面凉　白雨忽爾催詩狂
聯翩封君我最病　邂逅同風玉相映
沈吟數首宰相行　致君堯舜開太平
非吾恃老自誇大　敢請諸生更傾盖
玆游奇絶冠平詩　幸我同志觀吾詩

다음 작품인 〈열곤(熱困)〉에서 “가을햇볕이 건조하고 따가워 몸을 태우려 하는데(秋陽燥烈欲燒身)”라고 서술한 것으로 보아 6월의 마지막 무렵에 지은 시로 보인다. 우선 시제가 중국의 원화연간(元和年間; 806~820)의 시체인 원화체(元和體)에서 시작되어 북송대(北宋代)에 크게 유행했던 시작의 동기나 이유를 장제로 밝히는 취향의 한 극단을 확인시키는 사례라는 점을 지적할 수 있다. 190자나 되는 긴 제목은 [구재에 갔더니 너무 더워서 시인이 자하동에 가서 부시(賦詩)하는 것이 어떠냐고 제의함-제생이 응하기에 안심사 앞에 가서 각촉부시의 제목을 세 개 냄-소나기 때문에 절에 들어가서 계속 함(시제는 자신이 낸 〈송풍〉, 한수가 낸 〈재상행〉, 이무방이 낸 〈취우〉였음)-시종하거나 해후한 이가 여럿이었음-돌아와서 곤하게 자다가 깨어 생각하니 감격스러운 일이었기에 시를 지어 기록함]으로 요약할 수 있다. 제목만으로는 당시의 구재의 교육을 기록으로 남기고자 하는 의식을 드러낸 듯이 보인다.

시의 형식적 측면을 먼저 살피기로 한다. 16운의 7언고풍인 이 시는 평측양운의 전운시이다. 수구는 입성월운(入聲月韻)의 '올(矹)'에 통운한 입성질운(入聲質韻)의 '술(術)'로 입운하고, 그 이하에서는 평성우운(平聲虞韻), 입성옥운(入聲沃韻), 평성지운(平聲支韻), 입성갈운(入聲曷韻), 평성청운(平聲淸韻), 상성회운(上聲賄韻), 평성지운(平聲支韻), 거성태운(去聲泰韻), 평성청운(平聲淸韻), 거성치운(去聲寘韻), 평성양운(平聲陽韻), 거성경운(去聲敬韻), 평성경운(平聲庚韻), 거성태운(去聲泰韻), 평성지운(平聲支韻)으로 압운하였다. 평측양운을 쓰되, 연마다 환운하면서 측성과 평성을 규칙적으로 번갈아 썼으며, 평성청운・평성지운・거성태운을 2회씩 사용하였다. 전운이 많이 적용되어 13

종류나 되는 운을 사용한 신식고풍이라 할 수 있다. 평성청운인 '정(情)'이 제6운과 제10운에 쓰여 중운(重韻)이 되었지만, 근체가 아니므로 무방한 현상이다. 대장은 전반부에 동자대(同字對)가 구중(句中)과 구간(句間)에 다 적용되고, 후반부가 다소 억지스럽게 짝지어진 '연구연의지자수(煉句煉意知者誰), 용사용어무소사(用事用語無所師)' 한 연뿐이다. 환운시임에도 대장을 거의 도입하지 않은 것은 전운간격이 좁은 점과 정연한 형식미를 추구하지 않으려는 의도에 말미암을 것이다. 이런 점들은 형식면에 대한 배려를 상당히 거친 시편임을 짐작하게 한다.

작품의 의미구조는 서단(제1~8구), 본단(제9~20구), 결단(제21~32구)의 삼단구조로 파악할 수 있을 듯하다. 서단은 자신이 제생이던 시절의 구재의 학습과 시작의 분위기를 긍정적으로 회상하며 시상을 연 대목이고, 본단은 정학(正學)과 시도(詩道)를 추구했던 당시와 학문을 버리고 음풍농월이나 추구하는 오늘날의 풍토를 대비적으로 서술하고, 아울러 그런 변화에 자신의 잘못이 크다는 것을 한탄함으로써 앞의 의경을 발전시킨 내용이며, 결단은 모임의 분위기와 제생의 시를 통해 침체를 벗어나 제자리로 돌아가리라는 긍정적 단서를 보았으니 앞날에 희망을 가진다고 하여, 앞의 정(正)과 반(反)에 해당하는 의경을 수렴하여 합(合)에 이르도록 변증법적으로 마무리한 것으로 볼 수 있다. 이러한 내용은 학문과 문장이 국가에서 얼마나 중요한가를 투철하게 인식한 사유를 바탕으로 하여, 전대와 당대의 상황을 예리하게 비교하는 한편, 바람직한 공부가 무엇인가를 자신의 소견을 내세워 뒷받침한 데 이어, 오늘의 침체된 학풍에 대한 비관적 한탄보다는 희망적 애정을 표출하는 방향으로 융화시키면서 수결한 것으로 정리할 수 있다. 이를 위해 "여금염락교초행(如今濂洛敎初行), 구음직욕구성정(謳吟直欲求性情.). 풍화월로치도외(風花月露置度外), 긍부치산겸주해(肯復馳山兼走海.)"라고 영탄한 2연은 관념·교훈과 정서의 조화가 잘 이루어진 활구를 내포한 대목이며, "행재송풍취면량(幸哉松風吹面凉), 백우홀이최시광(白雨忽爾催詩狂.)"은 필세와 정서적 고양이 잘 융합된 경지를 보여 준 연이라고 볼 수 있다. 이렇게 읽는다면 시제의 평탄한 기록성으로 말미암아 생기기 쉬운 관념성을 벗어나 정서적 호소력을 지닐 수 있도록 형상화되었다고 이해할 수 있을 것이다.

청소년기의 면학과 구재의 과거와 오늘날을 읊은 시편들은 모두 청소년기의 면학에 대한 회억을 기록으로 남기고자 한 의식을 바탕으로 하면서도, 시가 사상이나 메시지를 전달하는 도구에 머물지 않고 시적 성취에도 이른 사례들이라고 평가할 만하다. 그러나 청소년기의 면학을 회억한 시편들이 기록의식의 시작화와 형식·내용·표현 등에 의해 갖춘 형상성이라는 의의만을 지닌 것일까? 시인이 당시에 노쇠·질병뿐만 아니라 정치적 소외나 세대간 간극 등으로 인하여 작지 않은 소외감과 무력감에 젖어 있었으리라는 점을 고려하면, 이에 그치지는 않을 것으로 보인다. 강건한 신체와 사대부적 성취에 대한 희망을 바탕으로 하여 의욕적으로 노력했던 청소년기를 회억하는 것은 그런 성취를 넘어, 오늘의 무력감을 벗어나 삶의 동력을 추스를 수 있는 계기를 시작을 통해 모색하고자 한 것이라는 의의 또한 배면에 깔고 있다고 이해해야, 한여름에 장편까지 마다하지 않은 시인의 의욕을 간과하지 않는 일이 될 것이다.[46]

2) 사대부적 성취의 자긍심

목은이 우왕 5년 6월에 보였던 청소년기의 공부를 회억하여 기록으로 남기고자 하는 시작에 힘쓴 경향이 면학에 의한 성취에 대한 기록적 의식으로 이어짐은 자연스러운 현상일 것이다. 목은이 애써 공부하여 성취한 바는 고려의 예부시에서 장원급제한 것을 비롯하여 정동행성 향시의 급제 및 원 제과

46) 면학에 대한 회억이든 쇄사일문과 기호·취미의 수용이든, '신변사의 시적 기록'이라는 관점에서 전반적으로 검토할 필요가 있는 현상이다. 이는 書牘類·雜記類의 산문을 남기않으려 한 점과 구별되는 한편, 시로 서간을 대신한 〈送晉州李判官, 兼簡同年全記室, 二首〉(권4)·〈寄呈無及諸大德, 兼簡廉六宰,成夏城兩家〉(권29) 같은 사례가 더러 있는 점, 〈即事九首〉(권7)·〈紀事五首〉(권17) 등 論詩論文詩가 흔하다는 점과도 관련을 맺고 있는 현상이다.

의 갑과등제(甲科登第) 등의 뛰어난 과적(科蹟), 양국에서의 출사와 빠른 승진 등의 순탄한 관직생활, 그로 인한 녹봉과 명예라는 부수적 명리 등 광범위한 영역에 걸친 것이다. 그는 전 생애에 걸쳐 이와 관련된 것들을 두루 시에 끌어들인 것으로 보이지만, 여기에서는 그것이 특별히 두드러지게 나타난 우왕 5년 6월의 시를 대상으로 하여 면학으로 얻은 가장 중요한 성취라 할 수 있는 좌주(座主)와 사신(詞臣)·문단(文壇)의 영수로서 맛보는 보람을 시로 읊은 양상을 살펴보기로 한다.

목은은 공민왕 14년(1365)에 동지공거(同知貢擧)를 맡음으로써 처음 문생을 둔 이래로 17년에는 친시독권관(親試讀卷官), 18년에는 동지공거, 19년에는 명(明)의 과거조령(科擧詔令)에 따른 향시고시관(鄕試考試官), 20년에는 지공거를 맡는 등 한 시절의 인재선발을 주도하면서 동시대의 어떤 좌주보다 많은 문생을 두었다. 그 과정에서 발탁한 등제자는 107명[47]이나 되며, 대표적인 문생으로는 윤소종(尹紹宗)·하윤(河崙)·이첨(李詹)·유백유(柳伯濡)·권근(權近)·서견(徐甄)·이행(李行)·남재(南在)·유관(柳寬)·김진양(金震陽)·염정수(廉廷秀) 등을 들 수 있다. 인원의 규모나 제제다사(濟濟多士)인 점으로나 당시로서는 최대의 좌주문생 세력을 이루었을 것이다.[48]

목은이 우왕 5년 6월에 지은 시 가운데 좌주의 보람을 읊거나 좌주문생의 유대감을 노래한[49] 시는 유감스럽게도 17-019 〈자영(自詠)〉(2수)뿐인데, 다음은 그 첫째 수이다.

---

47) 親試讀卷官으로 뽑은 李詹·閔中理 등 7인, 鄕試考試官으로 뽑은 朴宜中·李崇仁 등 5인을 포함시킨 숫자인데, 민중리는 문생이라 명시하면서도 박·이는 禮待한 데서, 향시시관은 좌주로 간주하지 않는 게 관행이었음을 짐작할 수 있다.

48) 우왕 12년(1386)에 마지막으로 지공거를 맡아 孟思誠·吉再 등 33인을 선발하게 되는데, 자신 및 師門·父親·親知의 문생과의 결속으로 인한 영향력이 막강했던 탓에 牧隱黨與가 李成桂 세력과 균형을 이루었다고 평가한 사례(鄭治憲, 「麗末鮮初 科擧文臣勢力의 政治活動」, 『韓國學報』 64, 일지사, 1991, 124~6면)도 있었다.

49) 다소 간접적인 예로 17-014 〈柳巷門生設酌, 以公奉命有神勒之行也. 公親臨陋巷, 招僕侑座, 僕適有微恙, 不獲承教, 獨坐有感〉이 있다.

> 문생의 관작은 거듭 이어져 끊이지 않는데
> 좌주의 문장은 값이 나가지 않네.
> 물에 떠다니는 부평초가 서로 만남은 참으로 우연이건만
> 부질없이 하늘로부터는 도망칠 곳이 없다고 말하네.
> 門生圭組更蟬聯　座主文章不直錢
> 萍水相逢眞偶爾　謾言無處可逃天

규조(圭組)는 관리가 몸에 지니던 인장(印章)과 그것을 맨 끈으로 관작(官爵)을 비유하고, 평수(萍水)는 개구리밥이 물에 떠다니는 것으로 사람의 우연한 만남을 비유하는 사물이다. 〈자영〉이라는 애매한 제목을 내걸어 놓고는 문생의 관직이 부단히 이어진다는 말로 운을 떼어 놓고는, 그들에게 벼슬길을 열어 준 좌주인 자신은 문장 값을 제대로 인정받지 못한다고 하여, 온유돈후하다고 보기 어려운 불평스러운 어구를 토해냄으로써 전의(前意)와 대립시켰다. 어세가 이러하니 곧바로 시상의 전환이 일어남은 필연이라 하겠는데, 좌주와 문생의 만남은 부평초끼리 만난 것과 같은 우연한 일이라는 이치로는 당연하면서도 문생의 입장에서는 뜻밖일 수밖에 없는 말로 시상을 다시 전복시켰다. 좌주와 문생의 관계에 찬물을 끼얹는 게 굳이 시를 짓는 목적일 수는 없을 테니, 엇갈리는 세 가지 의경들을 한꺼번에 수렴하면서도 여운까지 갈무리되도록 좌주와 문생의 유대는 벗어날 길이 없는 속박이라는 뜻으로 마무리하였다. 무슨 일 때문에 이런 말을 하게 되었는지는 짐작할 수 없으나, 언표 자체는 좌주문생의 결속을 재확인한 것이므로 좌주 노릇의 보람을 읊은 부류로 볼 수 있을 것이다. 시인이 고생을 견디고 공부하여 좌주를 지낸 데 대한 보람을 기록으로 남기려는 의식을 확인하기에는 불충분한 사례이지만, 좌주문생의 유대감이나 좌주로서의 자긍심을 얄팍하게 드러내지 않은 가운데, 시적 긴장도를 지닌 시편이 되도록 한 사례라고 할 것이다.

이 작품을 전후한 달에 시인은 좌주노릇의 보람에 대한 기록의식을 뚜렷이 드러낸 시작을 무수히 남긴 바 있다. "검은 무소뿔과 붉은 가죽으로 된 두 허리띠는 익재와 송정이 전해준 것이다(烏犀紅鞓二腰, 益齋松亭所傳.)"라는 인

(引)을 붙여 자신의 좌주 이제현·김광재(金光載)로부터 좌주를 상징하는 물건인 서대(犀帶)를 물려받은 일을 읊은 7언 15운의 장편고풍인 〈서대행(犀帶行)〉(권14)은 그 가운데 가장 두드러진 예이다. 이 시편의 본문은 서대가 열헌(悅軒) 조간(趙簡)이 충렬왕의 경연에서 얻은 것으로 당초에는 일재(一齋) 권한공(權漢功)이 가졌던 것임을 서술한 데 이어, "두 사람의 옥순문생(玉笋門生)이 동국을 빛내어, 문장과 정사에서 서로 어깨를 나란히 했네. 유독 영화를 입음은 내가 유능한 때문이 아니라, 가정(稼亭)께서 남기신 경사가 바야흐로 이어진 것이네.(兩家玉笋照東國, 文章政事相磨肩. 獨荷榮華非我能, 稼亭流慶方綿綿.)"라고 그 영예로움을 술회한 바 있다. 또 국재(菊齋) 권보(權溥)가 광종(光宗) 이래의 좌주와 장원의 성명과 부(父)·자(子)·손(孫)이 서로 이어서 장시(掌試)한 사람과 좌주가 무탈한 가운데 문생이 장시한 사람들을 모으고, 그 뒤에 그림을 그려서 제목을 『계원록(桂苑錄)』이라 한 일과 물려받은 서대를 자신의 문생으로서 좌주를 맡게 된 염정수에게 준 사실을 밝힌 긴 서를 붙이고서, 5언 14운 장편으로 노래한 〈문생장시도가(門生掌試圖歌)〉(권26)를 지었다. 시인은 그 모두(冒頭)에서 "국가가 원기를 배양하니, 사문의 정통이 전해지네. 아름다우신 우리 광묘(光廟)께서, 처음으로 시서(詩書)의 은택을 흐르게 하셨네. 붉은 계수나무숲을 푹 적시니, 향기가 깊은 바람과 이슬 속에 뜨네. 뭇 재목을 대들보로 만드니, 환하게 고금에 빛나네. 좌주가 다행히 탈이 없으니, 문생은 풍채가 펼쳐지네.(國家配元氣, 斯文傳正脈. 穆穆我光廟, 肇派詩書澤. 浸漬丹桂林, 香浮風露深. 群材作棟樑, 赫赫光古今. 座主幸無恙, 門生風彩暢.)"라고 읊어 문생이 좌주가 된 영예로움에 흥겨워하였다. 더욱이 〈을사년 문생들이 와서 주식을 대접하기에 홀로 마실 수 없어서, 동년 순흥군 안공과 이웃어른 한첨서를 맞이하여 자리를 함께 하였더니, 윤소종 장원이 취하여 짧은 시를 지어 바치자, 여러 분이 모두 화답하였다. 이튿날 읽어 보니 꿈속의 일인 듯하여 화답하여 한 수를 이루다(乙巳門生來享, 不可獨飮, 邀同年順興君安公隣長韓簽書同席, 壯元尹紹宗醉呈小詩, 諸公皆見和. 明日讀之如夢中, 和成一首)〉(권21)와 같은 시를 여러 편 남기기도 하였다. 앞의 시로 부족한 점을

넉넉히 보충해 줄 수 있다고 할 것이다.

17-059 〈즉석에서 짓다(卽事)〉는 “서연에서 진강을 중지함은 유신의 원로를 우대함이요, 식경에도 마음을 둠은 임금에게 보답함이네.(書筵輟講優儒老, 食頃關懷報主人.)”라고 서연의 철강(輟講)을 읊은 것이라 좌주노릇에 못지 않다고 할 국왕의 스승으로서의 보람과 연관된 시편이다. 5월 27일에 시작된 서연이 한 달 남짓 만에 시들해진 탓에 6월에는 이 시 외에는 관련된 사례가 없을 뿐 아니라, 서연진강시(書筵進講詩)에 대한 자세한 검토는 따로 이루어진 바 있으므로 여기에서는 할애하기로 한다.

18-087 〈어제 자안과 가원이 북방에 보낼 표장을 지어서 나에게 윤색해 달라고 청하는데, 앓고 난 끝이라 생각이 막히기에 한 수를 지어 답답함을 펴고자 한다(昨日, 子安可遠修北方表章, 請予潤色, 病餘茅塞, 吟成一首, 將以舒堙鬱也)〉는 이숭인(李崇仁)·권근(權近)이 북원(北元)에 보낼 표장을 윤색해 달라고 요청한 데 따른 감회를 읊은 시이다.

두 분의 문장은 다 빼어나지만
나의 학술은 본래 홀로 거치네.
뭇 책에서 연구하고 탐색한 뒤임을 누가 알랴?
나는 여러 해 동안 신음한 나머지라네.
젊은 시절에는 창을 부술 만큼 매우 군색하였는데
늘그막에는 예문춘추관을 관장하면서 여유로운 척하네.
토론하고 윤색함[50]에 능력이 없음을 한탄하는데
천명과 인심은 어디에 있는가?
二子文章皆秀發　獨吾學術本荒踈
誰知考索群書後　自値呻吟數載餘
少日斵牕殊窘迫　老年監館似容與

---

50) 討論潤色은 外交文詞인 辭命을 작성하는 절차로서, 鄭나라에서 “사명을 지을 때에는, 비심이 기초하고, 세숙이 토론하고, 행인 자우가 수식하고, 동리 자산이 윤색하였다.(爲命裨諶草創之 世叔討論之 行人子羽修飾之 東里子産潤色之)”라고 한 『論語』「憲問」의 孔子의 말에서 유래한다.

討論潤色恨無力　天命人心安在歟

‘착창(斲牕)’은 당(唐)나라의 중소사인(中書舍人) 양도(陽滔)가 갑자기 칙서(勅書)를 기초하라는 하명(下命)을 받고서, 서고(書庫)의 열쇠를 가진 영사(令史)가 없어 구본(舊本)을 점검할 수 없게 되자, 창문을 부수고 들어가 참고하고서야 기초할 수 있었기에 시인(時人)에게서 착창사인(斲窓舍人)으로 불렸다고 한 『조야첨재(朝野僉載)』의 글에 유래한 말이다. 또 토론(討論)·윤색(潤色)은 공자(孔子)가 했다는 말에서 유래한 외교문사(外交文詞)를 훌륭하게 작성하기 위한 절차들이다. 시인은 자신을 방문한 두 젊은 사신(詞臣)이 탁월한 문장을 지닌 데다 관련된 책들도 참고하였을 터이건만, 당초부터 학식이 거칠고 문장이 졸렬할 뿐 아니라 병을 앓은 뒤에 더욱 토론과 윤색의 능력이 결핍된 늙은이에게 부탁함을 민망하게 여기는 마음을 토로하고 나서, “천명과 인심은 어디에 있는가?”라는 결구(結句)를 던짐으로써, 고려가 명나라와 원나라 양국 사이에서 겪는 외교적 갈등에 말미암은 의미심장한 여운을 남겨두었다. 표면적으로는 도은(陶隱)과 양촌(陽村) 같은 한 시대를 대표할 만한 관각문신까지 선배사신(先輩詞臣)에게 문의하는 데 대한 겸양을 드러낸 것이지만, 청소년기에 면학한 데 힘입어 사신의 수장이라 할 영예문춘추관사(領藝文春秋館事)로서 예우받음에 대한 보람을 배면에 짙게 깔고 있다. 그런 점은 1382년작인 33-109 〈표문의 제두와 권점에 대하여 서정언이 와서 문의하다(表文提頭圈點, 徐正言來請)〉를 통해서도 뚜렷이 엿볼 수 있으므로, 양촌이 계사년(1353)부터 기사년(1389)까지 나라의 문한(文翰)을 관장하여 험난한 때에 능히 사명(詞命)을 닦음으로써 누차 천자의 칭찬을 받았다[51]고 한 말이 허언이 아니라 할 만한 자부심을 말하고자 했을 것이다.

목은은 가장 대표적인 좌주이자 사신이었을 뿐만 아니라 흔히 유종(儒宗)·명유(名儒)로도 불린 바 있었던 학계의 영수이자 문원(文苑)의 종장(宗匠)이

51) 權近, 〈牧隱先生行狀〉. “自元季至正癸巳, 至皇朝洪武己巳, 數十年間, 掌國文翰, 多更變故險難之際, 能修詞命, 屢見嘉嘆.”

기도 했던 사람이다.[52] 다음달에 지은 〈나잔자[53]가 최졸옹이 뽑은 『동인시』를 가지고 와서 의심스러운 것을 물으니, 색은 그가 배움에 뜻을 둠이 쇠약해지지 않음을 기뻐하여 1수를 읊다(懶殘子携崔拙翁選東人詩, 質問所疑, 穡喜其志學也不衰, 吟成一首)〉(권21)는 겉으로는 한 고승(高僧)의 학식 · 문장 · 호학을 칭찬한 문면으로 되어 있지만, 이면에는 이단인 승려에게서조차 문원의 영수로 대우받음에 대한 자긍심이 짙게 배어 있다. 이달에 지은 〈민안인 지후가 여러 시인의 시고를 모아 졸옹의 『동인지문』을 이으려 하기에, 나는 매우 기뻐하며 짧은 노래를 지어 그 성공을 권장하다(閔祗侯安仁, 集諸家詩藁, 將續拙翁東文, 予喜之甚, 作短謌以勗其成)〉(권18)에는 그런 점이 더욱 분명히 나타나 있다.

> 우리나라에는 뜻이 큰 영웅이 많아
> 문장의 기세가 푸른 하늘에 닿았다네.
> 남긴 향기가 후대인을 적시니
> 날아가는 기러기가 진흙 위에 발자국을 남긴 듯하네.
> 명가(名家)의 전집은 쉽게 얻을 수 없어
> 양금(良金)과 미옥4(美玉)이 모래 속에 있었네.
> 고운(孤雲) 이래로 작가가 많아
> 문필의 우열을 다툼이 용이 들판에서 싸우는 듯하였네.
> 중원(中原)에서도 소중화(小中華)라고 부러워하고
> 밝게 빛나는 해와 별처럼 빛이 서로 쏘았네.
> 더욱이 익재(益齋)가 집대성하여

---

52) 『高麗史』에서 '儒宗 · 名儒'라는 말을 자주 쓰고, 정치적 적대자인 太祖 · 太宗조차 누차 '儒宗 · 大儒 · 鉅儒'라고 부른 바 있어, 목은에게서 "夢周論理橫說竪說, 無非當理, 推爲東方理學之祖."라고 찬양받았다고 할 따름이다가, 中宗代에 갑자기 儒宗이라면서 文廟에 배향된 鄭夢周와는 대조적이다.

53) 懶殘子는 天台宗의 승려로 忠惠王 복위 5년(1344) 정월에 삼각산에서 李穡 · 洪義元 · 吳仝 등과 結契하고 교유했으며, 이 시를 지을 당시에는 天台宗判事였고, 나중에 福利君에 봉해졌다. 〈贈休上人序〉(『牧隱文藁』 권8)에 목은이 16 · 7세이던 때에 교유한 사실이 자세히 설명되어 있다.

산문과 시가 다 빼어났네.
변려문 또한 체격을 얻었고
진정(陳情)과 송덕(頌德)은 온화하고 평온하였네.
졸옹(拙翁)의 호방한 기운은 절로 맞설 이가 없었는데
삼한(三韓)의 높은 율격을 다 모았네.
같은 시대에 여러 분들은 뽑히지 못했으니
들은 것을 중히 여기고 본 것을 가벼이 여긴 듯하네.
만년에 여강(驪江)의 늙은이[54]와 머물 때에는
바로 강물이 흐르듯 끝이 없을 듯하였네.
늙은이가 죽자 젊은이가 잇는데
나는 고풍을 좇는 각문(閣門)을 사랑하네.
각문의 학력은 여유가 있건만
나는 좀 벌레 같은 문자에 기탁하네.
두루 찾고 널리 채집하여 쌓인 구름과 같아서
나의 노숙한 눈으로도 이동(異同)을 헤매게 하네.
나는 지금 앓은 뒤라 마음과 힘이 쇠약하여
콩과 보리도 분간하지 못할 만큼 백치가 되었네.
어찌 대통구멍으로 표범의 얼룩을 엿보랴?
호흡의 기운은 실을 뽑듯이 끊어지지 않네.
장차 가을바람을 기다려 서늘함이 하늘에 가득하면
정신이 상쾌하고 지내기가 편하리.
곧 붓을 잡고 대략 비점(批點)을 찍으리니
그대의 집에서는 더욱 즐겨 유전시킬 것을 꾀하게나.
東方磊落多英雄　文章氣焰摩蒼穹
遺芳賸馥霑後人　爪留泥上如飛鴻
名家全集不易得　良金美玉沙石中
孤雲以來多作者　筆戰有如龍鬪野
中原歆羨小中華　日星晃朗光相射

---

54) 驪江翁은 閔安仁의 祖父인 贊成事 閔祥正(1281～1352)을 가리키는 듯한데, 생시에 졸옹과의 교유가 있었기에 언급한 듯하다.

況有益齋集大成　千百五七皆精英
駢驪四六亦得體　陳情頌德和而平
拙翁豪氣自無敵　拾盡三韓高律格
同時諸賢不入選　似重耳聞輕目擊
晩年留與驪江翁　直與江水流無窮
老者仙去少者繼　我愛閣門追古風
閣門學力有餘地　身如蠹魚寄文字
旁求博采如雲屯　驚我老目迷同異
我今病餘心力衰　不分菽麥成白癡
敢從管中窺豹斑　氣息不絶如抽絲
且待秋風凉滿天　精神爽快興居便
便當執筆略批點　君家更肯謀流傳

17운에 이르는 장편고풍으로 동(東)·마(馬)·경(庚)·맥(陌)·동(東)·치(寘)·지(支)·선운(先韻)을 취한 평측양운의 전운시이다. 규칙적으로 평성운과 측성운이 환운되게 하였으며, 수구뿐 아니라 전운할 때마다 기구(奇句)에도 입운한 정격이다. 전편의 의미구조는 기단(제1~6구), 승단(제7~20구), 전단(제21~26구), 결단(제27~34구)의 4단으로 이루어진 것으로 볼 수 있다, 단락별 요지는 기단은 우리나라의 전대의 문장의 여향(餘香)에 대한 평가, 승단은 고운·익재의 뛰어남과 졸옹의 『동인지문(東人之文)』 편찬에 대한 찬양, 전단은 민안인의 수집 및 편찬을 위한 노력에 대한 격려, 결단은 신병을 견디며 비선(批選)에 임할 각오를 다짐함으로 정리할 수 있다. 최해의 『동인지문』을 계승할 시선집을 편찬하고자 하는 민안인(閔安仁)의 노력에 대한 기쁨과 격려를 주제로 한 시편이라 할 것이다. 이 작품 이후 22-039 〈민자복이 우리나라 명현들의 시를 보여 주며 장차 『동인지문』을 계승하려 하기에, 매우 기뻐서 1수를 짓다(閔子復以本國名賢詩相示, 將繼東人之文, 喜之甚, 因題一首)〉, 22-043 〈자복이 또 시집을 가지고 왔기에 몇 수를 읽다가 눈이 지치고 몸이 피곤하여 병이 생길 것을 두려워 곧 그만두었다. 장차 자복이 뽑아 놓으면 내가 다시 뽑는 것을 맡기로 약속했다. (후략)(子復又以詩集來, 讀數首, 目倦身疲,

恐病作卽輟. 且約子復選之, 僕當再選. (후략)〉 등 이와 관련된 시 여러 편이 권 23까지 이어진다. 이를 종합하면 민안인이 1378년부터 『속동인문(續東人文)』을 편찬하려는 의지를 표명한 데 대하여, 목은이 위의 시에서 "동시제현불입선(同時諸賢不入選)"이라고 유감을 표한 데서, 그 책이 『동인지문』에 포함되지 않은 충숙왕대(忠肅王代) 이후의 시[55]를 선발하고 있었음을 짐작할 수 있거니와, 처음에는 양인이 같이 선시하다가 나중에는 목은의 건강 때문에 민안인이 초선(初選)하고 자신은 재선(再選)하는 방식을 취하기로 했다고 한다. 하지만 1년쯤 지난 뒤에는 그에 관한 언급이 나타나지 않아 어느 정도 진척되었는지는 알기 어렵다. 그러다가 20여 년이 지난 뒤인 1398년에 민안인이 타계하자, 권근이 "『속동인문』을 편찬하기 위해 제가의 일고를 수집하여 백여질에 이르렀는데 손수 초록하여 수년 동안 부지런히 하여 즐기는 듯이 하다가 탈고에 이르지 못하고"[56]라고 한 것으로 보아, 작업이 20여 년 동안 계속되었던 점과 그 결과를 양촌이 잘 알고 있었으리라는 것을 알 수 있다. 이로써 보면 이 작품은 시인이 시단의 영수라는 인정받은 데 대한 자부심과 보람을 기록하고자 한 의식을 시적 형상성을 갖춘 시로 남기면서, 아울러 자신의 성취를 잇고자 하는 후진에 대한 격려와 기대를 드러낸 하고자 시편으로 특기할 만한 것이라 할 수 있을 것이다.

좌주와 사신 · 문원의 영수로서의 자긍심과 관련된 시편들 역시 청소년기의 면학을 기록하고자 한 시편들과 유사한 작의를 시제와 본문의 언표 밖에서 유추하여 해석해야만 그 의의를 제대로 살피는 읽기가 될 것으로 보인다. 앞에서도 말한 대로 시인은 우왕 5년의 한여름인 6월에 더위와 질병에 시달리는 가운데 모처럼 실질적 직무가 수반되었던 서연관 노릇마저 쉬는 상황에 있었다. 그러므로 유가적 수양과 성숙한 인격 같은 것만으로는 노경의 신체

55) 현전 『東人之文五七』 殘本에 시가 실린 마지막 시기 시인들은 忠肅王 즉위(1314년) 이전에 사망한 李承休(1224~1300) · 洪侃(?~1304) · 金晅(1234~1305) · 安珦(1243~1306) · 鄭允宜(?~1307) · 李混(1252~1312) · 吳漢卿(1242~1314) 등이다.

56) 權近, 〈閔安仁墓誌銘, 并序〉, 『陽村集』 권39. "又撰續東人文, 裒集諸家逸藁, 多至百餘帙, 手自抄錄, 積歲不怠 若嗜欲然, 未及脫藁."

적·정신적 피곤과 무력감을 견디기 어려웠을 것이다. 그리하여 청소년기의 면학을 회억하는 데 그치지 않고, 당시에 맛보는 보람을 소극적으로나마 자긍하는 마음을 시로 읊음으로써, 의욕적 삶을 영위할 계기로 삼을 필요가 있었을 법하다. 그러므로 이러한 시편들은 시작을 통해 삶의 활력을 확인하고자 한 사례라는 의미를 아울러 지닌다고 할 것이다.

5. 신변잡사의 시적 수용

목은은 우왕 5년 6월의 시에서도 절후(節侯)·한서(寒暑), 자신의 신체·질병·정신·기호·취미, 가족·노복·가축, 이웃·세태·풍속·풍문 등 거의 모든 신변잡사라 할 것을 시에 끌어들여 읊은 바 있는데, 여기에서는 그 가운데 손자·가축·소문 등 신변의 쇄사일문(瑣事逸聞)을 읊은 시편들과 음식·완상 등 자신의 기호(嗜好)·취향을 노래한 시편들에 대해서만 검토해 보기로 한다.

1) 쇄사일문의 수용양상

다음은 17-027 〈경복이 필묵을 가지고 놀다(敬僕弄筆墨)〉이다.

어리석은 아이라 말이 어색하지만
도리어 진심은 드러낼 줄 아네.
비록 필묵을 가까이 한다지만
다만 옷을 더럽힐 뿐이네.
상쾌히 쇠약한 늙은이를 놀라게 하더니
조용히 늙은 하인을 쳐다보네.
둘째에게서 난 손자가 벌써 이와 같이
잔년을 위로해 줌을 스스로 만족스러워하네.

駃稚聲音澁　還能弄肚腸
雖然親筆墨　只是汚衣裳
颯颯驚衰白　冥冥仰老蒼
仲孫今若此　自足慰殘陽

경복(敬僕)은 목은의 차남 종학(種學; 1361~92)의 둘째 아들인 숙휴(叔畦)[57]를 가리키는 듯한데, 어린 손자의 사소한 언동들을 지나쳐보지 않고 시에 끌어들였다. 어린 손자가 할아비에게 무언가 어색한 말로 하소연하더니 금세 할아비의 붓을 가지고 글씨 쓰는 흉내를 내는가 하면, 또 할아비가 놀랄 만한 짓을 하다가는 늙은 하인을 쳐다보기도 한다. 이런 모든 언동에서 손주의 성장이 빠름을 깨달게 된 할아버지는 끝내 만족감을 숨기지 않기에 이르렀다. 조부가 된 이에게 자라나는 손자의 모습을 보는 일은 일상적으로 만나게 마련인 평범한 경험이지만, 노쇠만 지속되는 자신의 모습과는 달리 나날이 성장하는 손자의 풍모에 무의식적인 투사(投射)의 감정을 느끼면서 응시한 결과로 볼 수 있을 것이다. 아무나 짓기 어려운 이러한 시야말로 일상에서 발견한 진실이 자아내는 감동력을 지닌 사례이다.

다음 시는 17-022 〈고양이가 새끼를 낳다(猫生子)〉이다.

가축 중에 고양이와 가장 친한 것은
품부받은 바탕이 부드럽고 성질 또한 유순하기 때문이네.
한밤중에 문득 나의 꿈을 깨우는데
새끼를 낳고는 곧 핥아 주는 데서 어짊을 알 수 있네.

57) 1378년 작 〈敬僕在南里, 招之不來〉에서 "仲孫二雛在南里, 祖母七日思不已."라고 하고, 1380년 11월 작인 〈晨興〉에서는 "敬僕淸晨索飯啼, 蒼黃乳母走東西."라고 하였으며, 1390년 1월 작인 〈隣翁李尙書朴中郞金碩金彦李祐仲孫叔畦, 作摴蒱戱, 傍坐觀之〉(권35)에서도 仲子의 아들을 뜻하는 '중손'이라 하였다. 1392년 5월 작인 〈五月十七日, 馳叔畦進士入京幹事, 自笑零丁至此, 吟成一首〉에서 '진사'라 부른 것으로 보아 공양왕 2년이나 4년에 감시에 급제했을 듯한데, 1402년에 지어진 權近의 〈牧隱先生行狀〉에서는 무슨 까닭인지 여전히 '성균생원'이라 하였다.

猫人畜也最相親　質稟輕柔性又馴
忽向夜中驚我夢　子生便舐可知仁

집에서 키우는 고양이가 출산한 심상한 일을 흘려보지 않고 시의 소재로 삼았다. 새끼를 낳자 말자 핥아 주는 데서 인(仁)을 실천하는 품성을 발견하고 사람의 어미와 다를 바 없다고 칭찬하였다. 미물의 행위에서 인간적 윤리라는 메시지를 찾은 상투성을 흠잡기 쉽지만, 밤중에 잠을 깨운 짐승을 탓하지 않고, 오히려 범상한 행위에서 자연스레 우러난 시적 감흥으로 이해하면 꼭 그렇게 볼 일도 아니다. 더군다나 언외에 생산력을 상실한 노인의 무의식적 눈길을 스친 출산의 이미지가 배어 있다고 보면 더욱 그러할 것이다. 다음 달에 지은 고풍 〈조용히 앉아 있다가 고양이와 개가 싸우려 하는 것을 하인이 마침 보고 말렸다는 말을 들었다. 마음 속으로 '모두 사람이 기르는 짐승인데 어찌 서로 잘 지내지 못함이 이와 같은가' 생각하고, 읊어 〈고양이와 개의 싸움〉 한 편을 얻었다(靜坐聞猫狗將接, 赤脚適見而救之, 心語曰, '皆人畜也, 何不相悅如是哉? 吟得猫狗鬪一篇)〉(권18)가 미물의 쇄사에서 삶의 이치를 발견한 점과 함께 살피면, 신변의 미물이 드러낸 하찮은 일조차 시에 거두어들이는 특수한 감각을 확인할 수 있다.

다음은 일문(逸聞)이라 할 세상소문을 읊은 〈햇기름. 국신리의 할미가 기름을 짜면서 이르기를 '장차 금강산의 보제의 영당에 보낼 것이다.'라고 하였다고 한다(新油. 國贐里老媼壓之云, '將以送金剛山普濟影堂')〉(권17)이다.

햇기름을 짜느라고 향기가 코를 찌르는데
더운 날씨에도 등에 지고 금강산에 들어간다고 하네.
등불 하나를 비추어 수많은 어둠을 깨뜨리고자
普濟王師/는 영당에 앉아 있다네.
壓得新油擁鼻香　炎天背負入金剛
一燈照破恒沙暗　普濟王師坐影堂

국신리라는 마을에 사는 노파가 햇기름을 짜면서 더운 날씨를 무릅쓰고 금강산에 있는 보제왕사(普濟王師), 즉 나옹화상(懶翁和尙) 혜근(惠勤; 1320~76)의 영당에 가지고 갈 것이라고 말했다는 전문(傳聞)을 제재로 한 시이다. 기·승구는 그 주인공인 노파와 같은 서민적인 삶과 말을 그대로 수용했을 뿐 시적 기교라 할 것을 부리지 않았으며, 전·결구 또한 그런 사람이 지닌 서민적 불교신앙을 우회적으로 드러내고자 하였을 뿐 시인의 생각이라 할 것을 보태지 않았다. 구비전승적인 일을 구비시가를 기록하듯이 옮겨놓았다고 해도 좋을 시편으로서, 목은이 시의 제재를 얼마나 낮은 데서 찾았는가를 알게 하는 사례이다. 나옹화상의 탑명(塔銘)을 지은 인연으로 인한 호의와 불교적 신앙심에 동의한 데 말미암은 관심이라기보다는 사소한 내용으로 된 일문조차 놓치지 않는 시심(詩心)에다 같은 노경이라 수긍하게 된 마음이 보태진 점 또한 간과하기 어렵다.

〈유동 남쪽의 큰 거리에서 미음과 오이를 베풀고 음악으로 흥을 돋우고 있다고 집의 아이종이 달려와서 알려 주기에 노래하여 기록하다(柳洞南大街, 施漿水苽果, 侑以音樂, 家童走報, 歌以紀之)〉(권18) 역시 전문(傳聞)을 시화한 경우이다.

더위 기운이 큰 화로처럼 온 세상을 찌니
길을 나서면 땀이 흘러 금방 답답해지네.
얼음을 넣은 미음을 시원하게 한 번 들이키면
오장(五臟)이 문득 맑아지고 바람이 살랑거리리.
뜨고 잠긴 오이는 파란 옥처럼 서늘하여
보기만 해도 이미 얼음이 창자에 쌓인 듯하리.
또 현악기와 관악기를 빠른 소리로 번갈아 연주하니
지나가는 이들은 귀를 기울이느라고 한창 북적거리린다네.
해가 기울려 할 때에 아이종이 뛰어와서 알려 주니
아내는 이를 듣고 기쁜 빛을 나타내네.
곳간에서 벼를 꺼내어 찧어서 익히고서

저자에서 반드시 오이를 사야 한다고 타이르네.
굶주림을 없애고 더위를 풀어 줌은 어진 사람의 마음이거니와
곤경에서 구제받은 사람은 감동이 깊으리.
우리의 풍속에 이런 일이 있기 때문에
인수(仁壽)하는 불사국(不死國)이라는 말이 이제까지 전해진다네.
나는 병으로 여러 해 동안 약물을 가까이 하느라고
사악함을 치고 허약함을 보충하는 일이 서로 앞을 다투네.
한 여름에 얼음을 넣은 미음은 그 자리에서 효과가 있으니
마땅히 구급방(備急方)에 이어서 기록해 두어야 하리.
暑氣洪爐蒸六合　行路汗流方雜沓
爽然一吸白雪漿　五內頓淸風颯颯
苽果浮沈碧玉凉　目視已似氷堆腸
繁絃急管又迭奏　過者傾耳方洋洋
蠻童走報日欲昃　孟光聞之喜形色
出米于廩擣以烹　買苽于市戒必得
除飢解熱仁者心　在困遇救感也深
所以我俗有此擧　仁壽不死傳至今
我病多年近藥物　攻邪補虛相甲乙
炎天氷漿立有效　備急方中當續筆

4구마다 규칙적으로 전운한 평측양운의 환운시로 수구를 포함한 전운처의 기수구도 모두 입운된 정격의 고풍이다. 당시에 일반적으로 말하던 '남대가(南大街)'58)는 유동과는 거리가 먼 곳에 있었으니, 이 시제에 나오는 남대가는 남쪽에 있는 큰 길거리를 뜻한 것으로, 궁성 북문 부근의 시장통을 가리킨다고 보아야 할 듯하다. 시제는 나라에서 시인의 집에서 가까운 시장통에서 궁민(窮民)의 배고픔과 더위를 구제하려고 얼음을 넣은 미음과 오이냉국을

58) 한국역사연구회, 앞의 책, 157면에 따르면 남대가는 황성의 남문인 廣化門 동쪽의 官途에서 남쪽으로 난 대로로 도성의 서문인 宣義門과 동문인 宣仁門을 가로로 잇는 동서 간선도로에 이어지는 중심지에 있다. 좌우로 늘어선 市廛의 긴 행랑이 남쪽의 십자가까지 이어져 있었는데, 지금은 십자가 자리에 남대문이 서 있다.

베풀면서 흥겨운 음악까지 곁들이더라는 동복(童僕)의 전언을 그대로 옮겨놓았다고 볼 수 있다. 시의 본문은 보고 들은 말과 상상에 의하여 그 광경과 진휼의 효과를 서술, 또는 묘사한 다음, 시인의 아내가 더위를 식힐 수 있도록 자기집에도 별식을 마련하고자 하는 언행을 묘사한 데 이어, 궁민을 구제해 온 나라의 미풍에 대한 감회를 토로하고 나서, 자신도 한더위에는 냉미음을 복용해야겠다는 다짐으로 시상을 마무리했다. 전편에 용사나 비유 같은 수사기교를 거의 쓰지 않은 가운데, 구법이나 장법이라 할 것에도 별다른 배려를 하지 않았으니, 참으로 평이하면서도 통속적인 시가 되었다. 궁민을 위한 진휼, 아이종의 전언, 아내의 상응하는 대비 등 모든 것이 속사(俗事)이니 '백속(白俗)'으로 보아도 좋을 사례이다. 미풍(美風)에 대한 쇄사일문을 제재로 하여 쉽게 쓴 즉생활적(卽生活的)인 시의 진실성과 그로 인한 감흥을 평가할 만한 사례이다.

2) 개인적 기호와 취미의 형상화

청년기의 목은시가 웅혼(雄渾)·호방(豪放)·준결(峻潔)·엄중(嚴重)한 풍격을 미덕으로 하였다면, 시가 일실된 장년기를 건너뛰어 바로 노년기로 들어간 목은시는 여기에 평담(平淡)·전아(典雅)·부섬(富贍)·오심(奧深)의 풍격을 보탠 경지에 이르렀다고 볼 수 있을 터인데, 이런 변화과정에서 나타난 두드러진 경향의 하나가 앞에서 살핀 기록적 성향의 증가와 여기에서 살펴보고자 하는 기호·취미를 시로 표현하고자 한 성향이라 할 수 있다. 여기에서는 그러한 사례들 가운데 음식에 대한 기호와 연꽃에 대한 완상취향을 형상화한 시편들에 대하여 살펴보기로 한다.

"씨는 하얀데 바탕은 얼음과 같고, 껍질은 파란데 빛은 옥과 같네. 단 물이 폐로 흘러드니, 일신이 절로 청량해지네.(瓣白氷爲質, 皮靑玉有光. 甘泉流入肺, 身世自淸涼.)"라고 읊은 17-025 〈수박을 맛보았는데, 승제가 얻어온 것이다(嘗西瓜, 承制所得)〉는 수박에 대한 묘사와 먹어 본 느낌을 참으로 실감나게 보여 준 소품으로, 그야말로 '이속위아(以俗爲雅)'의 한 전범이 될 수 있다고 할 것이다. 다음은 18-004 〈선친을 모시고 늙으신 길창군을 임정으로 찾아뵈었을 때에, 차린 음식 가운데 햅쌀죽이 있었으니, 유월 보름께였다. 그 뒤에 어떤 사람에게 물었더니, 대개 쌀을 저장하는 데 비법이 있는 것이지 진짜 햅쌀은 아니라고 하였는데, 옳은지 그렇지 않은지는 모르겠다. 이제 가까운 이웃에 살면서 같은 때를 맞았기에 이를 짓는다(陪先人謁老吉昌君林亭, 設食有新米粥, 六月望時也. 其後問於人, 盖藏米有法, 非眞新米也, 未知是否. 今在近鄰, 適丁是時, 因賦此)〉이다.

> 논에 있는 많은 벼가 우리 백성을 길러 주거니와
> 동국에서는 본래 해마다 거두어 묵혀 둔다네.
> 이르고 늦음에 적당함이 달라 마땅히 절로 구별되는데
> 거두고 갈무리함에 비법을 얻으면 오히려 햅쌀과 같다네.
> 송재(松齋)의 남은 경사가 지난날과 같아서
> 유동(柳洞)의 고요한 집에서 후손들의 향기를 접하네.
> 노년이 되기 전에 이미 쇠약해짐을 나 홀로 탄식하면서
> 공의 벼슬과 나이가 선친을 뛰어넘은 것을 부러워하네.
> 水田多稻養吾民　東國由來歲取陳
> 早晩異宜當自別　收藏得法尙如新
> 松齋餘慶猶前日　柳洞幽居接後塵
> 未老已衰吾獨嘆　羨公爵齒過先人

생시의 선친 이곡(李穀; 1298~1351)을 모시고 길창부원군(吉昌府院君) 권준(權準; 1280~1352)의 정자를 방문하여 쌀죽을 대접받았던 일을 회억하여 읊은 감구시(感舊詩)이다. 우리나라에서는 쌀을 오래 묵혀 두면서 먹는다는 말로 파제하고 나서, 쌀을 묵히는 비법이 있어 햅쌀죽과 같은 맛을 내었으리라는 뜻으로 시상을 이었다. 경련에서는 갑작스럽게 송재의 적선(積善)에 힘입어 이웃에 사는 길창군 권적과 같은 경사를 누리는 후손이 나왔으리라는 전환적 언술을 던져서 그 교육의 비결 같은 것을 암시한 데 이어, 자신 또한

병약하기에 송재가 선친보다 현달하고 장수한 일을 선망한다는 말로 마무리 함으로써, 언표 외의 여러 가지 의취(意趣)를 여운으로 남겨 두었다. 경물이라고는 전혀 없이 정사(情思)만 늘어놓은 특이한 율시라 하겠는데, 여러 가지 말을 늘어놓았지만, 시상의 핵심에는 시제에서 언급한 그 죽의 강렬한 기억이 놓여 있다고 보아야 할 듯하다. 한여름인 6월 보름께에 햅쌀로 만든 죽으로 알았던 별미를 대접받은 일을 30여년이나 지난 뒤에도 기억해 낸 것은 그 아들인 길창군이 이웃에 살고 있었던 점과 신병의 악화로 예년처럼 유두일 모임을 가질 수 없었던 정황 때문일 수도 있을 것이다. 그러나 그것보다는 그 별식에 대한 강렬한 기억과 묵은쌀로 햅쌀과 같은 맛을 낼 수 있었으리라고 여겨지는 음식에 대한 기호 때문이었으리라 볼 수 있다. 이처럼 남의 집에서 한 차례 맛본 수십 년 전의 음식을 잊지 않고 회억하면서 기호에 대한 심미적 취향을 드러낸 시인은 쉽게 보기 어려울 것이다.

18-044 〈서경 대동강에는 네 계절에 손님에게 대접할 물고기가 있는데, 겨울에는 얼린 물고기가 있고, 여름에는 말린 물고기가 있다. 말린 물고기는 이시민의 거처에서 일찍이 그 맛을 알고 나서 삼십여 년 동안이나 잊지 못하여 병을 앓으면서 찾았지만 이루지 못하였다. 지금 승제의 집에 그것이 있는데, 어디에서 온 것인지는 알지 못하겠다. 요리를 하게 하여 먹어 보니 완연히 지난날의 맛이 있다. 그러나 지난날에는 매우 멀리 미치지 못하기에 단편을 짓는다(西京大東江, 有魚四時及賓, 而冬有凍魚, 夏有乾魚. 乾魚於李時敏處曾知其味, 三十餘年不能忘也, 病中求之不得. 今承制家有之, 不知所從來也. 命治而食之, 宛有舊味. 然不及前遠甚, 因作短篇)〉이다. 앞의 작품과 마찬가지로 30여 년 전에 먹었던 건어물의 맛을 잊지 못하여 회상에 젖어든 경지를 보여 주는 장편 7언고풍이다.

조천석 아래 유리 같은 물에서는
물고기가 햇빛 속에서 헤엄을 치네.
그림 장식을 한 배에서 사철 노래하고 춤추는 가운데

가늘고 기름진 회가 날고 소반에는 양념이 가득하다네.
겨울에 한 조각 눈처럼 얼려 두었다가
여름에 말린 고기로 먹으면 참으로 맛이 별나네.
전재(全齋)는 봉주성(鳳州城) 출신인데
대대로 서경(西京)에서 벼슬하여 모두 공적이 많았네.
홀로 전해오는 책들을 탐구하여 옛날의 풍모를 잇거니와
절의뿐만 아니라 문장이 공교로웠네.
내가 젊은 시절에 서로 좇기를 좋아하여
친밀한 우정이 거공(蚷蛩)[59]과 같음에 그치지 않았네.
철동(鐵洞)[60]의 산 남쪽이자 당사(唐寺)[61]의 북쪽에 있는
무인 집안 늙은 장인집에 데릴사위로 들어갔네.
우리와 같은 자제들을 좋아하기에 간혹 밤에 가서 잘 때에
등불을 돋우고 술을 더 마시노라면 해가 동쪽에서 솟았네.
그때에 아침밥상에서 비로소 한 번 맛보았는데
벌써 서른 해가 번갯불처럼 지나갔네.
병이 든 뒤로 입맛이 써서 먹을 수가 없기에
앉아서 좋은 물고기 맛을 생각하노라니 마음이 타네.
풍편에 청탁하려고 하여도 끝내 이루기 어려웠는데
나는 기력이 쇠약해져서 틀려 버렸으니 무슨 상관 있으랴?
저 아이가 이것을 가져온 것이 또한 다행스러운데
마음을 기르는 것과 몸을 기르는 것이 끝내 다르지 않다네.
비록 씹는 것이 전에 미치지는 못하지만
아직도 혀와 이빨이 남은 것을 스스로 기뻐하네.
朝天石下琉璃水　錦鱗游泳天光裏
四時歌舞畫船中　辛辣滿盤飛縷膩

---

59) 蚷(駏)蛩은 蛩蛩駏(巨)驉(虛)의 준말로 『淮南子』「道應訓」에 나오는 짐승이며 관계가 친밀함을 비유한다.
60) 鐵洞은 開京의 南端에 있던 洞名인데, 목은의 〈題惕若齋學吟後〉(『牧隱文藁』 권13)에서는 益齋 李齊賢·愚谷 鄭子厚·竹軒 金倫이 이곳에 살아 鐵洞三菴으로 불리었고, 죽헌의 사후 及菴 閔思平이 이름을 이었다고 하였다.
61) 唐寺는 開京의 都城 남단에 있던 절로 演福寺·普濟寺·廣通普濟寺·大寺 등으로도 불리었으며 恭愍王陵이 안치되었던 곳이다.

臘天凍成一片雪　當夏用鱐眞味別
全齋出自鳳州城　世仕西京皆烈烈
獨究遺編繼古風　節義不獨文章工
我少之時喜相從　情好不啻如蚷蛩
鐵洞山南唐寺北　入贅武家老婦翁
喜我子弟或夜宿　添酒挑燈日出東
其時朝飡始一嘗　今三十年如電光
病來口苦不能啖　坐想雋味焦心腸
因風請托竟難得　摧頹已矣吾何傷
渠能致此亦幸矣　養志養體終不異
雖然咀嚼不及前　自喜猶存舌與齒

입성지운(入聲紙韻), 입성설운(入聲屑韻), 평성동운(平聲東韻), 평성양운(平聲陽韻)으로 압운한 평측양운의 전운시인데, 의미구조는 서단(제1구~6구), 본단(제7구~16구), 결단(제17구~26구)의 삼단구성으로 이루어져 있다고 볼 수 있다. 서단은 대동강의 생선회와 건어물이 별미임을 서술하여 편의를 제시한 부분이고, 본단은 오래 전의 전재(全齋) 이시민(李時敏)과의 교유를 회상한 내용이며, 결단은 아들이 구해온 건어물을 다시 맛본 기쁨을 토로한 것이다. 장편이면서도 평담한 구법으로 우유(優游)한 감회를 토로한 것이라 7언장편에 요구되는 기상·필세·문채 같은 것을 보기 어려운 점은 즉 생활적인 시의 작법은 그래야 한다는 소신의 소치입 법하다. 그러나 오래 전에 맛본 별미에 대한 감각과 정감이 매우 절실하게 표출된 데서 우러난 진실성이 두드러지며, 특히 시적 기교가 수반되지 않은 평담한 구법을 통해 음식물에 대한 실용적 관심을 설득력 있게 펼친 점이 돋보이는 시편이라고 할 만하다.

수박·쌀죽·건어물과 같은 음식에 대한 관심 내지 기호를 읊은 시는 신변의 쇄사를 시에 수용한 시편들이라는 점과 거기에 시적 형상성, 실용적 사물에 대한 관심이 지닌 진실성으로 인한 설득력이 구비된 점만으로 설영하고 말 수는 없을 듯하다. 음식이라는 것이 사람으로 하여금 정상적으로 활동할 수 있도록 몸에 필요한 영양분을 제공해 주는 생존력 내지 생명력의 원천이라는 점을 고려할 때, 신체적 쇠약을 절감하였을 노년의 시인에게 이전과 달리 다가든 건강상의 필요를 언외에 두었을 것이기 때문이다.62) 또 음식이 그런 실용적 효용뿐만 아니라 다양한 맛을 제공하기도 한다는 점에서는 노경에 이르러 심미적 관심 또한 변화하고 있다는 뜻을 배면에 깔고 있을 법하다. 30년 전의 별식을 굳이 회억한 두 사례는 이런 점에서도 눈길을 끌기에 족할 것이다.

우왕 5년 6월에 지어진 목은시에 따르면 이색은 2개월도 안 되어 서연이 중단되었을 뿐 아니라 더위로 심해진 신병으로 이웃에 사는 한유항의 초대에도 불응할63) 만큼 출타가 드물었는가 하면, 승진인사를 하려고 방문한 재상을 문전에서 돌려보내기도64) 하였다. 이런 상황에서도 유독 상련(賞蓮)을 위해서는 4회나 외출할 만큼 왕성한 완상취미를 드러낸 점은 눈길을 끌지 않을 수 없다.

18-010 〈한 여름 이래로 몹시 연꽃이 보고 싶기에, 어느 날 하인에게 가서 살피게 하였더니, 운금지의 꽃은 진 지 오래 되고 광제지에만 한창 피었다고 한다. 이에 말을 타고 가서 둑에서 말이 가는 대로 따르다가, 우연히 임중랑장의 임정(林亭)에서 천태종의 나잔자를 만나 함께 보았다. 공이 음식을 차렸기에 벽통음65)을 하고 나서, 저녁 무렵에 헤어져 남계원에 들렀다가 돌아오니 해가 이미 저물었기에 2수를 읊다(仲夏以來, 苦欲賞蓮, 一日遣長鬚往候, 則雲錦池花亡久矣. 獨廣濟池盛開, 於是命駕而往, 緣堤信馬, 偶得任中郎林亭邀天台懶殘子同賞. 公設食作碧筩飮, 向晩解携, 因過南溪院, 旣歸則日已晩矣, 吟成二首)〉는 제목부터 연꽃에 대한 심미적 열정을 물씬 풍긴다. 본문은 다음과 같다.

---

62) 〈粘飯〉(권13), 〈二月一日, 二郞家送粘飯〉(권14), 〈豆粥〉(권17), 〈赤城兪判事送藥飯〉(권25), 〈謝西京李少尹送平桂〉(권33) 등의 飮食詩가 이를 방증한다.

63) 〈柳巷門生設酌, 以公奉命有神勒之行也. 公親臨陋巷, 招僕侑座, 僕適有微恙, 不獲承敎, 獨坐有感)〉(권17).

64) 〈同甲許政堂上官, 歷謁時宰, 因過陋巷, 熱甚, 僕以困臥, 故出門拜揖而已, 不敢留〉(권18).

65) 碧筒(筩)은 연잎을 큰 술잔처럼 오무려 만든 술잔이다.

비가 지나간 연못은 고요하여 물결이 일지 않는데
버드나무 그늘이 깊은 곳에서 인가를 만났네.
해는 성근 그림자가 포도넝쿨로 옮겨가는데
바람은 맑은 향기를 연꽃에서 보내오네.
상통(象筒)으로 음주를 배우느라고 좋은 술을 기울이고
천태사(天台寺)의 고개로 회포를 부치노라니 붉은 노을이 빛나네.
돌아오는 길에는 신세가 얼마나 상쾌하였던가?
남계원에서 잠시 쉬노라니 저녁까마귀가 깃들려 하였네.
雨過池塘靜不波　柳陰深處得人家
日移踈影葡萄蔓　風送淸香菡萏花
學飮象筒傾綠酒　寄懷台嶺映丹霞
歸途身世何蕭爽　小憩南溪欲暮鴉

운금지(雲錦池)는 개경의 안산(案山)인 용수산(龍首山) 부근에 있던 못으로 용화지(龍華池)라고도 하였으며, 그 동쪽에 현복군(玄福君) 권겸(權謙; 1302～40)이 세운 운금루(雲錦樓)가 있어 유람지로 이름난 곳이었다. 운금지 부근의 경물과 거기서 인가를 만났다는 사실을 끌어와서 파제한 다음, 함련은 경물, 경련은 감정을 제시하여 정경의 융합이 효과적으로 이루어지게 한 데 이어, 결련 상구에 앞의 의경을 모두 수렴하여 심원한 흥취를 발산시킨 다음, 하구에서는 심상한 경물을 묘사하는 말만 하고 끝냄으로써 언표 밖에 심원한 희취가 깃들게 하였다. 7언율시의 통상적 장법에 매우 투철할 뿐 아니라 대련에 구사된 대장 또한 통사적 긴밀성에 공간적 이동감과 시각적 심상이 잘 어우러져 있다. 이 작품의 뛰어난 점은 무엇보다도 시제에서는 연꽃에 대한 완상 욕구를 말로 다 토로한 점과 달리, 본문에서는 연꽃에 대한 애착을 직접적으로 드러내지 않음으로써 오히려 짙은 흥취가 배어 있게 한 이중성이라 할 수 있다. 말로 하지 않아도 그 무한한 흥취를 억제할 수 없었음은 이어서 읊은 18-013 〈연꽃을 완상하고 남은 흥취로 스스로 그칠 수 없어 한 수를 읊다(賞蓮餘興, 不能自已, 吟成一首)〉의 결련에서 “연꽃의 참된 모습을 알고 싶다면,

뒷날에 목옹의 시를 점검해 보시라.(欲識蓮花眞面目, 他年點檢牧翁詩.)"라고 큰소리를 친 데서도 확인된다.

18-015 〈이날 아이종에게 명하여 못 안에 들어가서 개구리밥을 걷게 하였는데, 꽃의 그림자가 거꾸로 드리워져, 물 아래와 위가 똑 같아서 매우 사랑할 만하였다. 그래서 태백의 '해가 붉은 꽃을 비추니 물 밑바닥까지 환해지고'라는 구절을 생각하고, 곧 한 수를 보충하여 이루고자 하였으나 마침내 이루지 못하고 그만두었다. 며칠 동안 뼈가 시려서 비록 간혹 읊더라도 깊이 생각할 수 없기에, 한때의 정경을 대략 그려 뒷날에 추가로 술회할 바탕으로 삼는다. 쇠약하고 병듦이 이와 같으니 슬퍼하지 않을 수 있으랴?(是日, 命僮僕入池捲去浮萍, 花影倒垂, 上下一色, 甚可愛也. 因思太白日照紅粧水底明之句, 卽欲足成一首, 竟未能而罷. 數日骨酸, 雖或吟哦, 不得沈思, 略寫一時情景, 以爲後日追述之地, 衰病如此, 可不悲哉)〉는 시제를 통해 시인의 상련욕(賞蓮慾)과 시작의욕이 결합되어 이백의 명편 칠언단고(七言短古) 〈채련곡(採蓮曲)〉을 넘어서고자 하는 열망에 이르렀으나 결국 좌절하고 만 아쉬움을 솔직히 드러내었다. "아침에 서쪽에 있던 숲 그림자가 저녁에는 동쪽으로 움직이는데, 그때마다 흔들거리며 창 안으로 들어오네. 아마 한낮의 더위를 피할 곳이 없음을 가엾게 여겨, 북쪽창에 바람을 가볍게 불어 보내는가 보네.(樹影朝西暮向東, 婆娑隨分入窓中. 應憐午熱無逃處, 細細吹來北牖風.)"를 비롯한 3수와 〈우부(又賦)〉의 7언율시 2수 등 5수를 통해 그런 욕구를 보상받고자 하였으나 충족되지 않았다. 그래서 그 마지막 수의 결련에서 "누가 염계의 〈애련설〉을 붙잡고서, 새벽부터 서로 마주하면서 저녁에 이르는가?(誰把濂溪愛蓮說, 曉窓相對到昏鴉.)"라고 끝내 안타까움을 숨기지 못하였다. 이러한 결핍상태가 연꽃을 향한 출타로 더 이어짐은 당연한 추세일 것이다.

18-022 〈연꽃을 완상하느라고 오래 앉아 있노라니, 아들 또래들이 성 안에서 쌀을 가지고 와서 음식을 차렸다. 오후에 비가 동쪽과 서쪽의 산에서 비쳤지만, 앉아 있는 곳에는 이르지 않아 매우 즐길 만하였다. 아이종이 혹시 비가 올까 두려워하여, 절 안으로 맞아들이기에 마시고 먹다가 밤에 돌아와서

연꽃의 말을 대신하여 짓다(賞蓮坐久, 兒子輩取米城中設食. 午後雨暎東西山而不至坐上, 甚可樂也. 僮僕猶懼其或至也, 邀入寺中, 飮啖夜歸, 代蓮花語作)〉에 그에 따른 정서적 절정의 상태가 나타나 있다.

연꽃이 본래부터 알았던 듯이 나를 보더니
꽃은 말을 할 수 없으니 대신 뜻을 말해 달라고 청하네.
동방은 인수한 군자의 나라인데
풍속이 바뀌어서 성색에 미혹되네.
나는 더러운 진흙에서 살지만 또한 물들지 않으며
어찌 홀로 속은 비고 또 거죽은 곧은가?
우리의 청고한 마음은 하늘이 부여한 것이거니와
감람의 반측[66]함이 많음은 비루하도다.
선생은 시원한 바람과 밝은 달과 같았는데
나를 사랑함은 염계의 글에서 시작되었다네.
비록 오랜 병으로 정력은 쇠약해졌지만
빼어난 시 구절은 도리어 우아하다네.
교묘한 단청솜씨로 참된 모습을 그려내려 한들
어찌 일찍이 나의 뜻을 방불하게 표현하였으랴?
구름 사이로 새는 쇠잔한 햇빛 속에 비는 실실이 내리니[67]
나는 예산(猊山)에 은거하였던 군자를 사랑하네.
공은 또 잠시 머물러 나의 마음을 위로하면서
그대의 두터운 뜻 때문에 자주 찾겠노라 하네.
오늘 아침에 우연히 서로 만난 것이 참으로 천만다행인데
광제지(廣濟池)와 견주어 풍미가 어느 것이 깊은가?
당두(堂頭)인 우리 나잔자 판사가
나의 묘처를 설법하자 모두 경이롭게 여겼네.
비록 영산의 사화(四花)[68]에는 참여하지 못했지만

---

66) 反側은 몸을 뒤척거림으로 두 마음을 품고 바른 길을 좇지 않음을 비유한다.
67) 崔瀣의 〈追次郭密直預賞蓮詩韻〉(『東文選』 권20)의 결구 "薄雲殘照雨絲絲"를 변용한 구절이다.

도리어 후진을 위하여 몸소 기록을 주셨다네.[69]
이제까지 시인들 속으로 흘러 들어가니
탈태(奪胎)와 환골(換骨)로 천공(天工)과 다투었다네.
소나기는 멀리 동쪽과 서쪽의 산에서 반짝거리는데
늙은 목은은 그 사이에서 소요하며 노니네.
화장세계(華藏世界)[70]는 또 어디인가?
맑고 깨끗한 일미선(一味禪)으로 몸과 마음이 한가롭네.

蓮花見我如素識　花不能言請代臆
東方仁壽君子國　風移俗易迷聲色
我處汚泥亦不染　豈獨中通仍外直
吾家苦心天所賦　鄙哉橄欖多反側
先生霽月光風如　愛我始自濂溪書
雖然久病精力衰　有句卓犖還紆餘
丹青巧手寫眞耳　何曾髣髴傳吾志
漏雲殘照雨絲絲　我愛猊山隱君子
公其少留慰吾心　荷公厚意頻相尋
今朝邂逅實萬幸　廣濟風味誰爲深
堂頭懶殘我判事　談我妙處皆驚異
靈山雖不參四花　却爲後來親授記
如今流入詩家中　奪胎換骨爭天工
白雨遠映東西山　婆娑老牧游其間
華藏世界更何處　一味淸淨身心閑

역시 평측양운의 전운시로 15운에 이르는 장편인데, 전운의 간격을 들쑥날쑥하게 하면서 평·상·거·입성에 속하는 7개의 운자(韻字)를 사용한 변화가 심한 고풍이다. 전편의 의미구조는 서단(제1~4구), 본단(제5~26구), 결단

68) 四花(華)는 法華六瑞 중의 하나로 『法華經』을 강설할 때에 하늘에서 내려오는 네 가지 꽃이다.
69) 授記는 부처가 菩薩·修行者에게 미래의 證果와 성불에 대한 預言記를 줌이다.
70) 華藏世界는 蓮華藏世界의 준말로 큰 연꽃에 담긴 세계이며, 毘盧遮那佛이 사는 淨土를 비유한다.

(제27~30구)의 삼단구조로 볼 수 있다. 각 단락의 요지는 서단은 연꽃의 말에 미혹되어 연어(蓮語)를 대신하겠다는 편의를 서술한 것이고, 본단은 염계·예산·나잔자와 많은 시인들이 자신을 애호함에 대한 연꽃의 술회이며, 결단은 시인이 연꽃으로 인해 선정(禪定)과 같은 법열(法悅)의 경지에 이르렀다는 정회의 토로로 볼 수 있다. 전편의 주제는 연꽃에 대한 애정과 상련의 정신적 효과 정도라 할 수 있을 것이다. 압운이 그리하듯이 전편의 필세의 기복 또한 두드러지며, 주돈이의 〈애련설〉과 최해의 〈추차곽밀직예상련시운(追次郭密直預賞蓮詩韻)〉을 인용하고 불교의 교리나 용어를 빌려오는 등 문채가 화려하고 필세의 기복이 두드러지다. 시인이 6월 후반에 들어 부쩍 높아진 완화욕(玩花慾)이 절정에 이르렀다고 할 만큼 심미적 고양과 정서적 충만의 상태가 발현되어 있다. 다른 대상을 읊은 것이기는 하지만, 곧 이어서 지은 22언의 7언고풍 〈박연폭포의 노래. 매우 더워서 이를 노래하여 물소리를 귀와 눈으로 접하려는 것이다(朴淵瀑布歌. 熱甚故歌之, 所以接水聲於耳目焉耳)〉(권18)에서도 유사한 시적 취향과 7언고풍의 미덕이 어우러진 성취를 살필 수 있어 참고가 된다.

목은이 우왕 5년 6월에 연꽃에 대한 완상취미를 두드러지게 시로 읊은 현상은 이제까지의 설명에 그치기 어려운 요소를 내포한 것으로 보인다. 꽃은 아름다움을 대표적 내포적 의미로 지닌 사물이지만, 그 상징적 의미는 그것을 넘어 젊음·생명력·삶의 환희·존재의 본질 등 존재론적인 함의에까지 이르는 것이다. 더군다나 연꽃은 주염계의 〈애련설〉에서 유래하여, 진흙탕에서 생장하면서도 오염되지 않음, 맑은 물결에 씻기지만 요염하지 않음, 속은 텅 비었지만 거죽은 곧음, 넝쿨지지도 않고 가지가 생기지도 않음, 향기가 먼 데서 맡을수록 더욱 맑음, 꼿꼿이 깨끗하게 서 있음, 먼 데서 완상할 수 있을 뿐 가까운 데서 함부로 만져서는 안 되는 것 등의 생태적·형태적 속성에 말미암은 군자다운 사람, 청정무구한 존재를 상징한다. 특히 불가(佛家)에서는 불타(佛陀) 그 자체뿐만 아니라 불타의 마음·깨달음과 극락세계(極樂世界)·불성(佛性)·자성(自性)·생명력 등을 상징하는 것으로 표상되기도 하는 특별한 꽃이다. 이러한 점들을 고려하면 목은이 그 시기에 연꽃을 완상하고자 하는 취미를 유별나게 시에 적극적으로 수용했다는 것은 심미적 욕구를 시로써 잘 형상화하였다는 의미를 넘어, 노년의 신체적 허약과 정신적 무력감을 벗어나 젊음과 생명력을 충전 받고자 하는 욕망, 노년의 답답함·무변화성에 자극을 줄 정서적 환희·해방감을 지향하는 하는 충동, 노경에 이르러서도 집착·구속으로 인하여 동요하는 심성의 해탈을 갈구하는 염원 등을 연꽃이라는 상징적 내포가 큰 꽃을 대상으로 한 시작을 통해 실천하고자 하는 작의를 함축하고 있다고 이해하기를 아울러 요구할 것이다.

6. 결어

우리 한시사의 가장 높은 봉우리의 하나인 목은 이색이 50~55세에 엄청난 다작을 한가운데서도 52세이던 우왕 5년에 기록적 다작을 한 대략적 양상과 그 원인들을 점검하고, 그 해의 삶의 개략적 상황을 살핀 데 이어, 1379년의 우왕 5년의 13개월 중에서도 하루에 9수가 넘는 시를 지었던 6월의 시편들을 대상으로 하여 청소년기의 면학에 대한 회억과 그로 인한 성취라 할 수 있는 좌주와 사신·문단의 영수로서의 보람과 자부심을 기록하고자 한 시편들과 신변의 쇄사일문과 기호·취미를 노래한 시편들에 대하여 자세히 검토하였다. 그 결과 이러한 시편들에서는 신변사를 개인적 차원을 넘어설 수 있도록 기록으로 남기고자 하는 뚜렷한 의식과 시의 제재를 적극적으로 확대하고자 한 의지라는 특이성을 확인할 수 있다. 이러한 특이성은 두보에게서 두드러졌던 시사(詩史)의 범위가 크게 확대된 것으로 볼 수 있는 현상으로서 그 자체로 의의를 지닐 뿐 아니라, 형식·내용·표현 등의 측면에서 두루 시적 형상성을 갖추었을 뿐만 아니라 노년의 신체적·심리적 무력감을 극복하고 삶의 생동력을 추스르고자 한 언외적 함축성을 지니고 있다는 점에서도 의의를 인정할 만하다는 것을 검증하였다. 또 이 과정에서 부수적으로 확인할 수 있었던 점은 목은의 이러한 시편들이 현저한 다작의 주요원인이라는 점과 다른 시인에게서는 찾기 어려울 만큼 매우 특이한 현상으로서 기궤하거나 비시적인 현상으로 비칠 요소를 지닌 가운데서도 시로서의 진실성과 감흥력을 짙게 지녔다는 사실도 대체로 확인하였다. 그런 특이성 가운데 매우 길다란 서술적이면서도 정제된 산문적 장제(長題)를 내걸어 놓고 제목을 넘어서는 별취를 지닌 세계를 펼친 시편을 흔히 지은 점이야말로 목은의 시에서만 발견할 수 있는 별천지라 해도 과언이 아니라 할 것이다.

이러한 특이성을 자신의 질병에 대한 투시, 아내와 노복의 삶에 대한 관찰, 친인척・이웃의 언동에 대한 배려, 친지의 선물에 대한 성찰, 불구자・미물에 대한 관찰, 속담・민속・속악・정재 등에 대한 관심, 주변의 기사・일문에 대한 반응 등과 같은 이 글에서 다루지 못한 특수한 면모 등과 함께 고려한다면, 노년기의 목은시가 그야말로 시인이 세계와 부딪히는 만남(encounter)을 경험(experience), 또는 일상(ordinary lives)이라고 보았던 존 듀이의 프래그머티즘 미학의 담론71)에 상응할 만한 예술적 경향이라 할 수 있어, 다른 시인들과 구별되는 예사롭지 않음이 더욱 부각될 수 있을 것이다.

이러한 특이성은 초유라거나 후대에도 유례가 드문 현상이라는 점만으로는 충분한 의의를 지니기 어려울 것이다. 그러한 특이성이 무잡(蕪雜)・기궤(奇詭)가 지나친 비시적(非詩的)인 성향으로 폄하될 수도 있을 것이기 때문이다. 그러므로 근년에 목은의 노년기 일상시를 검토하면서 조선 후기의 조선시(朝鮮詩) 운동의 선례에 해당한다고 평가한72) 것과 같은 고무적 성과를 더욱 심화시켜, 목은시 전체의 중요한 특수성을 더 넓게 검증함으로써 보편성

71) 정순복, 『일상의 미학』 2(예전사, 2004), 193면.

72) 김동준, 앞의 논문 참조. 이 글은 목은의 노년기 일상시가 폭넓은 재재를 수용한 觀物省察의 검증공간이자 삶의 자세와 다짐을 확인하는 영역으로서 자신과 주변인의 생활현장에서 포착한 삶의 의미 발견과 일상의 한 단면을 숙성시켰다는 시사적 의의를 가지며, 공과를 지닌 가운데서도 제재・작법・감수성 등의 층위에서 제반제약을 벗어날 가능성을 보여 준 점에서 朴趾源・李鈺・丁若鏞 등의 이른바 조선시 인식 및 작법과 상통하는 의의를 지님을 논의한 것이다.

을 구유한 차원으로 설명하고, 그것을 우리 한시사 전개의 동력이라는 관점에서 자리매김할 수 있게 하는 근본적인 재검토가 필요할 것이다. 이를 위해서는 그 제재적 다양성을 자세히 재검증하는 데서 출발하여, 특수성과 탁월성을 동시에 지닌 부류의 시편이 지닌 세부적 실상을 실증적으로 확인하고, 그것과 전후대의 시와의 관련성을 논증함으로써, 시사적 논의의 전망을 확보하는 데로 나아갈 필요가 있을 것이다.

참고문헌

權　近,『陽村集』.
徐居正 외 편,『東文選』.
王十朋,『集註分類東坡先生詩』.
李　穡,『牧隱詩藁』.
———,『牧隱文藁』.
鄭麟趾 외 편,『高麗史』.
韓　脩,『柳巷詩集』.

김동준,「牧隱 李穡의 漢詩에 나타난 老年의 日常과 詩的 形象」,『한국한시연구』21(한국한시학회, 2013).
김보경,「목은 이색의 버들골살이와 시」,『동양고전연구』27(동양고전학회, 2007).
朴龍雲,『고려시대 開京 연구』(일지사, 1996).
閔丙秀,「李穡의 詩世界」,『韓國漢詩作家研究』2(태학사, 1996).
성범중,「牧隱 이색의 서연 진강시 연구」,『석당논총』50(동아대학교 석당학술원, 2011).
呂運弼,『李穡의 詩文學 研究』(태학사, 1995).
여운필·성범중·최재남,『역주 목은시고』1~12(도서출판 월인, 2000~2007).
李益柱,「『牧隱集』의 간행과 사료적 가치」,『진단학보』102(진단학회, 2006).
이익주,「『牧隱詩藁』를 통해 본 고려 말 李穡의 일상」,『한국사학보』32(고려사학회, 2008).
이익주,『이색의 삶과 생각』(일조각, 2013).

정순복, 『일상의 미학』 2(예전사, 2004).
鄭治憲, 「麗末鮮初 科擧文臣勢力의 政治活動」, 『韓國學報』 64(일지사, 1991).
조동일, 문학연구방법(지식산업사, 1980).
주기평, 『육유시가연구』(도서출판 역락, 2010).
한국역사연구회, 『고려의 황도 개경』(창작과비평사, 2002).
胡雲翼, 『宋詩硏究』(宏業書局社; 臺北, 1977).

〈여운필〉

목은의 서연 진강시

1. 머리말

경연(經筵)은 군주에게 경전과 역사를 가르쳐서 이상적인 정치의 실현을 목표로 한 교육제도로서, 우리나라에 도입된 것은 13세기 초엽인 고려 예종(睿宗) 때의 일이다.[1] 그리고 이 제도에 따라 현재의 군왕과 장차 군왕이 될 왕세자에게 사부의 소임을 맡은 신료들이 나아가 공부하도록 하는 일을 진강(進講)이라고 하였다.

원래 경연은 군왕이 공부하는 자리를 일컫고 서연(書筵)은 왕세자가 공부하는 자리를 일컫는 말이었다. 그러나 고려시대에는 원(元)의 간섭기 이후에 경연이 격하되어 서연으로 바뀌고 우왕(禑王) 때에는 서연이 경연과 혼용해서 쓰이다가 공양왕(恭讓王) 때가 되어서야 다시 경연이라는 명칭을 회복하였다.[2] 신하가 임금에게 하는 강론(講論)을 목은(牧隱) 이색(李穡; 1328～1396)의 문집에는 일반적으로 '진강'이라고 하고 있으나 '권강(勸講)'이라는 말도 한 번 쓰이고 있다.

『목은시고(牧隱詩藁)』에는 우왕의 사부로 재직하던 시기에 서연에서 강론한 사실에 대한 감개를 피력한 일련의 시작품이 남아 있어서, 이 시기의 서연 강의와 관련한 제반 모습 및 군왕에 대한 교육방법 등을 탐구할 수 있는 자료가 된다. 이색의 서연 강의에 대해서는 군주성학론(君主聖學論)을 중심으로 그 전반적 성격을 고찰한 논고[3]와 『목은시고』의 사료적 가치를 다룬 논문[4]

1) 權延雄, 「高麗時代의 經筵」, 『慶北史學』 제6집, 경북사학회, 1983, 1～3면 참조.
2) 도현철, 「이색의 서연 강의」, 『역사와 현실』 62, 한국역사연구회, 2006, 25～26면.

에서 그 의미가 정리된 바 있다. 이 논고들은 목은의 서연 강의를 요령 있게 정리하고 있으나, 그 서연 진강 내용을 다룬 한시를 직접 분석하고 있지는 않으므로 본고에서는 목은의 서연 진강시를 구체적으로 논구하여 그 실상을 살펴보고자 한다.

2. 목은과 서연 진강

1) 진강 시기

연보에 의하면 목은은, 홍무(洪武) 7년 갑인(1374, 공민왕 23년) 12월에 중대광(重大匡) 한산군(韓山君)에 진봉(進封)되고 예문관대제학 지춘추관사 겸 성균대사성 지서연사(藝文館大提學知春秋館事兼成均大司成知書筵事)에 임명되어[5] 서연과 관련을 맺은 이래, 우왕 14년(1388) 8월에 영효사관서연예문춘추관사(領孝思館書筵藝文春秋館事)가 되고 이듬해인 창왕 원년 7월에도 영서연춘추관사(領書筵春秋館事)의 직임이 그대로 유지되고 있다.

『목은시고』에 따르면 목은이 실제로 서연에서 진강한 것은 우왕 5년 5월이었음이 확인된다. 목은이 우왕의 사부가 되어 서연을 맡은 시기의 정국 상황과의 관련성은 다음과 같이 설명된다.

> 이색은 우왕 5년 5월 홍중선(洪仲宣)의 뒤를 이어 우왕의 사부가 되고 12년까지 사부로서의 지위를 유지하였다. 이색이 홍중선을 대신해서 사부가 된 것은 정국 상황의 변화를 반영한 것이다. 이인임 등은 우왕을 추대하고 실권을 장악하는 과정에서 홍중선과 같은 반대세력을 제거하였다. 홍중선은 우왕의 인척으로 여러 관직을 거쳐 우왕의 사부가 되었는데, 정방에 참여하여 권세가 나누어

3) 위의 논문.
4) 呂運弼, 「『牧隱詩藁』의 史料的 價値」, 『高麗後期 漢詩의 硏究』, 월인, 2004.
5) 「牧隱先生年譜」, 「牧隱藁」, 卷首.

지는 것을 싫어한 이인임과 임견미 등에 의해 유배당하였다고 한다. 당시 우왕 5년 무렵에는 양백연, 유은 장씨, 경복흥 숙청 등의 정치 문제가 빈번하여 정국이 불안하였다. 이에 이인임 등은 정국 안정을 위해서 이색을 등용한 것으로 보인다.[6)]

이 인용문에 의하면 목은은 정국의 안정을 바라는 이인임 등의 정치적 배려에 의해 국왕의 사부로 등용되어 서연 진강을 맡게 되었음을 알 수 있다. 당시 정치적, 학문적 위치에 비해 소외되었던 이색이었던 만큼, 정치적 배경 여부를 떠나 자기의 학문적 역량을 발휘해 보고 싶은 마음과 진강을 통하여 자신의 정치적 이상을 실현해 보려는 뜻에서 서연 진강을 맡게 되었다고 하겠다.

06-16-078 〈벽운이 와서 비 오기를 비니 즉시 감응하였다고 말하다(碧雲來言祈雨卽應)〉[7)]

…(前略)…
벽운은 신기한 술법을 지녔다고 자랑하지 말라.
깊숙한 서연에서 한 번 〈운한(雲漢)〉 시를 강론하리.
말소리가 다하기 전에 빗소리가 이르는데
자자한 승사(勝事)가 이제까지 전해지네.
목은 노인이 백성을 염려함은 천성에서 나오는데
감격이 지극하여 눈물이 흘러 옷깃을 적시네.
기도하면 감응함이 고금의 전범이니

6) 도현철, 앞의 논문, 30~32면. 여기에 대해서는 여운필도 "『고려사』에는 이 시기의 서연에 대한 기사가 전혀 없이 『고려사절요』 권31에 우왕 5년 5월에 洪仲宣을 流配하고 李穡을 師傅로 삼았다는 기록만 있음을 고려하면, 이는 당시의 서연의 教育의 內容・方法・輟講事由 등에 대한 요긴한 증언이라 할 것이다."라고 하여 목은의 서연 진강시가 가지는 의미를 강조한 바 있다(呂運弼, 앞의 논문, 465면 참조).

7) 목은 작품의 번역과 인용은 여운필・성범중・최재남, 『역주 목은시고』 1~12(月印, 2000~2007)를 이용하기로 하겠다. 작품번호 '06-16-078'은 『역주 목은시고』 제6책, 권16의 78번째 작품을 뜻한다. (이하 같음.)

벽운은 마땅히 더욱 붉은 정성을 펴야 하리.
碧雲莫詑抱神術　一講雲漢書筵深
舌聲未盡雨聲至　勝事籍籍傳至今
牧翁憂民出天性　感極涕淚霑衣襟
有祈有報古今典　碧雲當更敷丹忱

이 시의 제작 시기는 중국의 도사 양종진(楊宗眞)이 한재(旱災) 때문에 왕명으로 초제(醮祭)를 지냈다는 우왕 5년 5월의 기록[8]과 일치하고 있다. 목은은 이 시에서 앞으로 서연에서 『시경』의 〈운한(雲漢)〉 시를 강론하고 싶은 바람을 드러내고 있다. 목은이 실제로 〈운한〉 시를 강론했다는 증거는 없으나 군왕은 모름지기 자연 재해의 예방에 힘써야 한다는 점을 우왕에게 깨우쳐 주려는 뜻이 있었다고 하겠다.

06-16-086 〈내일 서연에서 진강을 맡게 되었는데 선왕께서 총애하신 은의를 돌이켜 생각하고 감격을 이기지 못하여 1수를 읊다(明日當進講書筵 追念先王寵幸之恩 不勝感激 吟成一首)〉
병든 몸으로 창성한 때를 만났으니 얼마나 다행스러운가?
매번 임금의 부름에 따라 궁궐에 들어가네.
하물며 서연에서 강의를 맡게 되었는데
학술은 아직 진리에 어두움을 스스로 부끄러워하네.
해가 긴 얼음 봉우리에는 아마 더위가 없겠고
바람이 맑은 아름다운 집에는 절로 먼지가 사라지리.
예우하는 일과 푸대접하는 일은 이미 모두 사라졌지만
하늘이 깨우치고 이끌어 대대로 다정하고 친절하기 바라네.
病軀何幸遇昌辰　每荷宣招入紫宸
况值書筵當講義　自慚學術尙迷眞

---

8) 『高麗史』 권134, 「列傳」 47, 禑王 5년(1379) 5월 기사에, "을유에 旱災 때문에 判典醫 楊宗眞에게 명하여 醮祭를 행하여 비를 구하였다. 종진의 호는 碧雲인데, 본래 閩中의 도사였다."라는 기사가 있다.

氷峯永日應無暑　玉宇淸風自絶塵
設醴針氈皆已矣　願天啓迪代諄諄

진강 전날 지은 이 시에서 목은은 선왕(先王, 恭愍王)의 총애에 대한 감격을 이기지 못하는 심경을 드러내고 있다. 이런 과정을 거쳐 목은은 5월 26일 드디어 우왕에게 『논어(論語)』「태백(泰伯)」편의 장구(章句)들을 진강하고 난 뒤에 그 감회를 시편에 담았다. 목은은 그 해 윤오월을 거쳐 8월 23일까지의 진강 자료를 『목은시고』에 남기고 있다.

2) 진강 내용

목은이 우왕에게 진강한 텍스트는 『논어』「태백」편 1장에서 14장이었다. 목은은 이 텍스트를 중심으로 그 1차적인 내용을 이해하도록 하였을 뿐 아니라, 어린 우왕이 군왕으로서 이것을 어떻게 실천해야 할 것인지를 모색하고 있다. 이것은 오늘날 유행하는 이른바 눈높이 교육의 실천이라고 할 수 있다.

다음에 정리한 것은 『논어』의 「태백」편의 원문과 목은의 시에서 거론된 구절을 표시한 것이다. 이 원문 중에 진강시에서 거론되지 않은 부분은 다른 강관이 강론했었는지, 목은이 진강하였는데도 『목은시고』에서 언급하지 않은 것인지 확인하기 어렵다.

『論語』「泰伯」第八

8・1 子曰 “泰伯, 其可謂至德也已矣. 三以天下讓, 民無得而稱焉.”

8・2 子曰 “恭而無禮則勞, 愼而無禮則葸, 勇而無禮則亂, 直而無禮則絞. 君子篤於親, 則民興於仁, 故舊不遺, 則民不偸.”(06-16-088)

8・3 曾子有疾, 召門弟子曰 “啓予足, 啓予手. 『詩』云, ‘戰戰兢兢, 如臨深淵, 如履薄氷.’ 而今而後, 吾知免夫, 小子.”

8・4 曾子有疾, 孟敬子問之. 曾子言曰 “鳥之將死, 其鳴也哀, 人之將死, 其言也善. 君子所貴乎道者三 動容貌, 斯遠暴慢矣, 正顔色, 斯近信矣, 出辭氣, 斯遠鄙倍

矣. 籩豆之事, 則有司存."(06-16-110)

8·5 曾子曰 "以能問於不能, 以多問於寡, 有若無, 實若虛, 犯而不校, 昔者吾友嘗從事於斯矣."(06-16-112)

8·6 曾子曰 "可以託六尺之孤, 可以寄百里之命, 臨大節而不可奪也, 君子人與? 君子人也."

8·7 曾子曰 "士不可以不弘毅, 任重而道遠. 仁以爲己任, 不亦重乎? 死而後已, 不亦遠乎?"(+引易繫辭天地之大德曰生, 聖人大寶曰位. 何以守位? 曰仁. 以證重與遠之義: 『周易』「繫辭」)(06-16-124)

8·8 子曰 "興於詩, 立於禮, 成於樂."(06-16-127)

8·9 子曰 "民可使由之, 不可使知之."(06-16-130)

8·10 子曰 "好勇疾貧, 亂也. 人而不仁, 疾之已甚, 亂也."

8·11 子曰 "如有周公之才之美, 使驕且吝, 其餘不足觀也已."(06-16-143)

8·12 子曰 "三年學, 不至於穀, 不易得也."(06-16-147)

8·13 子曰 "篤信好學, 守死善道.(06-16-151) 危邦不入, 亂邦不居. 天下有道則見, 無道則隱. 邦有道, 貧且賤焉, 恥也, 邦無道, 富且貴焉, 恥也."(07-19-056)

8·14 子曰 "不在其位, 不謀其政."(07-19-061)

(*밑줄 친 부분은 서연 진강에서 목은이 직접 강의한 부분이고, 괄호 속의 숫자는 그것을 다룬 『역주 목은시고』의 작품번호임.)

3. 서연 진강시의 세계
-『논어』「태백」편의 시적 변용과 제작 의도-

『목은시고』에 실린 서연 진강시는 11제 16수로 모두 『논어』「태백」편 1장부터 14장까지의 진강과 관련된 것이다. 목은 혼자 진강을 담당한 게 아닌 까닭에[9] 목은이 진강하지 않은 부분도 있고 또 진강 내용을 반드시 시로 제작한 것도 아니어서 『목은시고』에는 내용이 빠져 있기도 하다.

9) 목은이 「태백」편을 혼자 다 진강하지 않은 사실은 『역주 목은시고』의 작품 07-19-056 참조.

06-16-088 〈오월 스무엿샛날에 임금께서 서연에 계시는데 신 색이 “윗사람[10] 이 친척에게 도탑게 하면 백성이 어짊에서 일어나고, 옛 친구를 버리지 않으면 백성이 박하지 않을 것이다.”라는 대목을 진강했다. 마친 뒤에 시학(侍學)하는 내관이 큰 소리로 여러 차례 읽었다. 이에 임금께서 몸소 술을 하사하시기에 절하고 마신 다음 달려 나와 집으로 돌아오니 피곤하여 드러누웠다가 오래 지나서 막 일어나다(五月卄六日 上在書筵 臣穡進講君子篤於親 則民興於仁 故舊不遺 則民不偸 旣訖 侍學內官高聲讀數遍 於是親賜酒 拜飮趍出 還家困臥 久而方起)〉

덕을 밝히고 백성을 새롭게 하여 체용(體用)을 갖추었는데
'공경한다[欽]'는 한 자로 당우(唐虞)의 첫머리에서 설명하였네.
친척을 위하고 친구를 가여워하면 어진 마음이 드러남이요
도타움에 돌아가고 인에서 일어나면 아름다운 교화가 펼쳐짐이네.
정미한 뜻을 진술하기 어려워 여전히 마음이 더욱 겁나는데
쇠약해 지는 나이를 지나서 얼굴은 여전히 파리하네.
어느 날이나 소광(疏廣)처럼 사직을 청하여
고향[11]에서 황금을 얻어 스스로 즐길까?

明德新民體用俱　欽之一字冠唐虞
爲親卹舊良心發　歸厚興仁美化敷
精義難陳心更怯　衰年已過貌仍癯
乞歸何日如疏廣　東海黃金得自娛

이 시는 우왕 5년 5월 26일에 「태백」 2장 중 “윗사람이 친척에게 도탑게 하면 백성이 어짊에서 일어나고, 옛 친구를 버리지 않으면 백성이 박하지 않을 것이다.(君子篤於親, 則民興於仁, 故舊不遺, 則民不偸)”라는 대목을 진강하고 난 다음에 그 감회를 기록하고 있다. 이 시는 설명체로 된 제목에서 서연 진강과 뒤풀이 과정을 보여주고 있다. 즉, 진강을 마무리하는 자리에서 시학(侍學) 내관이 큰 소리로 여러 번 읽어서 임금이 진강 내용을 익히는 데 도움을

10) 이 구절의 번역은 『論語集註』의 “군자는 윗사람이다.(君子 謂在上之人也)”라는 주석에 따랐다.
11) 東海는 漢의 정치가 疏廣의 고향으로 여기에서는 李穡의 고향인 韓山을 가리킨다.

주고자 했고, 진강을 마친 뒤에는 왕이 서연관에게 술을 내려 그 노고를 치하한 뒤풀이가 있었다.

이 시는 『대학(大學)』 첫머리를 축약한 '명덕신민(明德新民)'을 내세워 학문의 체용(體用)이 갖추어져 있음을 말한 다음, 공경을 뜻하는 '흠(欽)'이라는 말을 써서 군왕에 대한 예의를 표하고 있다. 시의 후반부에서는 목은 자신의 처지와 소망을 드러냄으로써 늘그막에 진강을 맡은 기쁨도 크지만 그 때문에 귀향이 늦어지게 된 정황을 아울러 표현하고 있다.

06-16-110 〈서연에서 "군자가 귀하게 여기는 도가 셋이다."라는 구절부터 "유사가 있다."라는 구절까지 진강하고 물러나서 적다(書筵 進講君子所貴乎道者三至有司存 退而志之)〉

도의 본체는 주밀(周密)하게 유행하여 절로 드러나는데
심신과 기수(器數)를 모두 감싸고 아우르네.
말이 엄하고 뜻이 바른 것은 『춘추(春秋)』의 필법(筆法)이요
기운이 유순하고 얼굴이 온화함은 일월(日月)의 운행이네.
치격(致格)과 제평(齊平)[12]은 마침내 순서가 있고
조존(操存)과 성찰(省察)은 반드시 정밀함을 기다리리.
단표누항(簞瓢陋巷)에 싱그러운 풀이 돋아나니
일관되게 전해오는 성인의 도가 밝네.

道體周流自露呈 身心器數盡包幷
辭嚴義正春秋法 氣順顏和日月行
致格齊平終有序 操存省察要須精
簞瓢陋巷生芳草 一貫傳來聖道明

이 시는 「태백」 4장 중 "군자가 귀하게 여기는 도가 셋이다. 용모를 움직일 때는 난폭함과 게으름을 멀리 하고, 얼굴빛을 바르게 할 때에는 미쁨에 가까워야 하고, 말과 기운을 드러낼 때는 비루함과 배반을 멀리하여야 한다. 변두

12) 致格齊平은 『大學』의 여덟 조목인 格物・致知・誠意・正心・修身・齊家・治國・平天下를 가리킨다.

(籩豆)의 일에는 유사(有司)가 있다.(君子所貴乎道者三, 動容貌, 斯遠暴慢矣, 正顔色, 斯近信矣, 出辭氣, 斯遠鄙倍矣. 籩豆之事, 則有司存)"라는 증자(曾子)의 말씀을 진강하고 난 뒤의 감회를 기록하고 있다. 이 시는 군자의 덕목을 '동용모(動容貌)・정안색(正顔色)・출사기(出辭氣)'의 측면뿐 아니라 『대학』의 팔조목(八條目), 조존(操存)과 성찰까지 확대해야 함을 말하고 있다. 이런 전제에서 당시의 사회를 진단하기를 단표누항에 싱그러운 풀이 돋아나는 것으로 보아 성인의 도가 단절되지 않고 밝게 빛나고 있는 것으로 평가하고 있다.

06-16-112 〈서연에서 "증자가 말하기를, '능하면서 능하지 못한 자에게 물으며'"라는 한 장을 진강하다(書筵 進講曾子曰以能問於不能一章)〉

도의와 이치는 마침내 다함이 없는데
어짊과 어리석음은 본래 같네.
빽빽하여 천하를 채우고
커서 허공에 닿네.
몸뚱이기 비록 어지럽게 섞여 있어도
지극히 적은 것은 또한 두루 통하네.
깨달은 것을 진정으로 실천한 이가 누구인가?
누추한 거리에 남긴 풍도(風度)가 있네.

義理終無盡　賢愚本自同
林林滿區宇　浩浩際虛空
軀殼雖紛糅　毫釐亦會通
誰歟眞踐得　陋巷有遺風

이 시는 「태백」 5장 전문인 "능하면서 능하지 못한 자에게 물으며, 학식이 많으면서 적은 자에게 물으며, 가지고 있으면서 없는 듯이 하며, 차 있으면서 없는 듯이 하며, 범하여도 따지지 않는다. 옛날에 나의 벗이 이런 일에 종사하였다.(曾子曰 以能問於不能, 以多問於寡, 有若無, 實若虛, 犯而不校, 昔者吾友嘗從事於斯矣)"라는 증자의 말씀 한 장을 진강하고 난 다음에 그 감회를 기록하고 있다. 이 시는 텍스트의 내용을 다시 한 번 정리한 다음에, 이러한 덕을 실천한 사람이 바로 목은 자신과 같은 인물임을 암시하고 있다. 마지막 대목에서 누항(陋巷)의 거주자가 시인 자신이라고 하여 이상할 바는 없다.

06-16-124 〈초열흘날에 "어짊으로써 자기의 책임을 삼으니 또한 무겁지 아니한가? 죽은 뒤에야 그만두니 또한 멀지 아니한가?"라는 대목을 진강하다. 『주역』 「계사」의 "천지의 큰 덕을 생(生)이라 하고, 성인의 큰 보배를 위(位)라고 한다. 무엇으로써 자리를 지킬까 하면 어짊이라고 한다."라는 말을 인용하여 무거움과 멂의 뜻을 증명하고 물러나서 적다. 대개 임금은 마땅히 이와 같아야 함을 고한 것이다. 돌아와서 명주 베를 하사하신 것을 보고 읊다. 2수(初十日 進講仁以爲己任 不亦重乎 死而後已 不亦遠乎 引易繫辭天地之大德曰生 聖人之大寶曰位 何以守位 曰仁 以證重與遠之義 退而志之 蓋告君當如是也 旣歸 見紬布之賜 吟成二首)〉

한 점의 신령한 마음이 하늘과 땅을 짝하는데
지극한 도(道)를 세움은 본래 임금의 일이네.
마땅히 예를 회복하려면 날로 나아가고 달로 가야 하고
은혜를 베풀려면 반드시 봄에 나고 여름에 자라야 하네.
은혜를 사물에 미치도록 하면 가지와 잎이 번성하고
측은함을 마음속에 지니면 근본이 굳세네.
이제(二帝)와 삼왕(三王)이 귀감이니
재주가 짧은 소신(小臣)이 감히 경솔하게 논의하랴?
虛靈一點配乾坤　立極由來在至尊
日就月將當復禮　春生夏長要覃恩
霑濡及物繁枝葉　惻隱存心壯本根
二帝三王是龜鑑　小臣才短敢輕論

경연(經筵)에서 강의를 끝내 한낮이 되지 않는데
집에 돌아오니 또 가랑비가 자욱하네.
병든 아내는 은사(恩賜)를 입은 것을 다행이라고 기뻐하는데
밝은 임금은 늙고 궁한 사람을 불쌍하다고 포용하네.
한(漢)의 조정은 옛날을 상고하는 힘으로 빛났는데

주(周)의 역(易)은 잠심(潛心)하여 수양하는 공으로 적막하네.
사신(史臣)이 잡은 붓은 본래부터 곧은데
효력을 나타냄은 마침내 하늘에 맡기네.
講罷經筵日未中 還家細雨又濛濛
病妻慶幸蒙恩賜 明主包容愍老窮
赫赫漢庭稽古力 寥寥周易養蒙功
史臣秉筆由來直 成效終當付昊穹

이 시는 「태백」 7장 중 "(선비는) 어짊으로써 자기의 책임을 삼으니 또한 무겁지 아니한가? 죽은 뒤에야 그만두니 또한 멀지 아니한가?(仁以爲己任, 不亦重乎? 死而後已, 不亦遠乎?"라는 증자의 말씀을 진강하고 난 다음에 그 감회를 기록하고 있다. 이 시는 텍스트의 이해와 교육의 방법상의 한 본보기를 보여주는 작품으로, 목은은 텍스트 외에 그것의 이해에 도움이 되는 『주역』 「계사」의 한 대목을 인용하여 이 텍스트를 수강자인 임금의 입장에서 충분히 이해하도록 유도하고 있다.

앞의 작품에 활용된 「태백」의 본문은 선비의 도리에 대한 증자의 언급이지만 목은은 이것을 군왕의 올바른 도리로 전환하여 진강하고 있다. 임금은 일취월장하여 예를 회복해야 하고, 춘생하장(春生夏長)하여 은혜를 베풀어야 할 뿐 아니라 은혜를 사물에 미치게 하고 민생을 측은하게 여기는 마음을 지녀야 하므로 재주가 짧은 목은의 처지에서는 감히 경솔하게 논의할 바가 아님을 밝히고 있다.

뒤의 작품은 서연(이 시에서는 경연이라고 하였음)의 진강과 직접적인 관련을 지니는 내용은 아니지만, 목은은 진강 이후에 은사(恩賜)로 받은 명주베에 대해 감격한 아내의 반응을 보여주고 있을 뿐 아니라 직필(直筆)로 공과(功過)를 기록하는 사신(史臣)의 역임을 자처하고 있다.

06-16-127 〈"시에서 일어나고 예에서 세우고 악에서 이룬다."라는 한 장을 진강하다(進講興於詩 立於禮 成於樂一章)〉

임금이 나라를 세워 백성을 교화시키니
이제까지 환하게 비추면서 뒷사람을 깨우치네.
『대학』의 처음과 가운데와 끝에서는 얻음이 있고
선왕(先王)의 시와 예와 악은 서로 순환하네.
성정(性情)이 화평하게 움직이니 사악함이 없고
찌꺼기가 녹아서 없어지니 도가 순조롭네.
삼백(三百)과 삼천(三千)이 하늘과 땅을 소통시키니
평거(平居)에서나 잡처에서나 신명(神明)을 마주하네.
君師建極化生民　照耀來今覺後人
大學初中終有得　先王詩禮樂相循
性情動盪無邪日　査滓消融順道春
三百三千通上下　端居雜處對明神

이 시는 「태백」 8장 전문인 "시에서 일어나고 예에서 세우고 악에서 이룬다.(興於詩, 立於禮, 成於樂)"라고 한 공자의 말씀을 진강하고 난 다음에 그 감회를 기록하고 있다.

이 시도 공자의 말씀을 임금의 교화로 전화(轉化)하여 우왕에게 그 내용을 이해시키는 방법을 취하고 있다. 즉 이색은 의도적으로 텍스트에 나오는 '흥(興)·입(立)·성(成)'의 주체를 군자가 아닌 군왕으로 설정하여 그 내용을 강론하고 있다. 그래서 선왕(先王)이 제작한 '시·예·악'의 순환성을 말하고 성정의 화평에서 오는 무사(無邪)함을 말한 다음, 『예기(禮記)』의 삼백 가지의 경례(經禮)와 삼천 가지의 곡례(曲禮)가 천지를 소통함으로써 어디서나 신명(神明)를 마주하게 된다는 점을 강조하고 있다. 이 시에서는 시와 예와 악의 구체적 소이연(所以然)과 역할보다는 그것들의 상호관계와 소통에 초점을 맞추고 있다.

06-16-130 〈"백성은 따르게 할 수는 있지만 알게 할 수는 없다."라는 한 장을 진강하다(進講民可使由之 不可使知之一章)〉

물고기가 뛰고 솔개가 나니 도체(道體)가 흐르고

백성의 일용(日用)이 다 넉넉하네.
늙은이의 존양(存養, 存心養性)은 아직 미치기 어려운데
백성의 따라 행함은 문득 저절로 잘 되네.
우물을 파고 밭을 가니 늘 생산이 풍족하고
가정을 유지하고 국가를 받드니 몸에 근심이 없네.
일으킴은 다만 밝은 덕을 밝히는 데 있으니
집집이 다 표창할 만함이 벌써 몇 년째인가?
魚躍鳶飛道體流　民生日用儘優游
白頭存養猶難至　黔首由行却自周
鑿井耕田恒産足　持家奉國沒身憂
作興祗在明明德　比屋可封今幾秋

이 시는 「태백」 9장 전문인 "백성은 따르게 할 수는 있지만 알게 할 수는 없다.(民可使由之, 不可使知之)"라고 한 공자의 말씀을 진강하고 난 다음에 그 느낌을 기록하고 있다. 이 시는 전체적으로 텍스트의 내용에 걸맞은 상태를 설정한 다음, 굳이 백성들에게 사정을 알게 할 필요 없이 백성들이 태평성대를 누리게 함이 곧 군왕의 역임이자 교화의 핵심임을 보여주고 있다. 곧 군왕 역할의 중요성을 우왕이 스스로 깨닫기를 바라는 마음을 드러내고 있다.

06-16-143 〈열엿샛날에 "주공의 재주가 아름답다."라는 한 장을 진강하다(十六日 進講周公之才之美一章)〉
긍과(矜誇)와 비색(鄙嗇)에 어찌 허물이 없으랴?
뿌리와 잎이 서로 말미암으니 형세가 절로 미치네.
비록 공단(公旦, 周公)처럼 재주가 많게 하더라도
나는 분명히 보통의 무리이네.
矜誇鄙嗇豈無尤　根葉相因勢自周
縱使多材似公旦　此人端的是恒流

주공(周公)의 붉은 가죽신이 점잖게 남았는데
〈치효(鴟鴞)〉[13]에 감동하여 바람과 천둥에도 풍년이 들었네.

당시에 한 점의 마음은 공평하고 바르기에
밝디밝은 일월은 천지를 비추었네.
赤舃周公几几餘　風雷歲熟感鴟書
當時一點心平正　日月明明照大虛

예악과 문장이 한 시대에 흥성하여
창힐(蒼頡, 漢字의 창시자)과 희단(姬旦, 周公)의 저작이 훌륭하였네.
복년(卜年)과 복세가 마침내 명백한데[14]
다만 처음으로 생겨남에 밝은 운명을 끼쳤기 때문이네.
禮樂文章盛一時　美哉制作在蒼姬
卜年卜世終明白　祇在初生哲命貽

이 시는 윤5월 16일에 「태백」 11장 전문인 “주공과 같은 아름다운 재주가 있다고 하더라도, 교만하고 인색하다면 그 나머지는 족히 볼 필요가 없다.(如有周公之才之美, 使驕且吝, 其餘不足觀也已)”라고 한 공자의 말씀을 진강하고 난 다음에 그 감회를 기록하고 있다.

이 시의 텍스트는 주공과 같은 재주가 있다고 하더라도 교만하고 인색하면 안 된다는 내용이지만, 이 시는 모두 주공의 아름다운 덕에 초점을 맞추고 있다. 공자도 존경해 마지않은 주공의 인품과 덕성, 정치적 공적은 칭송할 바가 많았기 때문에 이색은 우왕에게 주공의 장점만 강론하고 있다.

첫째 작품은 주공의 인품과 업적에 스스로의 인품을 비추어 본 목은이 자기를 보통 사람으로 인식하고 있음을 보여주고 있고, 둘째 작품은 주공이 천지도 감동할 만큼 공평하고 바른 성정의 소유자임을 강조하고 있으며, 셋째 작품은 주공이 훌륭한 예악과 문장을 바탕으로 조카인 성왕을 처음부터 올바르게 이끌고 성왕은 그에 따라 국기(國基)를 확립하였던 역사적 사실을 끌어

---

13) 〈鴟鴞〉는 『詩經』 「豳風」의 첫머리에 있는 시로, 周公이 자기의 뜻을 몰라주는 成王에게 보낸 시라고 한다.

14) 이 구절은 『春秋左傳』 「宣公」 3년의 ‘성왕이 겹욕에 도읍을 정하여 구정을 안치하고 점을 쳐보니, 30世代에 700년이니, 하늘이 명한 바’라는 대목을 변용한 것이다.

와서 어린 우왕도 이를 본받아 고려의 국기를 확고하게 하기를 바라는 마음을 담고 있다. 결국 목은은 주공의 행적을 보여줌으로써 우왕이 올바른 성정으로 국정의 기반을 확립하기를 바라는 염원을 드러내고 있다.

06-16-147 〈"삼 년을 배우고도 녹봉에 뜻을 두지 않는 사람은 쉽게 얻을 수 없다."라는 한 장을 진강하다(進講三年學 不志於穀 不易得也一章)〉

잠심수양(潛心修養)은 성인의 공적이 아님이 없는데
죽을 때까지 얻은 바는 중용(中庸) 하나이네.
번화전(글 자랑)에 어찌 도전할 수 있을까?
다만 생선을 잔뜩 먹고 독주에 취하기 위함이네.
*자제의 학문이다
蒙養無非作聖功　終身所得一中庸
奈何挑淂繁華戰　只爲飽鮮仍醉醲
*子弟學

성인의 학문은 본래 한결같이 중(中)을 잡는 것인데
갑자기 뛰는 잠룡(潛龍)이 비룡(飛龍)이라네.
도를 좇음이 도를 밝힘보다 앞서야 함을 누가 아는가?
뒷날 아름다운 덕을 종주로 삼을 수 있으리.
*제왕의 학문이다
聖學由來一執中　潛龍忽躍是飛龍
誰知從道先明道　穆穆他年德可宗
*帝王學

소신(小臣)은 당시에 중원(中原)을 달리면서
벽옹(璧雍, 太學)에서 공부하며 성문(聖門, 孔子의 門下)을 엿보았네.
갑자기 자장(子張, 공자의 제자)의 녹봉 구하는 물음을 생각하는데
늘그막에도 마음은 아직 어둡네.
*스스로 꾸짖다
小臣當日走中原　鼓篋璧雍窺聖門

忽起子張干祿問　白髮心地尙昏昏
*自責

이 시는 「태백」 12장의 전문인 "삼 년을 배우고도 녹봉에 뜻을 두지 않는 사람은 쉽게 얻을 수 없다.(三年學, 不至於穀, 不易得也)"라고 한 공자의 말씀을 진강하고 난 다음에 그 감회를 기록하고 있다.

이 시에서 목은의 학문에 대한 생각을 엿볼 수 있다. 텍스트인 「태백」 12장은 학문을 함으로써 세속적인 명리를 취하지 않는 사람이 드물다고 하여 학문의 자세에 대해 궁구할 수 있는 대목이다.

첫째 작품은 자제학(子弟學)에 대한 것으로, 선비의 학문 자세를 잠심수양(潛心修養)과 번화전(繁華戰)으로 나누어 전자가 중용(中庸)을 추구하고 있음에 비해 후자는 세속적 욕망의 충족에 있음을 말하고 있다. 둘째 작품은 제왕학(帝王學)에 대한 것으로, 이것도 선비의 학문과 마찬가지로 중용이 중요하지만 도를 좇음이 도를 밝힘보다 앞서야 함을 강조하면서 우왕이 뒷날 아름다운 덕을 종주로 삼을 수 있으리라는 바람을 담고 있다. 마지막 작품은 이색이 스스로를 반성하며 쓴 것으로, 젊어서 중국에서 공부하며 성문(聖門)을 엿보았으나 자장(子張)처럼 녹봉을 구한 데 대해 반성하면서 아직도 미망 속을 벗어나지 못하는 마음을 부끄러워하고 있다.

06-16-151 〈"독실하게 믿고 배우기를 좋아하며, 죽기를 한하고 지키고 도를 착하게 하라."라는 여덟 글자를 진강하다(進講篤信好學 守死善道八字)〉

성인의 학문에 규모가 갖추어지니
인륜은 처음과 끝이 온전하네.
꿰뚫어서 체용(體用)을 겸하고
열고 닫으니 경권(經權)이 있네.
강이 바다로 흐르듯이 쉬지 않았고
해가 하늘에서 비추듯이 빠뜨림이 없었네.
평소에 모름지기 신독(愼獨)해야 하나니
우리의 도를 누가 전하랴?

聖學規模具　人倫終始全
貫穿兼體用　開合有經權
不息江朝海　無遺日照天
平居須愼獨　吾道是誰傳

이 시는 「태백」 13장의 "독실하게 믿고 배우기를 좋아하며, 죽기를 한하고 지키고 도를 착하게 하라.(篤信好學, 守死善道)"고 한 공자의 말씀을 진강하고 난 다음에 그 감회를 기록하고 있다. 이 시는 학문의 도리를 정리하여 일반화한 것으로, 성인의 학문은 온전하여 체용(體用)을 겸하고 경권(經權)을 갖추고 있으며, 그 흐름은 쉼이 없고 빠뜨림도 없는 절대적인 것으로 규정하고 있다. 마지막 연에서는 평소에 신독(愼獨)이 요구되는 이 도를 전할 사람이 누구인지를 물음으로써, 이러한 학문의 높이와 깊이를 갖춘 사람은 목은 자신임을 은연중에 드러내어 학문에 대한 자부심을 보여주고 있다.

이 시를 지은 다음 날에도 진강이 예정되어 있었으나, 06-16-154 〈서연에 갔더니 중관이 "어제 읽은 것을 아직 익히지 못하여서 또 강의를 쉰다."라는 임금의 뜻을 전하기에 신 색은 "이 장은 참으로 읽기 어렵습니다." 하고 물러나서 그것을 기록하다(赴書筵 中官傳旨若曰 昨日所讀未熟 且停講 臣穡曰 此章誠難讀 退而志之)〉에서 보는 것처럼 우왕은 이 날의 강론을 온전히 이해하지 못한 것을 핑계로 강의를 쉬는 조치를 취한 바 있고, 이색은 "본래 초학자는 맛을 알지 못하는데, 하물며 유년이라 시무(時務)를 알기 어려움에랴?(由來初學不知味 況是幼年難識時)"라고 하여 공부를 힘들어하는 어린 우왕의 심정을 이해하려는 태도를 보여주기도 하였다.

07-19-056 〈팔월 열하룻날에 서연을 열기에 신 색과 신 중화가 '위태로운 나라에는 들어가지 아니하고 어지러운 나라에는 살지 아니하며, 천하에 도가 있으면 나타나고 도가 없으면 숨느니라. 나라에 도가 있으면 가난하고 천한 것이 부끄럽지만, 나라에 도가 없으면 부하고 귀한 것이 부끄러우니라.'라는 대목을 진강하고, 물러나서 기록하다(八月十一日 開書筵 臣穡臣仲和 進講危邦不入 亂邦不居

天下有道則見 無道則隱 邦有道 貧且賤焉 恥也 邦無道 富且貴焉 恥也 退而志之)〉

돈독하게 믿음은 진실로 평탄한 길로 가는 것과 같고
배우고 잘 지킴이 공부라네.
들어가 삶이 다만 나라의 위태롭고 어지러움을 분별할 뿐인데
숨음과 나타남은 도리어 도(道)의 있고 없음을 따름이네.
세상이 다스려지면 영락하여 버려진 물건이 되는데
시절이 쇠퇴하면 뚜렷하여 넓은 길을 달리네.
두 사람이지만 곧 나 하나와 같을 텐데
얼굴이 붉어져 피부가 땀으로 뒤덮임을 금하기 어렵네.

篤信眞如就坦途　學而能守是工夫
入居只辨邦危亂　隱見還從道有無
治世栖栖爲棄物　衰時赫赫蹊亨衢
二人的是如臣穡　面赤難禁汗被膚

이 시는 「태백」 13장의 "위태로운 나라에는 들어가지 아니하고 어지러운 나라에는 살지 아니하며, 천하에 도가 있으면 나타나고 도가 없으면 숨느니라. 나라에 도가 있으면 가난하고 천한 것이 부끄럽지만, 나라에 도가 없으면 부하고 귀한 것이 부끄러우니라.(危邦不入, 亂邦不居, 天下有道則見, 無道則隱. 邦有道, 貧且賤焉, 恥也, 邦無道, 富且貴焉, 恥也)"라는 공자의 말씀을 권중화(權仲和)와 함께 진강하고 난 다음에 그 감회를 기록하고 있다. 이 작품의 제목에서 서연 강의는 대개 서연관 혼자서 맡아 진행하지만 때로는 복수의 경연관이 함께 담당하는 경우도 있다는 사실을 알 수 있다.

이 날의 강론은 선비의 출처(出處)에 대한 자기반성의 계기를 제공해 준 것으로 보인다. 세상이 다스려지면 오히려 올바른 선비가 버려지는 모습과 시절이 쇠퇴하면 도리어 활개를 그릇된 사람이 활보하는 세태를 보면서, 부끄러움으로 얼굴이 붉어지고 피부가 땀으로 덮이는 두 서연관의 모습을 보여주고 있다. 이색과 권중화 두 사람은 모두 당시의 시대 상황을 무도한 것으로 인식함에 차이가 없었고, 그런 상태에서 은거하지 못하고 있는 처지가 곤혹스럽기 그지없음을 드러내고 있다.

07-19-061 〈스무사흗날에 ‘그 지위에 있지 아니하면 그 정사를 꾀하지 아니한다.’라는 여덟 글자를 진강하다(二十三日 講不在其位 不謀其政八字)〉

하늘은 맑고 땅은 흐려서 높고 낮음이 판이한데
여덟 방향의 기운이 흘러 움직임을 각자 스스로 아네.
유월에 서리가 날리니 사람에게 원한이 있음이요
삼동(三冬)에 천둥이 치니 나라가 위태로워지려 함이네.
「빈풍(豳風)」의 개제(愷悌)는 애초에 사물에 말미암은 것이지만
간괘(艮卦)의 광명은 다만 때를 알기 때문이네.
붉은 얼굴의 늙은이는 시골학자일 뿐이어서
서연의 진강(進講)으로 남의 놀림을 받네.
天淸地濁判高卑　八氣流行各自知
六月霜飛人有怨　三冬雷奮國將危
豳風愷悌初因物　艮掛光明只識時
赤面老生村學耳　書筵進講被人欺

이 시는 「태백」 14장의 전문인 “그 지위에 있지 아니하면 그 정사를 꾀하지 아니한다.(不在其位, 不謀其政)”라는 공자의 말씀을 진강하고 난 다음에 그 감회를 기록하고 있다. 이 시는 높낮이가 정해진 천지와 흐르는 기운의 움직임을 아는 팔방(八方)처럼 올바른 자리에서 바르게 그 직무를 수행해야 하는 당위성을 말하고 있다. 유월에 날리는 서리나 삼동에 치는 천둥처럼 전도된 상황에서 일을 처리하는 것은 제대로 된 자리와 업무가 아님을 지적하며, 목은은 자기 자신에 대해 적임자가 아닌 시골학자(村學)가 서연의 진강을 맡아 남의 놀림을 받고 있다고 인식하고 있다. 이것은 남의 시샘을 받는 자리에 있음을 에둘러 표현한 것이지만, 실제로 어지럽고 시끄러운 시대적 상황 속에서 원로대신에 걸맞은 직임 수행에 대한 의구심을 드러낸 것으로 보인다.

4. 서연 진강시의 의의

앞 장에서 살펴본 바와 같이 모두 11제 16수의 서연 진강시는 목은이 일정한 시기에 우왕에게 진강한 텍스트의 내용과 그 감회를 시로 표현한 것이다. 이것들은 국정의 최고책임자를 대상으로 한 강의 후기의 성격을 지니는 것으로 텍스트의 내용에 대한 강론, 수강자인 우왕의 적용 방향, 수강자를 고려한 효과적인 교육방법 등을 모색하고 있다. 여기에서는 서연 진강시의 특성과 의미를 정리하기로 하겠다.

우선 시의 제목에서 시인의 처지와 당시의 정황을 구체적으로 제시하고 있다. 목은은 다른 작품에서도 흔히 서술형의 제목으로 작품의 제작 배경과 사회적, 정치적 상황을 알 수 있게 해 준다. 이것을 통하여 서연 진강의 과정과 뒤풀이, 왕의 은사품 등에 대한 정보를 확보할 수 있다. 즉 진강을 마무리하는 자리에서는 시학 내관이 큰 소리로 여러 번 읽어서 임금이 학습 내용을 익히도록 하고, 또 강론을 마친 다음에는 왕이 서연관에게 선온(宣醞)을 베풀거나 명주 베 등을 하사한 일이 있었다는 사실과, 서연 강의의 진행은 대개 혼자서 맡지만 때로는 복수의 경연관이 함께 담당하는 경우도 있었다는 사실 등을 알 수 있다.

시의 본문에서는 목은이 서연 진강을 맡게 된 감회, 강론 중의 곤혹감, 서연 진강의 교육적 의미가 나타나고 있다.

목은은 52세 때 서연 진강을 맡게 된 기쁨과 함께 늦어지게 된 귀향에 대한 아쉬움을 드러내고 있으나, “그 지위에 있지 아니하면 그 정사를 꾀하지 아니한다.(不在其位, 不謀其政)”라는 대목을 강의하고 난 다음의 시(07-19-061)에서는 ‘시골학자(村學)’로서 적임자가 아닌데도 불구하고 서연에서 진강함으로써 남의 놀림을 받게 되었다는 인식을 드러내고 있다. 또 목은은 성현의 말씀에 부합하는 실천적 인물로 자기를 꼽을 수 있음을 은연중에 드러내어 스스로의 도덕과 인품을 각인시키려는 의도를 드러내거나(06-16-112), 제대로 된 학문을 하려면 평소에 신독(愼獨)이 요구되는데 이 도를 전할 능력을 지닌 사람이 자신임을 암시함으로써 학문에 대한 자부심을 드러내고(06-16-151) 있기도 하다.

한편 진강 중에 느낀 곤혹감을 드러내고 있기도 하다. "위태로운 나라에는 들어가지 아니하고 어지러운 나라에는 살지 아니하며, 천하에 도가 있으면 나타나고 도가 없으면 숨느니라. 나라에 도가 있으면 가난하고 천한 것이 부끄럽지만, 나라에 도가 없으면 부하고 귀한 것이 부끄러우니라.(危邦不入 亂邦不居 天下有道則見 無道則隱 邦有道 貧且賤焉 恥也 邦無道 富且貴焉 恥也 退而志之)"라는 대목을 진강한 시(07-19-056)에서는 함께 진강한 이색과 권중화 두 사람이 당시의 시대 상황을 무도한 것으로 인식하고 있으나 은거하지 않고 세상에서 활동하고 있는 처지를 곤혹스러워하고 있는 모습이 그 예라고 하겠다.

다음에는 서연 진강시를 통한 이색의 교육방법의 특성에 대해 살피기로 하겠다.

목은은 텍스트의 내용 중에서 강조해야 할 바와 소홀히 할 바를 구별하는 모습을 보여주고 있다. 그 현저한 예가 주공의 행적에 대한 목은의 태도이다. 텍스트에는 "주공과 같은 아름다운 재주가 있다고 하더라도, 교만하고 인색하다면 그 나머지는 족히 볼 필요가 없다.(如有周公之才之美, 使驕且吝, 其餘不足觀也已)"고 한 공자의 말씀에도 불구하고 작품(06-16-143)에서는 주공의 인품과 덕성, 정치적 공적에 대한 칭송만을 강조하고 있기 때문이다.

목은의 교육방법상의 또 다른 특징은 피교육자를 고려한 맞춤형 교육을 실시한다는 점이다. 예컨대 "(선비는) 어짊으로써 자기의 책임을 삼으니 또한 무겁지 아니한가? 죽은 뒤에야 그만두니 또한 멀지 아니한가?(仁以爲己任, 不亦重乎? 死而後已, 不亦遠乎?"라는 증자의 말씀을 진강하고 난 뒤에 지은 작품(06-16-124)에서는 그 부분의 이해에 도움이 되는 『주역』 「계사」의 한 대목을 인용하여 이 텍스트를 군왕의 입장에서 이해하도록 유도하고 있다. 텍스트는 선비의 도리에 대한 것이지만 이것을 수강자인 군왕의 입장으로 전환하여 강론함으로써 이른바 눈높이 교육의 한 모습을 보여주고 있다. 이런 방법은 "시에서 일어나고 예에서 세우고 악에서 이룬다.(興於詩 立於禮 成於樂一

章)”라는 대목을 진강한 작품(06-16-127)에서도 활용하고 있다. 즉 공자의 ‘시·예·악’에 대한 일반적 언급을 의도적으로 임금의 교화와 관련된 것으로 전환하여 강론함으로써 이것들의 구체적 소이연(所以然)과 역할보다 그 전체적 관계와 소통에 초점을 맞추고 있다.

목은의 교육방법상의 마지막 특징으로는 구체적 사례를 일반화하여 폭넓은 교양의 확보를 추구한다는 점이다. 예컨대 학문과 녹봉의 문제를 다룬 텍스트를 다룬 작품(06-16-147)에서 구체적 사례에 대한 설명에 국한하기보다 거기서 추출되는 학문의 범주, 즉 일반 선비의 학문인 자제학(子弟學)과 군왕의 학문인 제왕학(帝王學)의 개념을 추출하고, 거기에 자기 학문에 대한 반성(自訟)을 덧붙여 학문의 범주와 학문의 방법을 일반화하여 설명한 것과 같은 것이 그 실례이다.

한편 『목은시고』에는 서연 강의를 직접 다루지는 않았으나 진강을 쉬는 철강(輟講)과 관련된 작품도 상당수 있음을 보면 목은의 서연 진강에 대한 관심의 깊이를 짐작할 수 있다. 다음 인용은 철강 또는 서연 진강과 관련이 있다고 판단되는 작품의 목록과 특기사항을 정리한 것이다.

① 06-16-091 〈강의를 중지하다(輟講)〉

② 06-16-095 〈재앙을 물리치려는 법석(法席) 때문에 강의를 중지하다(消災法席 輟講)〉

③ 06-16-114 〈서연에 가려고 천현에 오르다가 말씀을 전하는 홀지(忽只)를 만났더니 비가 와서 출입하기에 어려우므로 신이 오지 말도록 제지하였다고 말하기에, 집에 돌아와 편안히 앉아 은혜에 감격하여 1수를 읊다(將詣書筵 上穿峴 遇忽只傳謁者言 雨作難於出入 止臣無來 回至家安坐 感恩吟成一首)〉

④ 06-16-150 〈이 날 어사대가 장계를 올려 양부의 회의를 소집하였는데 이 때문에 강의를 중지하다(是日有臺狀 召兩府會議 以是輟講)〉

⑤ 06-16-154 〈서연에 갔더니 중관이 “어제 읽은 것을 아직 익히지 못하여서 또 강의를 쉰다.”라는 임금의 뜻을 전하기에 신 색은 “이 장은 참으로 읽기 어렵습니다.” 하고 물러나서 그것을 기록하다(赴書筵 中官傳旨若曰 昨日所讀未熟 且停講 臣穡曰 此章誠難讀 退而志之)〉

⑥ 06-16-156 〈스무하룻날에 중관이 나와서 말하기를, “임금께서 더위 때문에 설사를 하셨는데 비록 이미 회복되기는 하였으나 또 강의를 쉰다.”라고 하기에 신 색은 물러나서 적다(廾一日中官出言 上體因暑泄痢 雖已平復 且停講 臣穡退而志之)〉

⑦ 06-16-162 〈스스로 꾸짖다(自責)〉: “병을 앓는 탑상에서 시를 읊고, 서연에서는 강의를 중지하였네. 임금에게 고함에는 마땅히 자기를 극진히 해야 하고, 도리를 꾀함에는 반드시 몸을 온전히 해야 하네.(病榻吟詩處 書筵輟講晨 告君當盡己 謀道要全身)”

⑧ 07-18-052 더위로 피곤하여(熱困)〉: “가을매미가 푸른 숲에서 우는 것이 점점 보이는데, 서연의 깊은 곳에서 이륜(彝倫)을 강설하네.(漸見玄蟬嘶碧樹 書筵深處講彝倫)”

⑨ 07-18-097 〈뗏목을 타겠다는 탄식(乘桴嘆)〉: “혼미하고 나약하며 정신의 힘도 모자라거늘, 외람스럽게 서연에서 요와 순을 강술하네.(昏迷懶弱欠精力 謾向書筵陳舜堯)”

⑩ 07-19-059 〈일을 기록하다. 서연에서 전대(轉對)하느라 사(辭)의 방에 있노라니 피리소리가 들려왔다. 인가가 가깝기 때문이다(紀事 以書筵轉對 在辭房聞笛 人家近故也)〉

⑪ 07-20-043 〈재추들이 잔치를 베풀어 술잔을 들어 임금님의 천수를 빌면서 새로 지은 궁궐을 축하하다(宰樞設讌 稱觴上壽 賀新宮也)〉: “며칠 동안 서연에서 외람되이 모시고 진강하여, 내려주신 세 가지 맛있는 음식이 여러 분을 비추네.(數日書筵叨侍講 賜來三味照諸公)”

⑫ 08-21-004 〈스스로 책망하다(自訟)〉:“흰 머리로 서연에 참석하여 얼굴에 땀만 흘리니, 어찌 일찍이 한 구절인들 정밀하게 강설하였으랴?(白頭汗面書筵側 一句何曾說得精)”

이 인용 작품들은 대개 철강과 관련된 사연이든가 서연 진강에 대한 목은의 감회를 담은 것들이다. 대체로 철강하게 되면 그 사실을 작품화하는 것이 쉽지 않았을 텐데도 그것을 가지고 시편으로 제작한 것은 서연 진강에 대한 목은의 관심 정도를 보여준다.

①~⑥은 서연의 철강과 관련한 이유를 설명한 것들이다. 여기에서 살필

수 있는 철강의 사유로는 국가적 중대사나 공적 회의로 인한 경우, 서연관의 개인 사정에 의한 경우, 수강자의 개인 사정에 의한 경우로 크게 구별된다. 국가적 중대사나 공적 회의로 인한 강의의 중지 사유로는 국가의 재앙을 물리치려는 법석(法席)의 거행과 양부(兩府, 樞密院과 中書門下省)의 회의 개최가 예시되어 있고, 서연관의 개인 사정으로는 폭우 때문에 입시(入侍)하기 어려운 스승에 대한 임금의 배려가 예시되고 있다. 또 수강자인 임금의 개인 사정으로는 전날 공부한 내용을 아직 익히지 못한 것과, 더위 때문에 생긴 설사병으로 인한 건강 문제 등이 거론되고 있다. 이런 점으로 보면 서연의 철강 사유가 오늘날 대학에서의 휴강 사유와 별반 차이가 없음을 알 수 있다.

⑦~⑩은 서연과 관련한 목은의 감회와 주변의 상황을 보여주고 있다. 서연 강의를 하다보면 임금에게 자기를 극진히 하여 고해야 하고 도리를 꾀할 때에는 자기의 몸을 온전히 해야 한다는 점을 깨닫게 됨을 말하고 있을 뿐 아니라 스스로 정신력이 부족함에도 불구하고 임금에게 요순(堯舜)의 정치를 강술함을 돌이켜보고 있다. 또한 더위 속에서 가을매미의 울음소리를 들으며 떳떳한 윤리를 강설하는 자기의 모습과 서연에서 전대(轉對)하려고 왕명의 출납을 맡은 환관인 사(辭)의 방에서 기다리는 모습을 보여주고 있다. 이런 자료를 통해서 우리는 왕에게 진강하기 위해 준비하는 서연관의 모습을 짐작할 수 있다.

⑪, ⑫는 목은의 서연 진강시 이후에 작성된 작품으로서, 목은의 서연 진강이 우왕 5년(1379) 8월에 끝난 것이 아니라 그 후에도 당분간 지속되었음을 알게 해 준다. ⑪의 신궁(新宮)에 우왕이 옮겨 산 것이 그 해 10월이었으므로[15] 이 날 서연을 마치고 나서 임금이 하사한 음식을 재추들이 함께 나누어 먹는 모습을 확인할 수 있고, ⑫는 그 뒤에도 서연에 진강하면서 스스로의 강론에 대해 만족하지 못하는 모습을 살펴볼 수 있다.

---

15) 『高麗使』「列傳」 권47, 辛禑 5년(1379) 10월조에 "배꽃이 피고 戊辰에 큰 안개가 끼고 己巳에 비가 내리니 나무가 얼어붙었다. 辛禑가 梨峴의 새 궁궐에 옮겨 거주하였는데 새 궁궐은 본래 柳芳係의 집이었다."라는 기사가 있다.

5. 맺음말

목은의 서연 진강시에 대한 지금까지의 논의를 요약하여 글을 마무리하기로 하겠다.

『목은시고』에 따르면 목은은 우왕 5년 5월에 우왕의 사부가 되어 서연에서 『논어』「태백」편을 강론하였다. 그것이 정국의 안정을 바라는 이인임 등의 정치적 배려에 의해 맡은 자리이기는 하였으나 목은은 학문적 역량을 발휘하고 정치적 이상을 실현해 보려는 의도에서 그 소임을 맡게 되었다.

목은은 텍스트의 내용에 대한 강의뿐 아니라 어린 우왕의 눈높이에 맞추어 군왕으로서의 실천 방향을 고려하여 강론을 진행하였다. 문집에 실린 진강시는 11제 16수로 『논어』「태백」편 1장부터 14장까지의 내용을 다루고 있다.

목은의 서연 진강시의 특징은 다음과 같이 정리할 수 있다. 먼저 시의 제목에는 시인의 처지와 당시의 정황이 구체적으로 제시된 경우가 많다. 이를 통하여 우리는 서연 진강의 과정과 뒤풀이, 왕의 선물 등에 대한 정보를 확보할 수 있다. 즉, 진강을 마무리하는 자리에서 시학 내관이 큰 소리로 여러 번 읽어서 임금이 학습 내용을 익히도록 하였고, 강론이 끝난 다음에는 음식과 명주베 등의 은사(恩賜)가 있기도 하였으며, 강의는 대개 혼자 맡지만 때로는 복수의 경연관이 함께 담당하기도 하였다.

둘째, 시의 본문에서는 강론 중에 느낀 반성과 곤혹감이 드러나고 있다. 즉 스스로를 시골학자(村學)로 인식하여 적임자가 아닌데도 불구하고 서연에서 진강함으로써 남의 놀림을 받게 되었다는 인식을 드러내고 있을 뿐 아니라, 당시의 시대 상황을 무도하다고 인식하고 있음에도 스스로 은둔하지 않고 세상에서 활동하고 있는 처지에 대한 곤혹감을 드러내고 있기도 하다.

이와 함께 목은의 서연 진강시에 나타나는 교육방법상의 특성은 다음과 같다.

첫째, 목은은 텍스트의 내용 중에서 강조해야 할 바와 소홀히 할 바를 구별하는 모습을 보여주고 있다. 가령 주공의 아름다운 행적이라고 해도 교만하거나 인색하면 그 공적을 부정해야 한다는 텍스트의 강의에서 그의 인품과 덕성, 정치적 공적에 대한 칭송만을 강조하고 있음이 그 예이다.

둘째, 목은은 피교육자를 고려한 맞춤형 교육을 실시하고 있다. 예컨대 선비의 도리를 강조한 공자의 말씀을 수강자인 군왕의 입장으로 전환하여 강의하는 것과 같은 눈높이 교육이 그것이다.

셋째, 구체적 사례에 한정된 설명보다 일반화를 통한 폭넓은 교양의 확보를 추구하고 있다. 예컨대 학문과 녹봉의 문제를 다룬 텍스트를 설명하면서, 학문의 범주를 자제학(子弟學)과 제왕학(帝王學)으로 구분한 다음 목은 자신의 학문에 대한 반성(自訟)을 덧붙이고 있음이 그것이다.

이 밖에 『목은시고』에는 철강(輟講)과 관련된 언급이 다수 있다. 그 사유는 국가적 중대사나 공적 회의로 인한 경우, 서연관의 개인 사정에 의한 경우, 수강자의 개인 사정에 의한 경우로 대별되는데, 이것은 인간이 살면서 부딪치게 되는 일상적 사유라고 할 수 있다.

참고문헌

『高麗史』.
『高麗史節要』.
『論語』.
『大學』.
『春秋左傳』.
李穡, 『牧隱藁』.

權延雄, 「高麗時代의 經筵」, 『慶北史學』 제6집(경북사학회, 1983).
도현철, 「이색의 서연 강의」, 『역사와 현실』 62(한국역사연구회, 2006).
呂運弼, 「『牧隱詩藁』의 史料的 價値」, 『高麗後期 漢詩의 硏究』(월인, 2004).
여운필 · 성범중 · 최재남, 『역주 목은시고』 1～12(月印, 2000～2007).

〈성범중, 『석당논총』 50집(석당학술원, 2011) 수록, 원제 「목은 이색의 서연 진강시 연구」〉

목은시의 흥의 성격과 표출 양상*

1. 서언

목은시에는 흥과 관련한 시가 많이 등장한다. 흥은 그 내용도 중요하거니와 흥의 촉발로 인해 음아(吟哦)나 제시(題詩)로 이어지고 그 과정에서 시인의 내면이 드러나게 된다. 흥의 촉발과 관련하여 '견흥(遣興)', '우흥(遇興)', '승흥(乘興)'이 그 대표적인 사례이다. 그리고 시제와 시의 내용에서 이런 표제와 진술이 드러난 것만 해도, '견흥(遣興)'이 51제, '우흥(遇興)'이 20제, '승흥(乘興)'이 26제이다. 그리고 흥의 내용과 관련하여 '시흥(詩興)', '추흥(秋興)', '야흥(野興)', '주흥(酒興)', '귀흥(歸興)' 등이 제시되고 있고, 흥의 정도와 관련하여 '광흥(狂興)', '유흥(幽興)', '청흥(淸興)' 등을 말하고 있으며, 구체적인 고사와 관련하여 '농어흥[鱸魚興]', '등림흥(登臨興)', '강동흥(江東興)' 등을 지적하기도 한다. 흥취의 종류와 관련하여 포괄적인 것과 개별적인 것을 제시하면서 그 변폭까지 아울러 말하고 있어서 흥의 성격을 이해하는 데에 참조가 될 수 있다.

우선 〈새봄에 흥을 풀다(新春遣興)〉(02-04-077)[1]를 통해서 살피면, '흥을 풀다'의 내포가 '시를 짓다'로 드러나고 있음을 확인할 수 있고, 이것이 '시름[愁]', '근심이 풀어짐[寬憂]' 등과 밀접하게 연계되어 있음을 알 수 있다.

---

* 이 글은 「흥과 시름의 구현 양상 연구」, 『고시가연구』 24집(한국고시가문학회, 2009)의 263~268면에서 제시한 자료와 개괄적으로 다룬 것을 바탕으로 전면적으로 고친 글이다.

1) 02-04-077은 여운필 · 성범중 · 최재남, 『역주 목은시고』의 작품 번호이다. 02는 『역주 목은시고』의 책 번호, 04는 원래 『목은시고』의 권 번호, 077은 권별 작품 일련번호이다. 이하 같다.

샛바람이 성곽(城郭)에 불어오니
눈에 가득 봄시름이 생겨나네.
만물이 시절 따라 바뀌고
정은 경치와 함께 흐르네.
시구(詩句)를 도야(陶冶)하여 쏟으며
종일토록 쉬지 않고 읊네.
비록 마음과 힘을 쏟지만
내 근심이 점점 풀어짐을 느끼네.
아내의 말이 또 즐겁나니
새 술이 이미 용수에 들었다네.
혼자 마셔도 깊은 맛이 있어서
온갖 병이 이제는 낫겠네.
東風入城郭　滿眼生春愁
萬物逐時變　情與光景流
陶寫以詩句　竟日吟不休
雖然費心力　稍覺寬我憂
婦言又可喜　新酒已入篘
獨酌有深趣　百疾今其瘳

샛바람이 불면서 봄시름이 생겨나고, 만물이 변화하는 모습에 뜻도 따라서 움직이고 있다. 시의 구절들을 도도하게 쏟아내면서 종일토록 읊노라니, 비록 마음과 힘은 손상되지만 자신의 근심은 너그러워진다고 하였다. 마음을 즐겁게 하여 근심과 번민을 풀어 없애는 일이 흥을 푸는 일이고 이것이 시를 짓는 일인 것이다. 계절의 변화와 함께 내면의 일렁임이 생기면서 이것을 도도하게 쏟아내게 되면 내면의 근심이 느긋해지고 거리낌이 없게 된다고 기술하고 있다. 봄을 맞아 인물기흥(因物起興)[2]의 시적 형상을 읊은 것으로 볼 수 있는데, '시름[愁]'과 '근심[憂]'의 변별을 주목할 필요가 있다. 시름으로부터 흥을

2) 인물기흥(因物起興)에 대한 논의는 이민홍, 『사림파문학의 연구』(형설출판사, 1985), 73면 이하 곳곳 참조.

풀게 되었는데 흥을 풀게 되면서 근심까지 너그럽게 만든 것이다. 사적인 '시름[愁]'과 공적인 '근심[憂]'의 변별을 포함하여 시를 지어 흥을 풀면서 새로운 경지에 이르게 됨을 이해할 수 있다.

그리고 〈번민하다(悶悶)〉(08-23-004)와 같은 시에서도 '답답함', '흥취', '시름' 등이 연결되어 있음을 보여주고 있다.

> 답답함을 스스로 풀고 싶어서
> 읊조림을 멈추지 못하네.
> 고요할 때에는 흥취가 일어나고
> 한가할 때에는 시름이 더욱 보태지네.
> 공명(功名)은 해진 신발과 같고
> 신세(身世)는 빈 배와 똑같네.
> 배운 것이 참으로 무엇인가?
> 지금 늘그막에도 아득하게 여기네.
> 悶來欲自遣　吟詠不能休
> 惹起靜中興　剩添閑裏愁
> 功名同弊屣　身世一虛舟
> 所學定安在　悠悠今白頭

수련에서 답답한 마음을 풀기 위하여 읊는 일을 멈추지 않는다고 하였는데, 시를 읊조리는 음영(吟詠)이 답답함을 푸는[遣悶] 방법으로 받아들이고 있음을 알 수 있다. 그런데 함련에서 흥취는 고요함에서 일어나고, 시름은 한가함에서 보태진다고 하였다. 흥취가 고요함과 연결되어 있고, 시름이 한가함과 연결되어 있다고 본 것이다. 결국은 시를 읊조리는 과정에서 흥취와 시름이 통합적으로 이어져 있음을 인정한 것으로 이해할 수 있다.

이렇듯 '견흥'은 정서의 발동을 의미하는 것으로 시를 짓거나 읊조리는 일로 연결되어 있다. 이와 함께 '우흥(遇興)'도 시를 읊조리는 것과 이어져 있음을 다음 〈여러 가지 흥취. 3수(雜興三首)〉(08-23-127)의 첫 수에서 볼 수 있다. 함련에서 흥을 만나 읊조리고, 근심을 풀려고 짧은 노래를 이룬다고 한 것이다.

고요하니 뜻이 더욱 심원해지고
그윽하고 한가하니 거처가 절로 깊숙하네.
흥을 만나면 외로이 읊조리고
근심을 풀려고 짧게 노래를 이루네.
빈아(豳雅)는 이미 아득한데
노송(魯頌)은 얼마나 성대한가?
빼어난 시인을 볼 수 없는데
태양이 제잠(鯷岑)에 떠오르네.
闃寂志彌遠　幽閑居自深
遇興發孤嘯　舒憂成短吟
豳雅旣渺渺　魯頌何沉沉
作者不可見　海日升鯷岑

이제 『역주 목은시고』의 시를 대상으로, 흥을 푸는 일을 비롯하여, 흥이 촉발되어 시를 짓는 일로 연결되고, 그 과정에서 시인이 말하고자 하는 바를 진술하는 것과 구체적으로 제시된 흥취의 내용을 검토하면서 그 의미를 살피도록 한다.

2. 흥의 촉발과 시적 형상화의 과정

서론에서 제기한 바와 같이 '견흥(遣興)', '우흥(遇興)', '승흥(乘興)' 등이 흥의 촉발과 관련된 것인데, '흥래(興來)', '유흥(有興)' 등에서도 흥취가 일어나는 계기를 확인할 수 있다. 이제 흥이 촉발되는 계기, 시를 짓는 일과 연결되는 과정 등을 살피도록 한다.

다음에 제시하는 것은 〈흥을 풀다(遣興)〉(06-16-122)의 세 수 가운데 셋째 수이다.

늘그막이라 얽매임이 없으니 경개가 절로 좋은데
바다와 산이 깊은 곳에 서재 하나가 있네.
애초에 장편과 단편이 섞여 있는데
본래 밝은 달과 맑은 바람은 어울린다네.
흥을 풂이 붓에 기댐에 지나지 않는데
사악함을 물리침이 도리어 방패를 씀과 비슷하네.
끝내 세상일이란 하늘의 뜻에 관련되는데
어찌 반드시 구차하게 억지로 홰나무에 부딪쳐 죽으랴?
老去忘懷境自佳　海山深處一書齋
長篇短韻由來雜　明月淸風本自偕
遣興無過托毛穎　却邪還似用彭排
到頭世事關天意　何必區區强觸槐

경련에서 흥을 푸는 것이 붓에 기댄다고 하였다. 그런데 함련에서 시의 형식과 재료를 말하고 있다. 함련에서 제시한 장편과 단편은 시의 형식이나 형태를 가리키고, 밝은 달과 맑은 바람은 시를 짓고 읊는 것을 '풍월(風月)을 읊는다'고 할 정도로 시에서 빈번하게 다루고 있는 대상이나 소재라고 할 수 있다. 그리하여 경련에서 흥을 푸는 것이 붓에 기댄다고 하여 시를 짓는 일로 파악하고 있으며, 사악함을 물리치는 일과 연계시키고 있다. 이러한 바탕에는 수련에서 제기한 얽매임이 없는 가경(佳境)을 전제로 하고 있음을 알 수 있다.

그리고 매우 중요한 사실은 흥을 푸는 일이 시를 짓는 것과 연결되고 있으면서 동시에 우회적으로 간언하는 휼간(譎諫)과 관련되어 있음을 밝히고 있다는 것이다. 〈흥을 풀다(遣興)〉(03-07-032)가 바로 그러한 태도를 드러낸 것이다. 휼간은 완곡한 말로 넌지시 간언하는 것으로, 『시경(詩經)』「주남(周南)」〈관저서(關雎序)〉에서 "위에서는 풍으로 아랫사람을 교화하고 아래에서는 풍으로 윗사람을 풍자하여, 문장을 위주로 하면서 은근히 간하여 이것을 말한 자는 죄를 받지 않고 이것을 듣는 자는 충분히 경계로 삼을 수 있다. 그러므로 풍이라고 한다.(上以風化下, 下以風刺上, 主文以譎諫 言之者無罪, 聞之者足以戒. 故曰風.)"[3]라고 설명하고 있고, 『공자가어(孔子家語)』에서도 충신이 임금에게 간언하는 다섯 가지[4] 중에서 첫째로 들고 있는 것이 휼간이다.

> 읊는 것이 비록 흥을 푸는 일이기는 하지만
> 휼간(譎諫)은 또 시와 관련되네.
> 다만 심장과 간이 끊어질까 두려울 뿐인데
> 어찌 살쩍이 쇠약해짐을 근심하리요?
> 강산에는 봄기운이 움직이려 하고
> 골목에는 해가 막 길어지네.
> 중화(中和)를 기리는 노래를 지으려 하니
> 생애가 직사(職事)를 즐길 때이네.
> 吟哦雖遣興　譎諫却關詩
> 祗怕心肝絶　寧憂鬢髮衰
> 江山春欲動　門巷日初遲
> 擬賦中和頌　生逢樂職時

그러므로 휼간을 전제하면서 실제 '견흥(遣興)'이라는 표제로 지은 시에서 시사(時事)와 역사적 전거(典據)와 관련된 내용이 많음을 이해할 수 있다. 〈흥을 풀다(遣興)〉(03-07-008)와 같은 예가 그것이다.

> 강산은 아득하고 푸른 하늘은 나직하며
> 느긋하게 길게 휘파람부는데 해가 또 지려 하네.
> 광객(狂客)과 적선(謫仙)은 일찍이 만났고
> 만랑(漫郎)과 오수(迂叟)는 스스로 이름을 붙였네.
> 칠현(七賢)의 방광(放曠)함은 왕실을 기울게 했고
> 삼소(三笑)의 풍류(風流)는 호계(虎溪)에 가득했네.
> 상산(商山)을 찾아가서 사호(四皓)에게 참배하고 싶어도
> 붉은 지초(芝草) 깊은 곳에 이슬이 차고 흐릿하네.

---

3) 성백효 역주, 『시경집전』 상(전통문화연구회, 2001), 30면.
4) 오의(五義) 또는 오간(五諫)은 휼간(譎諫), 당간(戇諫), 강간(降諫), 직간(直諫), 풍간(諷諫)이다. 『공자가어(孔子家語)』, 「변정(辯政)」.

江山渺渺碧天低　長嘯悠然日又西
狂客謫仙曾邂逅　漫郎迂叟自標題
七賢放曠傾王室　三笑風流滿虎溪
欲向商山參四皓　紫芝深處露凄迷

이 시에서는 함련에서 당나라의 시인 하지장(賀知章), 이백(李白), 원결(元結), 백거이(白居易) 등을 들어서 자신이 이들 인물들의 시적 경향에 대해 이해하고 있음을 밝힌 뒤에, 경련에서는 왕실을 기울게 한 죽림칠현의 고사와 풍류를 드러낸 호계의 고사를 제시하고, 미련에서 한(漢)나라를 지탱하게 한 상산사호의 고사를 끌어들여 화자의 태도를 드러내고 있다.

결국 '견흥(遣興)'이 '음아(吟哦)' 또는 '제시(題詩)'로 이어지고 시에서 다루는 내용은 '휼간(譎諫)'이나 '시사(時事)'로 확대되는 것이다.

한편 흥의 촉발로 인하여 나들이를 하거나 놀이로 연계시키는 경우를 확인할 수 있다. 〈여러 가지를 읊다. 3수(雜詠三首)〉(03-07-072)의 셋째 수에서 '우흥(遇興)'이 술잔을 기울이는 것과 이어져 있다.

벗이 이제 몇이나 남았는가?
교외의 들에는 봄이 반을 지났네.
새로운 근심은 날마다 생겨나고
호탕한 기운은 봄과 함께 자라나네.
달빛에서는 출렁이는 금빛 물결을 감상하고
꽃에서는 백설의 향기를 찾네.
이제부터 모름지기 촛불을 들고 놀고
흥이 나면 또 술잔을 기울이리.
朋友今餘幾　郊原春半强
新愁隨日出　豪氣與春長
月賞金波灩　花尋白雪香
從玆須秉燭　遇興且傾觴

그리고 〈비를 마주하노라니 문득 연꽃을 감상하고 싶은 흥취가 생기다(3수)(對雨忽起賞蓮之興)〉(11-30-008)의 둘째 수에서는 흥이 나면 연꽃을 감상하기 위하여 바깥으로 나가고 싶은 마음을 토로하고 있다.

> 늘그막에도 아직 미친 흥취가 남아 있음을 스스로 느끼거니와
> 흥이 나면 때때로 문득 문을 나서네.
> 다만 연꽃을 보고 싶은 평소의 바람이 어긋남이 안타까운데
> 낙타교(駱駝橋) 밑에서는 물이 달리는 듯하리.
> 自知狂興老猶存　遇興時時便出門
> 只恨賞蓮違素願　駱駝橋下水如奔

연꽃을 감상하고 싶은 흥취는 〈수풀 밖에서 연꽃을 찾다(尋蓮林外)〉(12-35-166)에서처럼 '승흥(乘興)'에서 비롯되기도 한다.

> 흥겨워서 스님을 데리고 연꽃을 감상하고자 하노라니
> 배는 또 바람이 불어오니 앞으로 나아가지 못하네.
> 얕은 산에서 해질 녘에 취하여 얼굴이 불그레한데
> 삿갓 쓰고 소를 탄 모습은 그림으로 그려서 전할 만하리.
> 乘興携僧欲賞蓮　風吹船却莫能前
> 淺山落日紅酣處　蒻笠騎牛畫可傳

그리고 〈유항께 드리다(呈柳巷)〉(11-32-110)의 마지막 두 구에서, "흥이 나면 곧 멀리 노닐면서, 잠시 구속(拘束)을 떠나리.(遇興卽高遊 聊以謝羈束)"라고 하여 멀리 노닐고 싶은 마음을 드러내기도 한다.

'승흥(乘興)'은 흥을 타는 것으로, 〈호로도에서 차운하다(葫蘆島次韻)〉(02-03-093)의 미련에서는 "흥에 겨워 술 파는 곳을 찾으려는데, 호계(虎溪)의 지난 일이 금방 떠오르네.(乘興欲尋沽酒者 虎溪遺事照來今)"라고 하듯이 호계의 고사와 연결시켜 진술하고 있다. '승흥(乘興)'은 흥이 나서 마음이 내킴을 뜻하는데, 진대(晉代) 왕희지(王羲之)가 눈 내리는 밤에 배를 타고 대규(戴逵)를

찾아가서 문간에서 되돌아서매 누가 물으니 흥이 나서 찾아왔다가 흥이 다하니 돌아간다고 대답했다고 하는 고사에서 연유한 것이다. 이러한 설정은 〈어찌하랴?(何哉嘆)〉(11-31-127)의 17・18구, "흥이 나면 갔다가 흥이 다하면 돌아오고, 삶은 떠 있음과 같고 죽음은 쉼과 같네.(乘興而往盡而返 生也若浮死若休)"에서도 확인된다. 〈풀을 헤치다(披草)〉(02-05-092)의 미련에서도 "파란 산 기운 속의 흙계단 위 띠집에, 흥이 나서 왕래하며 옥가(玉珂)를 울리네.(茅茨土階翠微裏 乘興往來鳴玉珂)"라고 하였다. 그리고 〈즉석에서 짓다(卽事)〉(04-09-001)의 수련에서는 "때때로 흥을 타서 낚시터를 찾고, 또 신선을 찾으려고 푸른 산으로 들어가네.(有時乘興訪漁磯 又欲尋仙入翠微)"라고 하여 낚시터를 찾는 일을 말하기도 한다. 〈꽃나무를 마주하여 읊다(對花木發詠)〉(08-21-074)의 수련에서는 "꽃나무들이 봄을 맞아 차례로 꽃을 피우니, 늙은이는 흥겨워서 또 배회하네.(花木逢春次第開 老翁乘興亦徘徊)"라고 하였고, 〈원재를 놀리다(戲圓齋)〉(08-21-106)의 3・4구에는, "마음이 열리니 점점 찬가(粲可)를 본받을 수 있고, 흥을 타서 구담(瞿曇) 늙은이를 찾고자 한다네.(心開漸得師粲可 乘興欲訪瞿曇翁)"라는 표현이 있다. 〈지난달에 입추가 들었으므로, 칠월 초하룻날에는 서늘함이 조금 짙어지다(3수)(前月立秋, 故七月初一日 稍凉甚.)〉(09-24-092)의 첫 수 미련에서, "참으로 흥겨워서 높이 백제(白帝)를 찾겠다고 하였으니, 공부(工部)의 문장은 광염이 만 길이나 되네.(高尋白帝眞乘興 工部文章萬丈光)"라고 하여 두보의 고사를 원용하고 있다.

이렇듯 '승흥(乘興)'은 외부로 나가는 행동으로 옮기는 계기가 되고 있다. 〈즉석에서 짓다(3수)(卽事)〉(05-13-103)의 둘째 수와 〈이밀직을 찾아갔으나 만나지 못하다(3수)(訪李密直不遇)〉(09-26-071)의 셋째 수이다.

강나루 근처에는 새 물이 불어 흔적이 새로운데
눈을 다 녹인 동풍은 벌써 따뜻해졌네.
어느 날이나 산 아래 길에 돛을 내리고
폭건(幅巾)을 쓰고 흥겹게 용문산(龍門山)을 찾아갈까?

江頭新水漲新痕　雪盡東風已何溫
何日落帆山下路　幅巾乘輿過龍門

길 위에서 말을 모노라면 아는 얼굴이 드문데
벗끼리 서로 방문하여도 또 어긋나기만 하네.
산에 있는 절로 가서 노닒이 참으로 흥겨운데
말 한 필에 두 동복과 또 외롭게 돌아오네.
路上揚鞭識面稀　故人相訪也乖違
出游山寺眞乘興　一馬二僮還獨歸

3. 흥취의 내용과 그 의미

목은시에서 흥취의 내용은 개별적인 것과 포괄적인 것으로 나누어 살필 수도 있고, 흥의 정도에 따라서 분류할 수도 있으며, 고사와 관련한 흥의 내용을 확인할 수도 있다. 흥을 유발하는 대상, 흥을 느끼는 주체의 태도와 성격에 따른 차이도 확인할 수 있다.

구체적이면서 개별적인 것으로 '시흥(詩興)', '추흥(秋興)', '야흥(野興)', '주흥(酒興)', '귀흥(歸興)' 등을 들 수 있는데, 몇몇 작품을 통해 보도록 한다.

'시흥(詩興)'에 대해서 읊은 〈다시 절구를 짓다(3수)(復作絶句)〉(05-14-007)의 셋째 수를 예시한다. 호연한 시흥이 일어나 밝은 달을 시의 재료로 읊겠다고 하고 있다.

저녁에 소나무 배를 이끼 낀 돌다리에 매는데
해질녘에 미풍(微風)이 온 강에 가득하네.
호연(浩然)한 시흥을 거두지 못하고
다시 밝은 달을 부르려고 봉창(蓬窓)에 기대네.
松舟向晩繫苔矼　落日微風滿一江
詩興浩然收不得　更呼明月倚蓬窓

이러한 시흥에 대하여 스스로 다음과 같은 주를 달고 있다. 여흥에 사전(賜田)을 받고 여흥으로 돌아가지 않은 상황에서 마치 그곳에 있는 듯한 시흥(詩興)을 느끼고 있다는 시인의 설명이다. 그리고 이러한 시흥을 탁흥(托興)으로 보고 있다.

> 스스로 다음과 같이 주기하였다. 유사렴 상서(尙書)가 여흥에 부임할 때에 막 도착하여, '거룻배에 탄 한 손님은, 삼 년 동안 누대 위에 있던 사람이네.'라는 시구를 지었다. 당시 사람들이 '이것은 그만두고 돌아갈 시이다.'라고 말하였다. 듣는 사람들이 웃어서 이가 시릴 정도였다. 이제 나는 사전(賜田)을 받았으므로 돌아갈 계획이 결정되었다. 그러므로 읊조리는 사이에 흥에 의탁함이 얕지 않으니, 이는 아직 도착하지 않았지만 그 곳에 있는 것과 같다. 막 도착하여 이미 삼년이나 있었다는 시구를 지은 사람과 다름이 없으니 웃음을 살 만함이 심하다. 그러므로 스스로 그 허물을 적어서 장차 동배들에게 내가 그 허물을 알고 있음을 알린다.5)

'추흥(秋興)'은 계절에 따른 흥취로 '춘흥(春興)'과 함께 여러 차례 등장하고 있다. 그런데 '추흥(秋興)'은 장한(張翰)의 고사와 관련한 '강동흥(江東興)'과 이어지는 경우가 많다. 〈일찍 일어나다(3수)(早興)〉(06-16-141)의 둘째 수이다. 시를 읊으며 세월을 보내는 중에 시를 짓고 싶은 강한 욕구와 함께 가을의 흥취를 느끼면서 순채국과 농어회를 생각하면서 고향으로 돌아간 장한을 환기하고 있는 것이다.

> 한 쇠약한 늙은이가 바다와 산이 깊은 곳에서
> 읊조리는 가운데 세월을 헛되이 보내네.
> 어찌 유독 시마(詩魔)가 낙하(洛下)에 많은 것이 특별하랴?

---

5) 『역주 목은시고』 5, 377면. 自註. 兪思廉尙書, 赴官驪興, 始至, 有一葉舟中客, 三年樓上人之句. 時人曰, 此罷歸詩也. 聞者笑之齒冷. 今僕受賜田, 歸計決矣. 故於吟咏之間, 托興不淺, 此未至而如在於其間. 與始至已有三年之句者, 无以異也, 可笑之甚. 故自志其過, 且告同輩, 知僕之能知其過云.

늘 가을의 흥취가 강동(江東)에 가득하였음을 생각하네.
사귐은 본래 메뚜기와 노래기인 듯싶고
만남은 도리어 제비와 기러기인 듯하네.
때때로 하늘 끝에 떠가는 갠 날의 구름을 보는데
머리 숙이고 자세히 『참동계(參同契)』를 읽네.
海山深處一衰翁　斷送光陰嘯咏中
豈獨詩魔多洛下　每思秋興滿江東
交游本擬蛩將蚷　會合還如燕與鴻
時見晴雲天際去　低頭細細讀參同

한편 '야흥(野興)'은 야인의 흥취인데, 들놀이의 흥취나 자연 경물의 정취를 가리킨다. 이색의 경우 실제 개경에서 지내고 있으면서 시 속에 포함하는 내용으로 야인의 흥취를 강조하고 있다. 〈분발이 없어(2수)(無分發)〉(07-20-135)의 첫째 수이다.

일찍이 일어나 관아로 달려가는 것이 옛날부터 늘 있던 일인데
다행히 분발이 없어 서재(書齋)에 누워 있네.
지붕으로 새어드는 햇빛으로 아침에 읊조리기 괴로운데
시구에 담긴 경치에는 야인의 흥취가 바쁘네.
선달의 매화가 막 피려고 하는데
추운 날이라 소나무가 절로 지키기 어렵네.
오경에 단봉문(丹鳳門) 앞길에 있었거니와
앉아서 당시에 물시계가 느림을 생각하네.
早起趍衙是故常　幸無分發臥文房
天光屋漏朝吟苦　物色詩聯野興忙
臘月梅花將欲動　歲寒松樹自難藏
五更丹鳳門前路　坐想當年刻漏長

시에 담긴 내용이 야흥(野興)이라는 것이다. 실제 들놀이를 통해서 얻은 것이라기보다 시에 담긴 내용으로서 야흥을 제기한 것이다. 그리고 〈가정께서

소장하셨던 당시 중에 『위소주집』이 있어 어릴 때에 애독하였는데, 뒤에 어떤 사람이 빌려가서 돌려주지 않았다. 연경에서 놀 때 또 한 책을 오종도 현윤에게서 얻어 동쪽으로 돌아왔는데 또 남이 빌려가서, 지금 누구에게 있는지 몰라서 한 수를 짓다(稼亭所畜唐詩中有韋蘇州集, 兒時愛讀之, 後爲人借去不還. 游燕時又得一本於吳宗道縣尹, 東歸而又爲人借去, 今未知在誰氏也, 吟成一首.)〉(03-06-024)에서 위응물(偉應物)의 시를 말하면서, 3-6구에서 "처음 보면 아주 맑은 듯하지만, 깊이 읽으면 바야흐로 여유롭네. 산에 있는 집은 관청에 붙어 있었고, 들의 흥취가 백성에 대한 근심과 섞였네.(初看似清絶 熟讀方優游 山齋郎官府 野興雜民憂)"라고 하여 야흥(野興)이 있다고 평가하고 있다. 한편 〈대화산으로 돌아가는 죽곡 승통을 보내다(送竹谷僧統歸大華山)〉(03-06-028)의 함련에서는 "세속에 대한 정은 시든 잎처럼 떨어지고, 들의 흥취는 흰 구름처럼 날아가네.(世情黃葉下 野興白雲飛)"라고 하여 세정(世情)과 견주어서 야흥(野興)을 말하고 있다.

그리고 다음 〈스스로 읊다. 2수(自詠二首)〉(03-07-063)의 첫 수에서는 수련에서 경련까지 야흥의 내용을 제시한 뒤에 이것은 하늘이 준 것이라 인식하고 병을 앓는 중에도 어슬렁거리며 그 흥취를 즐긴다고 하였다.

> 시를 구하려고 중이 찾아오고
> 술을 보내주는 이웃 늙은이가 있네.
> 짧은 머리털은 읊조리는 틈에 희어지고
> 쇠약한 얼굴은 취한 속에 붉어지네.
> 소는 싱그러운 풀에 내리는 빗속을 가는데
> 새는 꽃을 떨어뜨리는 바람 속으로 들어오네.
> 들판의 흥취는 하늘이 준 것임을 아는지라
> 병을 앓으며 소요(逍遙)하네.
> 索詩來野衲　送酒有隣翁
> 短髮吟餘白　衰顔醉裏紅
> 牛行芳草雨　鳥入落花風
> 野興知天賦　逍遙在病中

한편 '주흥(酒興)'은 술을 마셔서 일어나는 흥취인데, 이색의 시에서는 시정(詩情)과 연결되어 있는 것으로 진술하고 있다. 〈나가서 우평장을 방문하고, 이어서 박판서의 집에 들러 조금 취하여 돌아오다(出訪禹平章 因過朴判書微醉而歸)〉(09-24-135)이다.

> 삼복(三伏)에는 숲 속에 깊이 숨어 있었는데
> 다시 가을바람이 머리칼에 불어오네.
> 대무동(大畝洞)의 높은 봉우리 밑에 나가서 노느라니
> 주흥(酒興)과 시정(詩情)이 해동(海東)을 채우네.
> 향기로운 풀은 연기와 어울려 한창 어둑하고
> 엷은 구름은 해를 희롱하며 아직도 흐릿하네.
> 늙은 목은(牧隱)이 본심을 보존하는 곳을 알고 싶으면
> 이천(伊川)에서 격양(擊壤)하였던 노인께 물어 보시라.
> 三伏深藏樹影中　颯然毛髮又秋風
> 出游大畝危峯下　酒興詩情滿海東
> 芳草和烟方暗淡　輕陰弄日尚曚曨
> 欲知老牧存心處　問向伊川擊壤翁

다음으로 흥의 정도와 내면의 태도와 관련하여 '광흥(狂興)', '유흥(幽興)', '청흥(淸興)', '고흥(高興)', '일흥(逸興)' 등을 살필 수 있는데 작품의 예시를 통해 확인하도록 한다.

미친 듯한 흥취인 '광흥(狂興)'은 이색의 시에서 18제 정도 확인되는데, 뜻이 커서 상규를 벗어난 것으로 정서가 매우 격분된 상태라고 할 수 있으며, 시를 짓은 일[賦詩]과 연결되게 하는 격정적인 내면의 일렁임이라고 할 수 있다. 〈경사로부터 동쪽으로 돌아가는 길에 짓다(自京師東歸 途中作)〉(02-03-005)이다.

> 버드나무는 아련하게 돌아가는 나를 전송하는데
> 이 길이 지난 번 갈 때보다 도리어 낫네.

비록 물색(物色)은 상관이 없다 하더라도
본래 사람의 마음에는 희비(喜悲)가 있네.
말 달리며 꽃을 보니 나에게 다가오는 것 같은데
나귀에서 떨어져 들에 있는 이 누구인지 모르겠네.
송도(松都)의 맛있는 술은 지금 응당 익었으리니
미친 듯한 흥취가 먼저 알고 취해서 시를 짓게 하네.
楊柳依依送我歸　此行還勝昔歸時
雖然物色無干涉　自是人心有喜悲
走馬看花猶到我　落驢在野未知誰
松都醴酒今應熟　狂興先判醉賦詩

다음은 〈앞뒤 두 편을 써서 개성께 부쳐 드리고 나서, 붓을 잡은 김에 읊다. 3수(旣書前後二篇寄呈開城, 秉筆之際, 吟成三首)〉(06-16-004)의 첫째 수인데, 미친 듯한 흥으로 시를 지어서 모두 거침없는 작품이 된다고 하였다.

근래에 미친 듯한 흥을 붓에 맡기는데
장편(長篇)과 단율(短律)이 모두 거침없네.
익재(益齋)의 남쪽 언덕에 천척(千尺)의 소나무가 있어서
곡령(鵠嶺)과 용만(龍巒)을 바라보네.
狂興年來托管城　長篇短律儘縱橫
益齋南畔松千尺　鵠嶺龍巒與目成

'유흥(幽興)'은 조용하고 그윽한 흥취로 23제 정도 확인된다. 〈중서성에서 입직하며 빗소리를 듣고 차운하다(入直省中, 聞雨次韻)〉(02-03-056)에서는 빗소리를 들으면서 오이를 심으려는 흥취를 말하고 있다. 오이를 심으려는 그윽한 흥취는 세월이 지난 뒤에도 03-07-030 〈정월 열이튿날에 비가 내리다. …(하략)(正月十二日雨…)〉(03-07-030)와 〈포은기의 뒤에 짓다(題圃隱記後)〉(06-15-061)에서도 지속적으로 환기하고 있다.

요행은 처음의 뜻이 아닌데
뒤따라 올랐으니 후생(後生)에게 부끄럽네.
등불은 그림자 지고 잠들지 못하는데
다시 비 오는 소리를 듣네.
휘장은 엷어 물처럼 서늘하고
섬돌은 비어 새벽까지 방울지네.
오이를 심으려는 그윽한 흥취가 움직이는데
자그만 채마밭은 강성(江城)에 있네.
僥倖非初意　追攀愧後生
不眠燈有影　更聽雨來聲
帷薄涼如水　階空滴到明
種瓜幽興動　小圃在江城

그리고 〈여름날에 짓다(夏日卽事)〉(02-05-002)의 수련에서는, "퇴근(退勤)하여 식사를 하고 나니 그윽한 흥이 많아, 주머니를 열어 지난날의 시를 살피네.(退食多幽興, 披囊閱舊詩)"라고 하여 퇴근하여 저녁식사를 마치는 난 뒤에 느끼는 흥취라고 하였다. 〈절간 윤공이 찾아오다. 3수(絶澗倫公見訪三首)〉(04-09-026)의 첫 수의 함・경련에서 "가랑비가 아침에 나가는 것을 막지만, 맑은 바람은 낮에 잠자기에 좋네. 모두 그윽한 흥을 넉넉하게 하니, 어찌 속세 인연의 구속을 두려워하랴?(細雨防朝出 淸風穩晝眠 儘敎幽興足 肯怕俗緣牽)"라고 하여 유흥(幽興)을 촉발하는 구체적인 상황을 제시하고 있다.

'청흥(淸興)'은 맑은 흥취, 청아한 흥취로 19제 정도 확인되고 있다. 〈아침에 읊다. 4수(朝吟四首)〉(03-07-023)의 첫째 수이다. '차가운 솔', '늙은 냉이', '뽀얀 먼지', '눈 녹은 물' 등이 어우러진 데다 '매화'까지 깃들여져서 맑은 흥취를 이루고 있다.

나이가 오십이 넘으니
살쩍이 점점 희어지네.
용마루 끝에는 차가운 솔이 푸르고

담장 모퉁이에는 늙은 냉이가 파랗구나.
뽀얀 먼지가 죽간(竹簡)에 깃드는데
눈 녹은 물로 『다경(茶經)』을 기록하네.
맑은 흥취가 아침에 짙은데
매화가 담병(膽甁)에 비치네.
行年餘五十　鬢髮漸星星
屋角寒松碧　墻隈老薺靑
素塵棲竹簡　雪水紀茶經
淸興朝來甚　梅花照膽甁

그리고 〈즉석에서 짓다. 3수(卽事三首)〉(03-08-006)의 셋째 수의 경·미련에서, “소나무 끝에 바람소리가 가늘고, 매화에는 달빛이 엉겼네. 이제 청아한 흥취를, 쏟아내려니 도리어 어찌할 길이 없네.(松杪風聲細 梅花月色凝 只今淸興味 欲寫却難憑)”라고 하여 소나무 끝의 바람소리와 매화에 엉긴 달빛을 청흥으로 보고 있고, 〈스스로 짓다(自賦)〉(04-11-047)의 함련에서는 “꿈을 깨니 바람이 탑상에서 일고, 생각에 잠기니 달빛이 거문고에 가득하네.(夢斷風生榻 思沉月滿琴)”라고 하여, 탑상에 이는 바람과 거문고에 가득한 달빛에서 청흥을 느낀다고 하였다.

‘고흥(高興)’은 고상한 흥취로 27제 정도 확인되고 있다. 〈정청풍과 함께 짓다(4수)(與鄭淸風同賦)〉(02-05-067)의 둘째 수이다. 작약(芍藥)에서 고상한 흥취를 끌어낸다고 하였다. 작약(芍藥)은 남녀가 서로 작약을 주면서 은정을 맺는 것을 노래한 작약시(芍藥詩)를 가리킨다. 『시경(詩經)』「정풍(鄭風)」〈진유(溱洧)〉에서 “사내 계집 손에 손 잡고, 한바탕 즐긴다네. 헤어질 때는, 작약꽃 한 송이 징표로 삼고.(維士與女 伊其相謔 贈之以勺藥)”라 하고, 전(傳)에서 “작약은 향기가 나는 풀이다(勺藥 香艸也)”[6]라 했다.

---

6) 성백효 역주, 『시경집전』 상(전통문화연구회, 2001), 213면 참조.

상종(相從)하는 이에 속된 선비가 없는데
마음에 맞는 것은 시인이네.
산에서 흥이 나서 가다가 비를 만나고
시내에서 읊조리다가 앉아서 모래에 그림을 그리네.
온통 한가함은 하늘이 내린 것인데
만사(萬事)를 내 어찌 탄식하랴?
작약(芍藥)에서 고상한 흥취를 끌어내니
봄바람에 빛나는 이슬이 엉기네.
相從無俗士　所適是詩家
山興行隨雨　溪吟坐畵沙
一閑天所賦　萬事我何嗟
芍藥引高興　春風凝露華

한편 다음과 같은 작품에서는 주변의 경개를 보면서 고흥(高興)이 느긋하게 일어난다고 하고 있다. 〈즉석에서 짓다(卽事)〉(09-25-086)이다.

해가 비치니 남쪽창이 희고
오언시를 지으니 청신하네.
도정(道情)은 끊어지고 이어짐이 많고
야사(野史)는 놀리고 평가함이 적네.
구름이 엷으니 하늘의 모습이 고요하고
가을이 깊으니 산 빛깔이 분명하네.
느긋하게 고상한 흥취가 피어나기에
머리를 들고 선경(仙境)을 바라보네.
日照南窓白　詩成五字淸
道情多斷續　野史少譏評
雲淡天容寂　秋深山色明
悠然高興發　矯首望蓬瀛

주변의 경물을 통해서 촉발된 고상한 흥취는 〈즉석에서 짓다(卽事)〉(09-26-

100)의 미련에서도 "느긋하게 고상한 흥취가 일어나서, 세 번 감탄함에 남은 소리가 있네(悠然高興發 三嘆有遺音)"와 같이 나타난다.

이와 함께 고흥(高興)을 시를 읊는 일과 연결시킨 예는 〈천녕을 바라보다. 3수(望川寧三首)〉(04-10-091)의 첫째 수의 수련, "병을 앓은 뒤의 고상한 흥취를 읊조림에 부치는데, 흐르는 물 같은 세월에 두 살쩍이 세었네.(病餘高興寄吟哦 歲月如流兩鬢華)"에서 볼 수 있고, 〈즉석에서 짓다(2수)(卽事)〉(07-19-073)의 첫 수, 미련에서도 "아침에 높은 흥을 만나, 몇 가닥 수염(鬚髯)을 비틀어 끊네.(朝來遇高興 撚斷數莖髯)"라고 하여 고양된 흥취로 시를 짓는 어려움을 토로하기도 한다. 그리고 〈즉석에서 짓다(卽事)〉(07-19-022)의 11-12구에서는 "고상한 흥취를 없앨 방법이 없는데, 깊은 근심은 아직 없애지 못하네.(高興無從廢 幽憂未可除)"라고 하여 깊은 근심[幽憂]과 견주어서 고흥(高興)을 말하고 있다.

그런데 고흥(高興)은 흥이 높은 수준에 다다른 상태를 포괄적으로 말하는 것이어서 어떤 순간에 갑자기 일어나거나 화자 내면의 태도에 따라 달라질 수 있는 상황이라, 구체적인 계기나 주변 경물과의 연결을 직접적으로 살펴보기 어렵다. "졸렬한 지모(智謀)로 어찌 교활할 수 있으랴? 높은 흥취는 절로 끝이 없네.(拙謀何佼儈 高興自蒼茫)"(〈09-24-098〉), "먼 하늘에서 높은 흥취를 끌어내고, 추운 세밑에도 외로운 충정을 간직하네.(天遠引高興 歲寒抱孤忠)"(〈09-26-046〉)와 같은 예가 그것이다. 다만 술에 조금 취하여 높은 흥취가 촉발되고 있음을, "조금 취하자 높은 흥취가 일어나니, 늙어 가는 나의 마음이 편안해지네.(微酣高興發 向老此心安)"(〈09-24-098〉), "반쯤 취하여 높은 흥취를 드러내노라니, 흰 구름이 푸른 허공에서 흘러가네.(半醉發高興 白雲行碧虛)"(〈11-30-113〉) 등에서 볼 수 있고, 상련(賞蓮)(〈11-32-119〉), 임류(臨流)(〈12-34-070〉), 유산(游山)(〈12-35-025〉)을 고흥(高興)과 연결시키는 사례를 확인할 수 있다.

'일흥(逸興)'은 세속을 벗어난 빼어난 흥취로 9제 정도 나타난다. 〈자신을 서술하여 적어서 원재에게 드리다(自敍, 錄呈圓齋)〉(08-21-102)에서 선친(先親)

이나 원재(圓齋)가 했던 것처럼 관동(關東)으로 달려가고 싶은 흥취를 '일흥(逸興)'이라고 하였다.

> 나는 소년시절에 북쪽에서 놀면서 중화의 풍모를 사모하여
> 나라의 원로와 문장이 뛰어난 분들을 찾아뵈었네.
> 귀로 말씀을 듣고 유덕한 모습을 흠모하였는데
> 좌주(座主)인 규재(圭齋)는 취옹(醉翁)과 비슷하였다네.
> 중서당(中書堂)에서 전(牋)을 올려 사은하였거니와
> 우리나라 사람을 높이 발탁함은 일찍이 없었던 일이네.
> 재주가 없이 요행으로 얻은 것이라 땀이 등을 흠뻑 적시니
> 감히 은영연(恩榮宴)에 나가서 술을 마시지도 못하였네.
> 우리 집은 힘써 경작하여 벼와 기장이 많았지만
> 어찌 사치롭고 화려함을 같은 날에 말할 수 있으랴?
> 돌아와서 또 선주(先主)의 지우(知遇)를 입어
> 진부하고 비루하면서도 몇 번이나 공거를 관장했던가?
> 비록 지위는 높지만 남들에게 비웃음을 당하는데
> 물러나고자 하면서 물러나지 못하는 것은 누구 때문이랴?
> 바라건대 이젠 말이 재갈과 채찍을 벗어나듯이
> 관동(關東)으로 가고 싶은 뛰어난 흥취가 아침마다 새롭네.
> 我少北游慕華風　上謁國老文章公
> 耳聞緖論歆德容　座主圭齋如醉翁
> 上牋謝恩中書堂　高擢東人所未嘗
> 非才僥倖汗洽背　不敢出飮恩榮觴
> 吾家力田多稌黍　奢靡何曾同日語
> 歸來又遇先主知　冬烘幾度知貢擧
> 位雖高矣笑於人　欲退未退將誰因
> 幸今如馬脫銜策　關東逸興朝朝新

먼 곳에 노닐면서 누리는 흥취는 〈용두사 스님을 받들어 보내며 차운하다. *곽동년과 최계장이 그 곳에 있다(奉送龍頭次韻 *郭同年崔契長在其處)〉(11-30- 018)에서도 확인된다.

말을 듣자니 머리가 다 하얗게 된 연형(年兄)이
날마다 전주(全州)와 함께 노닌다네.
스님께서 지금 또 강 가의 절에서 머무시니
나는 달빛 아래 배를 타고 찾아가고 싶네.
쓸쓸한 가을바람 소리에 빼어난 흥취가 일어나고
맑은 물빛에 한가한 시름이 질펀하리.
늙은이는 또 아들과 손자를 안을 것을 생각하거니와
어느 때에나 오고가면서 함께 누각에서 자랴?
聞說年兄白盡頭　全州日日得同遊
師今又住江邊寺　我欲相尋月下舟
瑟瑟秋聲生逸興　澄澄水色浼閑愁
老翁更抱兒孫念　來往何時共枕樓

다음으로 구체적인 고사와 관련된 것으로 '상련흥(賞蓮興)', '등루흥(登樓興)', '농어흥[鱸魚興]', '강동흥(江東興)' 등을 살필 수 있다.

'상련흥(賞蓮興)'은 연꽃을 감상하고 싶은 흥취로 〈연꽃을 완상하고 남은 흥취로 스스로 그치지 못하여 한 수를 읊다(賞蓮餘興, 不能自已, 吟成一首)〉(07-18-013)에서 볼 수 있다. 목은시에서 상련은 연꽃과 관련한 다른 시편과 함께 주목할 수 있을 것이다.

사람의 마음이 어찌 갑자기 사심을 버릴 수 있으랴?
조용히 정도(正道)에 맞는 데 이르지 못한 때라네.
부귀와 공명을 누구가 정하고 빼앗는가?
읊음과 춤춤은 내가 짓고 움직인다네.
큰 바람이 먼 데서 고운 달빛을 보내오는데
밝은 날에 천천히 맑은 향을 불사르네.
연꽃의 참된 모습을 알고 싶으면
뒷날 목옹(牧翁)의 시를 점검해 보시라.
人心那得頓忘私　未到從容中道時
富貴功名誰定奪　謳吟舞蹈我行移

> 送來佳月長風遠　炷罷淸香白日遲
> 欲識蓮花眞面目　他年點檢牧翁詩

그런데 ‘상련흥(賞蓮興)’은 빗속에 갑자기 생기는 것이기 때문에, 〈빗속에 문득 연꽃을 구경하고 싶은 흥이 일었으나 말을 타기 곤란하여 읊다. 3수(雨中忽有賞蓮之興, 難於上馬, 吟得三首)〉(06-17-029)와 〈비를 마주하노라니 문득 연꽃을 감상하고 싶은 흥취가 생기다(3수)(對雨忽起賞蓮之興)〉(11-30-008), 〈비가 개자 다시 연꽃을 감상하고 싶은 흥취가 일어나다(雨晴, 復起賞蓮之興)〉(12-34-007)처럼 나타나기도 하고, 다음에 예시하는 〈즉석에서 짓다(2수)(卽事)〉(07-18-045)의 첫 수와 같이 비 오는 못 가에서 연꽃을 보면서 느끼는 흥취를 가리키기도 한다.

> 뼈가 매우 시려서 밤에 잠을 이루지 못하였거늘
> 일찍 일어나자 기온이 좀 쌀쌀한 것이 무슨 상관있으랴?
> 새 시 한 수는 막 원고를 다 썼는데
> 몇 가닥 쇠약한 머리카락은 관(冠)을 채우지 못하네.
> 바람 부는 창에서 대나무를 마주하는데 거처가 어찌 누추하랴?
> 비 오는 못 가에서 연꽃을 보노라니 흥이 다하지 않네.
> 시를 읊기를 그림을 그리듯이 함을 점점 깨닫나니
> 연꽃은 붉고 연잎은 푸르며 대나무는 파랗다네.
> 夜眠不着骨多酸　早起何傷氣稍寒
> 一首新詩才脫藁　數莖衰髮不盈冠
> 風窓對竹居何陋　雨沼看蓮興未闌
> 漸覺吟哦如繪事　紅粧翠盖碧琅玕

고려시대 빗속에 상련(賞蓮)은 매우 중요한 풍류[7]로 인식된 것이어서, 곽예(郭預)가 비가 오는 날이면 맨발로 우산을 쓰고 숭교사(崇敎寺) 연못에서

---

7) 성범중, 『동국사영연구』(월인, 2006), 183~213면 참조.

연꽃을 감상한 일에서 비롯되었다고 한다. 이후 최해(崔瀣)를 비롯한 후대의 시인들이 그의 풍류를 수용하여 많은 작품을 남겼다. 곽예의 시는 "연꽃을 감상하러 세 번이나 三池에 이르렀는데, 푸른 잎과 붉은 꽃이 옛날과 비슷하네. 오직 꽃을 보는 옥당의 나그네가 있어서, 風情은 줄어들지 않는데 살쩍은 실과 같네.(賞蓮三度到三池 翠盖紅粧似舊時 唯有看花玉堂客 風情未減鬢如絲)"이다. 『목은시고(牧隱詩藁)』 곳곳에서도 연꽃을 감상한 일이 언급되고 있는데, 〈06-16-123〉의 최해(崔瀣)가 곽예(郭預)의 〈상련(賞蓮)〉에 차운한 시를 포함하여, 〈아들이 천태종 판사가 나를 맞이하여 다시 연꽃을 완상하자고 한다기에 기뻐서 기록하다(兒子言, 天台判事欲邀僕再賞蓮, 喜而志之)〉(07-18-037) 등이 있다.

다음으로 '등루흥(登樓興)'은 '등림흥(登臨興)'과 연계되는 것으로 높은 곳에 올라서 먼 곳을 바라보면서 느끼는 흥취를 가리킨다. 〈즉석에서 짓다(卽事)〉(08-21-138)에서 높은 곳에 올라서 속세를 내려다보는 흥취를 말하고 있다.

> 문득 봄이 다했다는 말을 듣고 억지로 산에 오르니
> 이 늙은이의 풍류가 천지에 넘치네.
> 누가 목옹(牧翁)이 지닌 오늘의 흥취를 알랴?
> 백 척의 높은 누각에서 속세를 내려다본다네.
> 옷을 잡혀 술을 사니 정신이 통창하고
> 두건을 벗고 바람결에 서니 기상이 느긋하네.
> 하물며 주인이 정역(鄭驛)으로 달리게 하니
> 감히 흠뻑 취하여 깊은 밤에 돌아옴을 사양하랴?
> 忽聞春盡强登山　此老風流溢兩間
> 誰識牧翁今日興　高樓百尺壓塵寰
> 典衣沽酒精神暢　岸幘臨風氣像閑
> 況有主人馳鄭驛　敢辭泥醉夜深還

등루(登樓)는 당나라 왕발(王勃)의 〈등왕각서(滕王閣序)〉[8]의 기상과 중구(重九)의 등고(登高) 고사까지 아우르는 것으로 높은 곳에 올라서 속세를 내려다보면서 느끼는 흥취인 것이다.

그리고 '농어흥[鱸魚興]'과 '강동흥(江東興)'은 이미 '추흥(秋興)'에서 살핀 바와 같이 장한(張翰)의 고사와 관련하여 고향으로 돌아가고자 하는 흥취를 가리킨다. 〈성에 들어왔다가 돌아가는 안소감 안렴사를 보내며, 전기거의 시에 차운하다(送安少監按廉入城廻, 次田起居韻)〉(02-04-053)에서 가을이 되면 농어의 흥을 견딜 수 없다고 토로하고 있다.

> 수레와 기가 바닷가 성을 다시 지나가면
> 만나는 사람마다 비부(鄙夫)의 이름을 말하리.
> 가을이 오니 농어[鱸魚]의 흥을 견딜 수 없어
> 풍진 세상에 큰 병이 머리를 긁는데 생기네.
> 車旆重過海上城　逢人爲說鄙夫名
> 秋來不耐鱸魚興　搔首風塵大瘦生

4. 소결

지금까지 『역주 목은시고』에 실린 목은시를 대상으로 흥의 성격과 표출 양상을 검토하였다.

목은시에서 흥은 정서의 촉발로 나타나며 이를 바탕으로 시를 짓거나 읊조리는 일로 연결된다. '견흥(遣興)', '우흥(遇興)', '승흥(乘興)'이 시제와 시의 내용으로 드러나면서 구체화된다. 특히 '견흥(遣興)'이 '음아(吟哦)' 또는 '제시(題詩)'로 이어지고 시에서 다루는 내용은 '휼간(譎諫)'이나 '시사(時事)'로 확대되는 것으로 이해할 수 있다.

구체적이면서 개별적인 흥의 내용으로 '시흥(詩興)', '추흥(秋興)', '야흥(野興)', '주흥(酒興)', '귀흥(歸興)' 등을 살폈고, 다음으로 흥의 정도와 내면의 태

8) 황견, 이장우 외 옮김, 『고문진보·후집』(을유문화사, 2003), 184~199면.

도와 관련하여 '광흥(狂興)', '유흥(幽興)', '청흥(淸興)', '고흥(高興)', '일흥(逸興)' 등을 주목할 수 있으며, 아울러 체적인 고사와 관련된 것으로 '상련흥(賞蓮興)', '등루흥(登樓興)', '농어흥[鱸魚興]', '강동흥(江東興)' 등의 예를 검토하였다.

이렇듯 흥은 정서의 발동과 관련되어 있으면서 작시(作詩)의 계기나 동기로 연결되고 있고, 완곡한 말로 넌지시 간언하는 '휼간(譎諫)'으로 확대되고 있다. 흥의 구체적이고 개별적인 내용은 흥의 종류와 흥의 정도 등에 따라서 다양하게 드러나고 있음을 알 수 있다.

참고문헌

성백효 역주, 『시경집전』 상・하(전통문화연구회, 2001).
왕숙, 임동석 옮김, 『공자가어』 1・2・3(동서문화사, 2009).
황견, 이장우 외 옮김, 『고문진보・후집』(을유문화사, 2003).
이색, 『목은시고』, 『한국문집총간』 3・4・5(민족문화추진회, 1990).
여운필・성범중・최재남, 『역주 목은시고』 1~12(월인, 2000~2007).
성범중, 『동국사영연구』(월인, 2006).
이민홍, 『사림파문학의 연구』(형설출판사, 1985).
최재남, 「흥과 시름의 구현 양상 연구」, 『고시가연구』 24집(한국고시가문학회, 2009).

〈최재남, 「흥과 시름의 구현 양상 연구」, 『고시가연구』 24집(한국고시가문학회, 2009), 263~268면을 바탕으로 전면 개고〉

후기

2007년 4월 『역주 목은시고』(총 12권)를 완간한 지 어느덧 7년여의 세월이 흘렀다. 여운필 선생님을 모시고 최재남 교수와 함께 『목은시고』의 역주작업에 착수한 때로부터 따지면 두 손의 손가락 숫자를 모두 합친 데에다 다른 사람의 손가락까지 한참을 더하여야 채울 만큼의 햇수가 흘렀다. 목은시를 들여다보며 함께했던 기간을 돌아보면 한창 나이의 왕성한 의욕과 아련한 추억이 보이는데 그 기나긴 시간과 노력의 결과물로 열두 권의 역주서가 남아 있다.

역주서에 실린 작품 4,254제 6,078수 하나하나의 해석은 그냥 이루어진 것이 아니었다. 말이 6천여 수이지 그 숫자는 사실 엄청난 양을 뜻하는 것이다. 한 수 한 수 쌓아놓고 보니 6천수에 이르렀지만 그것이 어디 쉬운 일인가? 숫자를 그냥 하나부터 센다고 하더라도 6천에 이르기까지는 많은 인내심이 필요하다. 그 사이의 세월은 사람의 얼굴색을 파리하게 변하게 하였고 모발의 색깔과 숫자를 바꾸어 놓았다. 정년 같은 용어는 생각지도 않았는데 벌써 이번 학기가 공식 학기로서는 마지막을 맞게 된 여운필 선생님과 함께 작지만 의미 있는 작업을 하게 된 것을 최재남 교수와 더불어 기쁘게 생각한다.

『역주 목은시고』는 엄밀한 의미에서 보면 일차적인 텍스트의 해석본으로 자료집의 성격을 부정할 수 없다. 목은시 연구자를 위한 친절하고 의미 있는 자료를 제공할 수 있었다는 점에서 보람을 느낀다. 역주 작업은 씨 뿌리고 김을 매며 낱알을 거두는 농사와 같아서 일을 하다보면 그 와중에 이삭이 떨어지기 마련이다. 떨어진 이삭을 그대로 두면 낙수(落穗)가 되어 없어져 버리지만 그것을 주우면 훌륭한 먹을거리가 된다. 그런 시각에서 보면 떨어진 이삭을

줍는 습수(拾穗) 또한 의미가 적지 않다고 할 것이다. 우리는 목은시를 읽으면서 수습한 이삭들을 모아 여운필 선생님의 정년을 기념하려고 한 것이다.

직장 생활을 하다보면 언젠가 누구에게나 찾아오는 것이 정년이다. 예전에는 정년(停年)이라고 하더니 요즘에는 정년(定年)으로 쓰기도 하는 모양이다. 어떤 한자를 쓰든 그 본질이야 달라질 게 없다. 정년을 축하해야 하는지 안타까워해야 하는지의 여부는 판단이 잘 서지 않지만 현실적인 면에서는 경하해야 할 것으로 생각한다. 상투적인 말이지만 학문을 하면서 성공적으로 교직 생활을 마무리하시는 여운필 선생님의 문운과 건승을 기원하는 바다.

갑오년 만추지절에 성범중 삼가 씀